utb 5619

Eine Arbeitsgemeinschaft der Verlage

Böhlau Verlag · Wien · Köln · Weimar
Verlag Barbara Budrich · Opladen · Toronto
facultas · Wien
Wilhelm Fink · Paderborn
Narr Francke Attempto Verlag / expert verlag · Tübingen
Haupt Verlag · Bern
Verlag Julius Klinkhardt · Bad Heilbrunn
Mohr Siebeck · Tübingen
Ernst Reinhardt Verlag · München
Ferdinand Schöningh · Paderborn
transcript Verlag · Bielefeld
Eugen Ulmer Verlag · Stuttgart
UVK Verlag · München
Vandenhoeck & Ruprecht · Göttingen
Waxmann · Münster · New York
wbv Publikation · Bielefeld
Wochenschau Verlag · Frankfurt am Main

Dr. Veronika Fischer, Professorin der Erziehungswissenschaft, langjährige Berufstätigkeit in der Erwachsenenbildung, Lehr- und Forschungstätigkeit an der Hochschule Düsseldorf mit den Schwerpunkten Erwachsenen- und Familienbildung im Migrationskontext, Diversity und Interkulturelle Öffnung.

Veronika Fischer

Familienbildung

Entstehung, Strukturen und Konzepte

WOCHENSCHAU VERLAG

Die Reihe Kindheitspädagogik und Familienbildung wird herausgegeben von Rita Braches-Chyrek, Irene Dittrich, Veronika Fischer und Elke Kruse.

Titel der Reihe:
Bd. 1: Theorien, Konzepte und Ansätze der Kindheitspädagogik
Bd. 2: Diversity in der Kindheitspädagogik und Familienbildung
Bd. 3: Familienbildung. Entstehung, Strukturen und Konzepte
Bd. 4: Rechtliche Grundlagen in der Kindheitspädagogik
Bd. 5: Kindheitspädagogische Forschung (in Planung)
Bd. 6: Kommunikation – Sprache – Mehrsprachigkeit (in Planung)
Bd. 7: Von der Kindergärtnerin zur Kindheitspädagogin (in Planung)

Online-Angebote oder elektronische Ausgaben sind erhältlich unter www.utb-shop.de

Bibliografische Information der Deutschen Nationalbibliothek

Die Deutsche Nationalbibliothek verzeichnet diese Publikation in der Deutschen Nationalbibliografie; detaillierte bibliografische Daten sind im Internet unter http://dnb.d-nb.de abrufbar.

www.wochenschau-verlag.de

Printed in Germany
Satz: SATZstudio Josef Pieper, Bedburg-Hau
Einbandgestaltung: Atelier Reichert, Stuttgart
Umschlagmotiv: © Foto-Ruhrgebiet

utb-Band-Nr. 5619
ISBN 978-3-8252-5619-7 (Buch)
E-Book ISBN 978-3-8385-5619-2 (PDF)

Inhalt

Einleitung

Der vorliegende Band gibt Gelegenheit, sich mit grundlegenden Fragen und Themen der Familienbildung auseinanderzusetzen. Sie betreffen die Entstehungsgeschichte, die Einbettung in den gegenwärtigen gesellschaftlichen Kontext, die konzeptionellen Vorstellungen und die Herausforderungen, die sich aktuell und künftig für die Familienbildung ergeben. Die Leser*innen lernen, die Familienbildung im Zusammenhang mit ökonomischen, politischen, kulturellen und sozialen Entwicklungen und Strukturen zu sehen, Kontroversen nachzuvollziehen, Spannungsfelder zu benennen und Problemstellungen aufzuwerfen. Sie sollen zugleich in die Lage versetzt werden, Bezüge zu Praxisfeldern der Kindheitspädagogik und Familienbildung herzustellen.

Zentrale Sichtweisen[1] *auf das Thema*

Der Blick auf die Familienbildung ist multiperspektivisch angelegt. Aus *historischer* Perspektive soll aufgezeigt werden, wie sich in der Mütter-, Eltern- und Familienbildung Reaktionen auf gesellschaftliche Entwicklungen niedergeschlagen haben. Dargestellt werden vor allem Familienbilder, Rollen- und Geschlechtervorstellungen, die in der Familienbildung in unterschiedlichen Perioden vorherrschten, und Aufgaben, die der Familienbildung im Laufe ihrer Geschichte zugewiesen worden sind (zum Beispiel von der „Mütterschule" bis zu handlungsorientierten Konzepten vom „Leben und Lernen im Familienalltag" im 20. Jahrhundert). Auch die Gefahren der ideologischen Instrumentalisierung der Mütterbildung, wie sie durch die Nationalsozialisten erfolgte, sollen thematisiert werden.

Aus *systemtheoretischer* Sicht wird die zweifache Verankerung der Familienbildung herausgearbeitet, einerseits in der staatlichen „Fürsorge" zur Prävention armutsbedingter Nachteile bzw. in der

---

1 Die hier im Text aufgeführten Perspektiven werden in einem analytischen Sinne einzeln hervorgehoben, tatsächlich sind immer mehrere Perspektiven miteinander verschränkt, was auch im Buch entsprechend dargestellt wird.

späteren Jugendhilfe verortet zu sein, andererseits den in der Erwachsenenbildung formulierten Bildungszielen verpflichtet und in den Weiterbildungsgesetzen einer Reihe von Bundesländern berücksichtigt worden zu sein.

Aus *entwicklungspsychologischer und pädagogischer* Sicht wird der Familie als *erstem* Lernort besondere Aufmerksamkeit gewidmet, da sich daraus auch der Stellenwert einer Familienbildung in der frühen Phase kindlicher Entwicklung ableiten lässt.

Aus *soziologischer* und *sozialpädagogischer* Sicht gilt es, gängige gesellschaftliche Normalitätsvorstellungen von Familie kritisch in den Blick zu nehmen. Aufgrund der Pluralisierung der Familienformen und der damit einhergehenden Ausdifferenzierung der Anforderungen an den Familienalltag stellen sich auch für die Familienbildung neue Aufgaben. Zum Wandel der Familienformen wie zum Beispiel Ein-Eltern-Familien, Regenbogenfamilien, Patchworkfamilien etc. treten neue familiäre Herkünfte, die die Familienzusammensetzung, familiäre Biografien und Erfahrungshintergründe betreffen. Dies kann exemplarisch an transnationalen Familien illustriert werden, die eine Migrationsgeschichte aufweisen. Familienbildung muss sich auf diese neuen Adressaten[2] institutionell, thematisch und didaktisch einstellen. Darüber hinaus muss die enge Vorstellung, dass Vater und Mutter *allein* für die Erziehung zuständig seien, zugunsten eines erweiterten Begriffs von Zuständigkeiten aufgegeben werden. Familienbildung bezieht deshalb auch andere Bezugspersonen mit ein (Großeltern, Betreuungspersonen etc.).

---

2 Neben der gendergerechten Schreibweise mit einem hochgesetzten Stern (zum Beispiel Teilnehmer*innen) werden genderneutrale Begriffe wie zum Beispiel „Adressaten“ oder „Multiplikatoren“ als Bezeichnung für eine pragmatische Rolle in einem Kommunikations-/Unteraktionsmodell benutzt. In zusammengesetzten Substantiven wie Migrantenorganisationen wird unter Berücksichtigung des Sprachflusses auf die Schreibweise mit dem Sternchen verzichtet.

Aus *demokratietheoretischer* Sicht ist Familienbildung ein Angebot zur Chancengerechtigkeit. Je nach *gesellschaftlichem Status* der Adressaten der Familienbildung fällt den einen der Zugang leicht, während er den anderen schwerfällt. Es gilt u.a., Hemmschwellen bei Familienmitgliedern aus prekären Milieus abzubauen und durch eine aufsuchende Bildungsarbeit Menschen an die Institutionen heranzuführen. Empowermentansätze, Sozialraumorientierung und Multiplikatorenmodelle sind nur einige Beispiele, die Anregungen für eine adressatenorientierte Arbeit liefern. Familienbildung richtet sich allerdings nicht nur an benachteiligte Familien oder Familien mit Risiken, sondern an alle. Nicht die Kompensation von Defiziten, sondern die Stärkung der Erziehungskompetenzen steht daher im Vordergrund.

Aus *erziehungswissenschaftlicher* Sicht stellt die in der Familienbildung vermittelte Kernkompetenz, nämlich die Erziehungskompetenz, ein wichtiges Thema dar. Dazu wurden in der Vergangenheit eine Reihe von Elterntrainings und Elternbildungsprogramme entwickelt, die teilweise wissenschaftlich evaluiert worden sind. Hier kann nur auf eine Auswahl gängiger und evaluierter Programme verwiesen werden.

Aus *professionstheoretischer* Sicht ist Familienbildung als berufliches Tätigkeitsfeld interessant. In diesem Zusammenhang sei beispielhaft auf die Diskrepanz bei der Beschäftigung, Qualifikation, sozialen Absicherung und den Verdienstmöglichkeiten von hauptberuflichen Mitarbeitenden und Honorarkräften hingewiesen. Außerdem stehen die Einrichtungen vor der Aufgabe, sich der Vielfalt der Familien zu öffnen und entsprechende Maßnahmen der Organisationsentwicklung einzuleiten (wie zum Beispiel die „interkulturelle Öffnung“ oder das Diversity Management).

Stand der Institutionen und Evaluationsforschung

Sowohl Fachliteratur als auch Forschungen zu Fragen der institutionalisierten Familienbildung in Deutschland, die die institutionellen Strukturen, u.a. die Zusammensetzung der Beschäftigten, die Personalentwicklung, die Teilnehmerschaft, die Kooperationsformen und Finanzierungsquellen in den Blick nehmen, sind dünn gesät – ein Umstand, auf den schon C. Schiersmann und H.-U. Thiel in ihrer 1998 erschienenen empirischen Untersuchung „Innovationen in Einrichtungen der Familienbildung. Eine bundesweite empirische Institutionenanalyse" hingewiesen haben. Eine Folgeuntersuchung, die diese Thematik wieder aufgenommen und mit aktuelleren Daten unterfüttert hätte, gibt es bis jetzt nicht. Der Umstand, dass empirische Erhebungen meistens auf Länderebene (u.a. Bayern, Baden-Württemberg, Nordrhein-Westfalen) durchgeführt werden, bringt zum Ausdruck, dass Familienbildung als Aufgabe der Länder vornehmlich in den Ländergrenzen gedacht wird, was unter Umständen zu einer Einengung der Sichtweisen führen kann.

Ein größerer Forschungsbereich eröffnet sich bei den Elternbildungsprogrammen, von denen ein Teil – insbesondere solche mit anspruchsvollerem Studiendesign und der Untersuchung der Programmumsetzung in Deutschland – in diesem Lehrbuch Berücksichtigung finden soll. Kritik wird vor allem an dem „Mangel an Untersuchungen der langfristigen Effekte" (Friedrich/Smolka 2012, 192) geübt und dass die „Überprüfung der anvisierten Effekte nahezu ausschließlich auf der Basis subjektiver Einschätzungen von unmittelbar am Projekt Beteiligten" vorgenommen wird. Die Autorinnen vermuten, dass die überwiegend positiven Resultate aufgrund des sozial erwünschten Antwortverhaltens zustande gekommen sind (ebd.). Lösel u.a. kamen 2004 in einer Bestandsaufnahme präventiver Angebote zur Stärkung der elterlichen Erziehungskompetenz zu dem Ergebnis, dass lediglich ca. ein Prozent der durchgeführten Angebote einer Wirkungsevaluation unterzogen wurde, wobei durchgängig auf ein Kontrollgruppendesign verzichtet wurde (Lösel u.a. 2006, 108).

Der hier kurz skizzierte Stand der Institutionenforschung und der Evaluationsstudien verdeutlicht, wie groß der Nachholbedarf im Bereich der Forschung zur Familienbildung ist.

1. Vorbemerkung zum Familienbegriff

In Kapitel 2 wird der Blick auf die Institutionengeschichte[3] der Mütter- und Familienbildung gerichtet, die ihrerseits eine Reaktion auf den gesellschaftlichen Wandel der Familie, ihrer Strukturen[4] und Funktionen war. Je nach wissenschaftlichem Zugang erscheint Familie in einem anderen Licht, sodass es keine allgemein anerkannte Definition von Familie gibt (Nave-Herz 2018, 123). In der Fachliteratur (Ecarius/Köbel 2011, 379; Nave-Herz 2018, 123) wird zwischen einer mikroperspektivischen und makroperspektivischen Sicht auf den Forschungsgegenstand Familie unterschieden. Mikroperspektiven nehmen vor allem die Beziehungs- und Kommunikationsnetze der Familien in den Blick und betrachten sie vorwiegend aus strukturtheoretischen und systemischen Aspekten. Familie ist hier „eine Gruppe besonderer Art“ (Nave-Herz 2018, 123), eine Ordnung sozialer Beziehungen von Geschlechtern und Generationen. Besonders bekannte Studien sind in dem Zusammenhang die Forschungen von Bowlby und Ainsworth zu Bindungen der Kinder zu ihren primären Bezugspersonen (Bowlby 1969/Ainsworth et al. 1978). Makroanalysen untersuchen hingegen Familien in sich verändernden historisch gesellschaftlichen Kontexten und als soziale Institution, die bestimmte Leistungen für die Gesamtgesellschaft erbringt (Nave-Herz 2018, 123). Sie reflektieren die ökonomischen Zusammenhänge oder auch die juristisch-politischen Ordnungen, denen Familie unterliegt. Schließlich gibt es noch integrative Ansätze, die Mikro- und Makroebene miteinander verbinden. Ein sol-

---

3 Unter Institutionen werden im Folgenden Einrichtungen verstanden, die öffentlich zugänglich und durch rechtliche Strukturen verankert sind.

4 Struktur (Ordnung, Bauart) wird im Sinne von Nave-Herz (1994, 1) verstanden als ein Beziehungsnetz von relativer Stabilität und Konstanz zwischen ausgewählten Elementen. Wesentlich für den Strukturbegriff sei nicht nur das Vorhandensein oder die bloße Anordnung von Elementen, sondern in welcher bestimmten Ordnung und in welchem Zusammenhang sie untereinander stehen. Im Folgenden sind Strukturelemente identisch mit sozialen Rollen.

cher Ansatz ist nach Ecarius/Schierbaum (2011, 380) der von Rosemarie Nave-Herz (1994, 5). In Anlehnung an die Definition von Nave-Herz (2018, 124) gilt für Familie, dass

- sie eine biologische und soziale Doppelnatur aufweist, da sie biologisch die Reproduktionsfunktion (durch Geburten) und sozial die Integration von Nachkommen in die Gesellschaft leistet. Im Hinblick auf veränderte Familienkonstellationen sei hinzugefügt, dass manche Familien (zum Beispiel im Fall von Adoptiveltern oder gleichgeschlechtlichen Paaren) allein die Sozialisationsfunktion durch soziale Elternschaft erfüllen;
- sie keine von Natur gegebene Ressource ist, sondern durch die vielfältigen Interaktionen und Gestaltungsleistungen der Menschen, die in einer Familie leben wollen, hergestellt wird (Doing Family) (Schier/Jurczyk 2008, 9 f.);
- sie sich durch eine einzigartige Kooperations- und Solidaritätsstruktur auszeichnet, die durch die besonderen familiären Rollen geprägt ist, die lebenslang – wenn auch oft in veränderten Familienkonstellationen – bestehen bleiben (Vater, Mutter, Sohn, Tochter, Schwester, Bruder);
- sie durch eine Generationsdifferenz geprägt ist, die sich auf das Verhältnis von Vater/Mutter und Kind sowie auf das zu den Großeltern und Urgroßeltern beziehen kann.

Eine Familie besteht – laut Mikrozensus – immer aus zwei Generationen: „Eltern/-teile und im Haushalt lebende ledige Kinder“ (Statistisches Bundesamt 2019, 4). So werden Stief-, Pflege- und Adoptivkinder in die Definition einbezogen, während kinderlose Ehepaare, die früher als Familie galten, seit 2005 nicht mehr zu den Familienformen gerechnet werden (Jurczyk/Klinkhardt 2014, 20 f.). Nave-Herz (2018, 133) macht außerdem auf ein „historisch völlig neuartiges Phänomen“ aufmerksam, nämlich den Anstieg des Umfangs an Drei- und Vier-Generationen-Familien als Folge der gestiegenen Lebenserwartung und jeweils getrennter Haushalte, die von der Familiensoziologie als „Multi-lokale-Mehrgenerationen-Familie“ bezeichnet werden.

Familie ist einem ständigen Wandel unterlegen. Als Gestaltungsraum für Individuierungs- und Vergesellschaftungsprozesse ist sie zugleich in die sich verändernden gesellschaftlichen, kulturellen und sozialen Verhältnisse eingebunden (Ecarius/Schierbaum 2018, 374).

Aufgabe

Recherchieren Sie anhand von drei Artikeln aus einschlägigen Fachlexika der Pädagogik Aspekte des Familienbegriffs und entwickeln Sie eine Arbeitsdefinition.

---

2. Von der Mütterschule zur Familienbildungsinstitution

Aus historischer Perspektive gesehen spiegeln sich in der Familienbildung das jeweils vorherrschende Familienbild, das Verständnis der Rollen von Mutter und Vater und die Vorstellungen von der Aufgabenteilung in der Familie. Institutionalisierte Familienbildung als Teil des Bildungs- und Sozialsystems reagiert auf den tatsächlichen Wandel der Familie und die Herausforderungen, die sich daraus für die Familien ergeben. Da dieses Kapitel die Entstehung und Entwicklung der Mütterschule im beginnenden 20. Jahrhundert zum Ausgangspunkt nimmt, sei im Folgenden in der gebotenen Kürze auf Strukturveränderungen hingewiesen, die sich im Laufe des 19. und 20. Jahrhunderts in der Familie vollziehen und die gesellschaftliche Voraussetzung für die Entstehung der Mütterschulen darstellen[5]. Mit der Trennung von Familie und gewerblicher Produktion entsteht ein neuer Raum der Privatheit, in dem die Frau als Hausfrau und Mutter eine zentrale Rolle einnimmt und sich vor Herausforderungen gestellt sieht, an denen die Mütterschule 1917 konzeptionell ansetzt.

Der Zusammenhang vom Strukturwandel der Familie und der Entstehung der Mütterschule

Die gesamtgesellschaftlichen Veränderungsprozesse der Moderne gehen mit einer zunehmenden Entflechtung der politischen, religiösen, ökonomischen und familialen Vollzüge einher, die nun eigenständigen Funktionssystemen der Gesellschaft wie Staat, Wirtschaft und Familie zugeordnet werden (Fend 2008, 34). Eine entscheiden-

5 Diese geschichtliche Abhandlung setzt mit dem gesellschaftlichen Wandel im Zuge der Industrialisierung ein, als sich Familienbildung zu einem eigenständigen pädagogischen Handlungsfeld zu entwickeln beginnt, wohlwissend, dass es bereits Vorläufer im 17. Jahrhundert gab, wie beispielsweise Comenius, der Mütter mit Hilfe der ‚Mütterschul' in der richtigen Erziehung ihrer Kinder unterweisen wollte.

de Veränderung der Struktur der modernen Haushalte setzt mit der Trennung von Familienhaushalt und gewerblicher Produktion ein. Peuckert (1999, 20 ff.) interpretiert die Entstehung der Kleinfamilie – im Rückgriff auf Parsons (1975) – als „Ergebnis eines langfristigen *strukturell funktionalen Differenzierungsprozesses von Gesellschaft*". Der Strukturwandel der Familie in der Moderne stelle sich aus heutiger Sicht als Auslagerung von nicht familialen Funktionen (wie Produktion, Ausbildung, Altersversorgung) und einer Herauskristallisierung der Familie als Teilsystem der Gesellschaft mit eigenen Funktionen und Handlungsabläufen dar (Ecarius/Schierbaum 2018, 376). „Mit der Trennung von (weiblicher) Familien- und (männlicher) Lohnarbeit entstand im 19. Jahrhundert als neuer ‚Beruf' die Hausfrau." (Gestrich 2003, 392)[6].

Der Übergang von Handwerk und Heimindustrie zur Massenfertigung in der Industrie und die Herausbildung der Lohnarbeit wälzen sowohl die familiäre Produktion in der ländlichen Textilindustrie als auch die handwerkliche Arbeit in den traditionellen Meisterbetrieben um. Die für das traditionelle Handwerk charakteristische Einheit von Wohnen, Arbeiten und Konsum (des ganzen Hauses) wird mit dem Übergang zur Lohnarbeit aufgelöst[7]. Durch diese strukturellen Veränderungen verliert die Familie ihre direkte Einbindung in den ökonomischen Prozess und wird hauptsächlich zu einer Sphäre der Reproduktion, des Konsums und der Privatheit (Gestrich 2003, 391). So entsteht zuerst im gebildeten und wohlhabenden Bürgertum (hohe Beamte, Unternehmer, Kaufleute), in dem Frauen und Kinder von der Erwerbsarbeit freigestellt sind, der Ty-

---

6 Vor allem die feministische Forschung hat auf die gesellschaftliche Gewordenheit dieser Arbeitsteilung in der Familie und auf die Notwendigkeit der Hausarbeit als Voraussetzung für Erwerbsarbeit hingewiesen.

7 Peuckert (2019, 13) weist darauf hin, dass das wichtigste und am weitesten verbreitete Wirtschafts- und Sozialgebilde im Europa der frühen Neuzeit die für die bäuerliche und handwerkliche Lebensweise typische Sozialform des „ganzen Hauses" ist (Brunner 1978). Zentrales Merkmal des „ganzen Hauses" ist die Einheit von Produktion und Familienleben.

pus der bürgerlichen Familie, die sich durch folgende charakteristische Merkmale auszeichnet: (1) die räumliche Trennung von Wohnung und Arbeitsstätte; (2) die Ausgliederung von Gesinde und Dienstboten; (3) die Spezialisierung auf einen privatisierten, von emotional intimen Funktionen geprägten Teilbereich, in dem Liebe zum zentralen ehestiftenden Moment wird; (4) eine Polarisierung der Geschlechterrollen, die dem Mann die Rolle des Ernährers und der Repräsentation nach außen und der Frau den familiären Binnenraum zuweist, und (5) die Herausbildung der Kindheit als selbstständige anerkannte Lebensphase (Peuckert 1999, 22 und 2019, 14).

Die so von allen utilitaristisch ökonomischen Funktionen „gereinigte" Familie kann sich nun auf ihre internen Aufgaben konzentrieren, die in der Liebe der Ehepartner, der Pflege der emotionalen Beziehungen der Familienmitglieder untereinander und den Erziehungsaufgaben liegen. Ein solches Familienverständnis eignet sich denn auch für die in der Literatur der Romantik überhöhte Vorstellung von Sittlichkeit und Harmonie in der Familie. Auch für Friedrich Fröbel (1782–1852), der ideengeschichtlich einen wichtigen Beitrag für die Mütterbildung geleistet hat, ist die Familie die Keimzelle menschlichen und ‚völkischen Lebens', ein organisches Gebilde, ein gottgewolltes, natürliches Band, das als Lebensgemeinschaft auf der Lebenseinigung beruht (Schymroch 1989, 13). So symbolisiert die Familie einen Rückzugsort, der idealerweise im Unterschied zum täglichen Konkurrenzkampf in der Wirtschaftswelt eine Sphäre emotionaler Bindungen, gegenseitiger Anerkennung und des individuellen Schutzes darstellen soll. In der beschriebenen formalen Trennung von Produktions- und Reproduktionsbereich, Erwerbsbereich und Privatsphäre, liegt zugleich eine sich gegenseitig ergänzende Funktionalität, denn indem die Familie die Wiederherstellung der Arbeitskraft gewährleistet, sichert sie zugleich die Rahmenbedingungen für ökonomische Effizienz.

Was für die bürgerliche Familie gilt, trifft nicht auf die Arbeiterfamilien zu. Durch die Erwerbsarbeit der Frau (und der Kinder), den Mangel an ökonomischen und kulturellen Ressourcen (niedrige Löhne, Arbeitslosigkeit, niedriges Bildungsniveau) und die beschränkten Wohnverhältnisse entwickelt sich gar kein mit dem der bürgerlichen Familie vergleichbares Familienleben[8]. Die Teilung von Familien- und Erwerbsarbeit ist aufgrund der prekären Lebensverhältnisse gar nicht möglich, Frauen und Kinder sind in die Erwerbsarbeit eingebunden (Schiersmann 1993, 26). Auch die Gründerin der Mütterschule, Luise Lampert, sieht die Probleme der durch Armut und gesundheitliche Belastungen gezeichneten „unteren Schichten". Insbesondere die hohe Säuglingssterblichkeit wird zum Ansatzpunkt für Angebote der Mütterschule. Sie sind schlechter Ernährung, ungesunden Wohnverhältnissen, mangelhaften Kenntnissen in Hygiene, Pflege der Kinder und den gesundheitlichen Belastungen der Fabrikarbeit geschuldet, die August Bebel bereits 1879 in seinem Buch „Die Frau und der Sozialismus" anprangert: „Die immer mehr zunehmende industrielle Beschäftigung auch der verheirateten Frau ist namentlich bei Schwangerschaften, Geburten und während der ersten Lebenszeit der Kinder, während welcher diese auf die mütterliche Nahrung angewiesen sind, von den verhängnisvollsten Folgen. Es entstehen eine Menge Krankheiten während der Schwangerschaft, die sowohl auf die Leibesfrucht, als auf den Organismus der Frau zerstörend wirken und Früh- und Totgeburten hervorrufen" (Bebel 1896, 126 ff.). Für die Gründerin der ersten Mütterschule sind diese Verhältnisse ein Anknüpfungspunkt für Information und Aufklärung. Allerdings sind die Arbeiterfrauen meistens in den Produktionsprozess eingespannt, weil der Lohn des Mannes in der Regel nicht ausreicht, um die Familie zu ernähren. „Der Arbeitslohn der Arbeiterfrau diente in der überwiegenden Zahl der Fälle einzig und allein der Existenzabsicherung der Familie" und nicht etwa der beruflichen Selbstverwirklichung, „so dass von einem wachsenden politischen und gesellschaftlichen Selbstbewusstsein bei diesen arbeitenden Frauen kaum die Rede sein konn-

---

8 Trotz dieser sozialen Lage der Arbeiterfamilien nähern sich die normativen Orientierungen der Arbeiterfrauen dem bürgerlichen Familienideal mit der Vorstellung von der nichterwerbstätigen Hausfrau und Mutter in der Folgezeit an (Peuckert 1999, 24).

te“ (Weber-Kellermann 1974, 129). Insofern fehlen meistens die Zeit, das Geld und die Motivation, sich weiterzubilden.

Mit der Herausbildung der Hausfrauenrolle, die zu Beginn des 20. Jahrhunderts in der Regel mit der Mutterrolle gepaart ist, ergibt sich auch für die Mütterschule ein Anknüpfungspunkt. Da die Väter in der Familie tagsüber meistens abwesend sind, ihre Rolle auch hauptsächlich in der außerhäuslichen Arbeitswelt verortet wird, bietet sich die Hausfrau und Mutter als Adressatin der Familienbildung an. Da Kenntnisse über die Geburt eines Kindes, die Säuglingspflege und Kindererziehung nicht mehr unbedingt von Generation zu Generation übermittelt werden, sind viele junge Mütter unsicher, was die Pflege und Erziehung eines Kindes betrifft. Darüber hinaus hinterließ der Erste Weltkrieg viele Witwen und Waisen. Die Mütter sind auf sich allein gestellt und bedürfen oft einer Unterstützung von außen. Die wachsende Not der Familien in der Kriegs- und Nachkriegszeit geben den Anstoß für zahlreiche Bemühungen, Frauen durch Aufklärung auf ihre Mutterrolle vorzubereiten. Die Initiativen gehen von Frauenärzten aus und werden von Vereinen für Säuglingsfürsorge wie auch konfessionellen Frauenvereinen aufgegriffen, die Mütterschulungen und -kurse organisieren.

2.1 Die Gründung der Mütterschule

Auch Luise Lampert sieht in der von ihr 1917 gegründeten Mütterschule eine zentrale Aufgabe in vorbereitenden Unterweisungen in Schwangerschaft und Geburt sowie Pflege und Erziehung des Kindes. Lampert betont in diesem Zusammenhang, dass nicht fürsorgerische Aufgaben, sondern die Bildung vorrangiges Ziel der Mütterschule sei. Flankierend zu den Bildungsangeboten der Mütterschule werden eine Kinderkrippe und ein Kindergarten eingerichtet. Hildegard Schymroch (1989, 13) sieht gerade in dieser Verknüpfung von Mütterbildung und Kindererziehung einen Hinweis darauf, dass die ideengeschichtlichen Wurzeln dieser Einrichtung in der Pädagogik Friedrich Fröbels zu finden sind, der mit der Idee des Kindergartens mehrere Zwecke verfolgte: „zum einen eine Spiel- und Beschäftigungsanstalt für Kleinkinder, damit der Beschäftigungs- und Spieltrieb des Kindes richtig geleitet werde, zum anderen eine Bildungs- und Ausbildungsstätte für Mädchen, Frauen und Mütter“ (ebd.). Fröbel lässt sich von der Erkenntnis leiten, dass die Spielgaben, die als Selbstbelehrungsmaterial für die Kinder konzipiert sind, ohne die Anleitung von Erwachsenen keine bildende Wirkung haben. Der Mutter fällt die zentrale Aufgabe zu, für das geistige und seelische Wohl des Kindes zu sorgen. Muttersein ist daher nach Fröbel mit einer geistigen Haltung verbunden, die nicht an sich schon vorhanden ist, sondern durch Bildung geformt werden soll. Insofern erfüllt die Mütterschule in der Stärkung der Erziehungskompetenzen eine wichtige erwachsenenbildnerische Funktion.

Die Mütterschule und die bürgerlich-liberale Frauenbewegung
Luise Lampert wird durch Anna Lindemann, Leiterin des Nationalen Frauendienstes Stuttgart, dazu angeregt, ein Programm für die Mütterschule im Rahmen des „Nationalen Frauendienstes“, einer sozialen Hilfsorganisation unter Federführung des Bundes Deutscher Frauenvereine, zu erarbeiten. Die damalige bürgerlich liberale Frauenbewegung verbindet mit der Mütterschule das Konzept, Mütter in ihrer Rolle zu stärken. Vertreterinnen wie Agnes von Zahn-Harnack (1928) oder andere Wortführerinnen der Frauenbewegung wie Helene Lange (1848–1930) und Gertrud Bäumer (1873–1954)vertreten ein Frauenbild, das durch das Ideal der Mütterlichkeit geprägt ist, von dem sie sich die Weiterentwicklung der Frau im Sinne einer seelisch-geistigen Mutterschaft versprechen. Mit dieser Interpretation ist allerdings auch eine Festlegung auf die familiale Rolle der Frau verbunden. Mit dem Ideal der geistigen Mutterschaft wird auch die Professionalisierung der weiblichen Sozialarbeit zu einem für die bürgerlichen Frauen als standesgemäß erachteten Berufsbild unterlegt (Schiersmann 1993, 16). Die Vertreterinnen dieses Konzepts, „das bis um die Jahrhundertwende dominierte, ordneten den Geschlechtern damit jeweils einen spezifischen Platz in der Gesellschaft zu und schrieben der Frau die Aufgabe einer besonderen ‚Kulturmission‘ zu“ (ebd.). Damit rührt die bürger-

liche Frauenbewegung noch nicht grundsätzlich an den patriarchalischen Strukturen der Familie. „Das bürgerliche Sozialmodell, das dem Manne die Rolle des Ernährers zuwies, der Frau die Rolle der Herrin im Hause, wurde im Grunde von der Frauenbewegung noch akzeptiert, wenn auch nicht mehr in der Form, dass die Frau ins Haus gehöre, so doch in der abgewandelten Form, dass die Mutter zu ihren Kindern gehöre" (Pfeil 1966, 141 f.). Diese falsch gestellte Alternative von Berufsrolle oder Mutterschaft beherrscht das Denken zum Teil noch bis heute.

Das Mutterbild in der Weimarer Zeit

In der Weimarer Zeit wird das Bild der Frau und Mutter, wie es in der Zeit des Kaiserreiches vorherrschte, fortgeschrieben. Zentrales Ziel der Stuttgarter Mütterschule ist die „Wiederherstellung der natürlichen Mütterlichkeit der Frau als Dienst am Volk" (Schymroch 1989, 23). Hier klingt schon der Gedanke an, die Bildung der Mutter eng an eine dienende Rolle gegenüber dem Volk zu knüpfen. Mutter zu sein gilt als hohes Gut, nicht nur in Bezug auf die individuelle Entwicklung, sondern auch auf die kollektive Funktion. Hierin liegt umgekehrt die Gefahr, dass das Muttersein durch eine Gemeinschaftsideologie vereinnahmt werden kann, wie es zur Zeit des Nationalsozialismus der Fall war.

Mit dem Ende des Ersten Weltkriegs und der damit einhergehenden Wirtschaftskrise geraten auch Bildungsinstitutionen wie die Mütterschule unter finanziellen Druck. Mit der Auflösung des Nationalen Frauendienstes droht die Abschaffung der Mütterschule, was aber durch die Gründung des Vereins der „Freunde der Mütterschule" (1922) abgewendet werden kann. In der Folgezeit finden weitere Gründungen von Mütterschulen in einer Reihe von Städten statt. 1933 bestehen 37 Mütterschulen (ebd., 40). Das Veranstaltungsangebot der Mütterschulen umfasst in den 1920er-Jahren u.a. Kurse zu den Themen, Schwangerschaft; Geburt; Säuglingspflege und -ernährung; Entwicklung der ersten Lebensjahre; Kinderkrankheiten; Kindererziehung; Spielzeugkurse für Mütter und Väter vor Weihnachten und Ostern; Sonderkurse (zum Beispiel zum Familienrecht), Durchführung von Praktika für die Schülerinnen der städtischen Frauenschule Stuttgart; Kindermädchenkurse; Erwerbslosenkurse (ebd., 25–34). Der 1932 geplante Zusammenschluss der Mütterschulen in einer Arbeitsgemeinschaft kann aufgrund der damaligen politischen Kräfteverhältnisse nicht mehr realisiert werden.

Ende 1936 wird der Verein der „Freunde der Mütterschule" im Zuge einer allgemeinen Gleichschaltung aller Organisationen unter dem Diktat der Nationalsozialisten aufgelöst. Die Stuttgarter Mütterschule geht ins Deutsche Frauenwerk, Abteilung Mütterdienst, über.

Mütterschulen im Nationalsozialismus

Die Idee der Mütterlichkeit wird im Nationalsozialismus aufgegriffen und um biologistische und ökonomistische Aspekte erweitert. Die Rolle der Frau wird auf ihre Funktion in der Familie reduziert. „Die Mutter soll ganz ihren Kindern und der Familie, die Frau sich dem Manne widmen können, und das unverheiratete Mädchen soll nur auf solche Berufe angewiesen sein, die der weiblichen Wesensart entsprechen. Im Übrigen soll jede Berufstätigkeit dem Manne überlassen bleiben" (Frick 1934, zit. n. Weber-Kellermann 1974, 184). Die Frau wird als Gebärende betrachtet, die zum Erhalt der sogenannten „arischen Rasse" beizutragen hat. Frauen, die keine Kinder haben, erfüllen nicht die ihr zugewiesene Rolle; Familien, die weniger als vier Kinder haben, erfüllen nicht das Soll der Volksbestandserhaltungsziffer. Sterilisation und Euthanasie werden gegen „lebensunwertes Leben" eingesetzt (Schymroch 1989, 45). Die Frau wird so auf ihre Gebärfunktion reduziert, ohne Mutterschaft gilt sie aus Sicht der nationalsozialistischen Strategen als wertlos. Entsprechend wird die Familie als „Keimzelle des Volkes" gesehen und auf ihre biologische Erzeugerfunktion beschränkt. Die Kinder gehören letztlich dem Staat, der für ihre Erziehung zu sorgen hat. „Der völkische Staat, so Hitler in ‚Mein Kampf', habe das Kind zum kostbarsten Gut eines Volkes zu erklären. Er müsse dafür Sorge tragen, dass' nur wer gesund ist, Kinder zeugt; […] Umgekehrt aber muss es als verwerflich gelten: gesunde Kinder der Nation vorzuenthalten.

Der Staat muss daher als Wahrer einer tausendjährigen Zukunft auftreten, der gegenüber der Wunsch und die Eigensucht des einzelnen als Nichts erscheinen und sich zu beugen haben“ (Gestrich 2003, 385).

Die in den 1920er-Jahren aufgebauten Mütterschulen bieten den verantwortlichen Nationalsozialisten eine gute Ausgangsbasis, um ihre Gedanken von Mutterschaft zu verbreiten. Dazu müssen sie aber gleichgeschaltet und durch die Partei kontrolliert werden. Die Zentralisierung beginnt mit dem Zusammenschluss der bisherigen Frauenverbände im „Deutschen Frauenwerk“. Die nationalsozialistischen Frauen und Verbände schließen sich in der NS-Frauenschaft zusammen. Die Mütterschulung wird von der ‚Reichsstelle des Deutschen Frauenwerks‘ in Zusammenarbeit mit den zuständigen Stellen für Bevölkerungspolitik und Rassenpflege übernommen. Der „Reichsmütterdienst“ im „Deutschen Frauenwerk“ gründet 1934 eine „Reichsarbeitsgemeinschaft für Mütterschulung“, um einer Zersplitterung der Mütterschulen entgegenzuwirken. In den vom Reichsmütterdienst erlassenen Richtlinien zur Mütterschulung wird verfügt, dass die früheren Frauenverbände nicht mehr als verantwortliche Träger von Mütterschulungskursen auftreten dürfen. So findet eine Entmachtung der früheren Verantwortlichen statt. Die konfessionellen Träger beschränken sich fortan auf die religiöse Bildung (Schymroch 1989, 45 ff.).

Die systematische und konsequente Organisierung der Mütterschulen in ländlichen wie städtischen Bereichen, auf lokaler und Kreisebene, in Werkmütterschulen, Internatsmütterschulen für verheiratete oder Bräuteschulen für kinderlose Frauen trägt alsbald Früchte. 1937 haben 1,14 Millionen Frauen an 53.000 Kursen teilgenommen (Rolka 2015). Der Besuch der Kurse ist freiwillig, wird aber vom NS-Staat in bestimmten Fällen als Pflicht definiert. „So war die Gewährung des Ehestandsdarlehens an einen Kursbesuch geknüpft, außerdem gab es Pflichtkurse für arbeitslose Frauen, die auf staatliche Sozialunterstützung angewiesen waren“ (Rolka 2015). 1936 verpflichtet ein Himmler-Erlass alle Partnerinnen von SS-Mitgliedern zum Besuch einer Mütterschulung (ebd.).

Die Curricula der Mütterschulen beinhalten nun auch nationalsozialistische Rituale wie den morgendlichen Fahnenappell. Volkslieder, Sagen und Märchen sollen das Gefühl stärken, einer Volksgemeinschaft anzugehören, die anderen überlegen ist.

Die Mütterschulen nach 1945, insbesondere in den 1950er-Jahren
Mit dem Zusammenbruch des Nationalsozialismus wird eine Re- bzw. Neuorganisation der Mütterschulen angestoßen. Die meisten der ersten Mütterschulen nach 1945 werden in der Trägerschaft von Frauen- und Wohlfahrtsverbänden gegründet. Sowohl einzelne Kommunen (Bochum, Bremen, Wuppertal) als auch die Kirchen eröffnen Einrichtungen und knüpfen dabei teilweise an ihre Arbeit vor der Zeit des Nationalsozialismus an. Der Zentralisierung und Gleichschaltung der Mütterschulen im Nationalsozialismus folgt in der Nachkriegszeit eine Dezentralisierung auf Länderebene und der Aufbau einer vielfältigen Trägerlandschaft aus eingetragenen Vereinen, kirchlichen und konfessionellen Trägern, Kommunen, Wohlfahrtsverbänden (DRK, AWO, Caritas etc.) und Industriebetrieben (Schymroch 1989, 72).

Die „Mütterschulbewegung" der Nachkriegszeit ist u.a. eine Antwort auf die materielle Not und psychische Belastung vieler Frauen, die alleinerziehend sind und sich um die Bewältigung des Familienalltags kümmern müssen. So kommt in der Arbeit vor allem ein fürsorgerisches Moment zum Tragen, wie es von Selma Hohagen (Leiterin der Wuppertaler Mütterschule) und Lotte Geppert (Leiterin der Münchner Mütterschule) vertreten wird (Schymroch 1989, 57). Insbesondere Kurse im Bereich Hauswirtschaft (Nähen und Kochen) entsprechen diesem Ansatz und verstehen sich als vorbeugende Fürsorge, d.h. Kompensation von Defiziten im Familienalltag, Unterstützung der Mütter und präventive Bildungsarbeit, damit fürsorgliche Maßnahmen im Sinne des Jugendwohlfahrtsgesetzes erst gar nicht erforderlich werden. Demgegenüber betonen Luise Lampert und Gertrud Kleber[9] stärker den Bildungsgedanken

9 Gertrud Kleber (1897–1985) war Mitarbeiterin und spätere Leiterin der Stuttgarter Mütterschule.

und legen den Schwerpunkt auf Kurse zu den Themen Erziehung und Pflege des Säuglings und Entwicklung des Kleinkindes. Immer noch konzentriert sich die Arbeit auf die Mütter, Väter sind lediglich am Rand geduldet und haben einen Gaststatus (Arbeitsgemeinschaft der Mütterschulen 1955). Bis in die Mitte der 1960er-Jahre steht die Frauenbildung im Mittelpunkt, erst danach setzt ein Perspektivwechsel zur Familienbildung ein.

In dem Maße, wie sich die Lebensbedingungen in den 1950er-Jahren verbessern, tritt auch der „Nothilfecharakter" der Mütterschulen in den Hintergrund. Das sogenannte „Wirtschaftswunder", das sich u.a. in massiven Reallohnsteigerungen zeigt und durch den Ausbau des sozialen Sicherungssystems flankiert wird, führt zu einer deutlichen Verbesserung der Lebensverhältnisse der Familien. Peuckert (1999, 25) bezeichnet die späten 1950er- und frühen 1960er-Jahre als Höhepunkt der modernen Familienentwicklung in der Bundesrepublik und der ehemaligen DDR. Die Institutionalisierung der modernen Kleinfamilie zeigt sich daran, dass Eheschließung und Familiengründung als Normalverhalten gelten. Das Leitbild dieser Familienform verlangt von jedem Menschen die lebenslange, monogame Ehe. Der Sinn der Ehe erfüllt sich in der Gründung einer Familie, die zugleich mit einer fest umrissenen Rollendefinition verbunden ist: „Die Ehefrau und Mutter ist primär zuständig für die emotional-affektiven Bedürfnisse der Familie und für die Haushaltsführung. Dem Vater als Autoritätsperson obliegen die Außenbeziehungen und die instrumentellen Aspekte des Familienlebens" (ebd.). Elisabeth Beck-Gernsheim (1990, 80) sieht in dieser Entwicklung eine Engführung des weiblichen Lebenszusammenhangs auf den Binnenraum des Privaten. „Neben der physischen Versorgung der Familienmitglieder wird vor allem auch die psychische zur besonderen Aufgabe der Frau – das Eingehen auf den Mann und seine Sorgen, das Ausgleichen in familialen Spannungssituationen, kurz all das, was in der neueren Diskussion Gefühlsarbeit oder auch Erziehungsarbeit heißt."

Dieses Familienverständnis, verbunden mit einer entsprechenden Auffassung von den Geschlechterrollen, spiegelt sich auch in den Programmen der Mütterschulen wider. Die Mütterschule soll dem „Wohl und dem Aufbau der Familie in hohem Maße dienen. Mit ihren Kursen werde die Mütterschule in der Gesamtbildung der Frau das korrigieren, was durch den modernen Gang der Berufsausbildung und die mangelnde Anleitung der jungen Mutter in der Familie für die Gestaltung des wahren Frauenberufs als Gattin und Mutter zu kurz gekommen sei" (Wermter 1954, zit. n. Schymroch 1989, 60). Die Angebote konzentrieren sich auf den Beitrag der Mütterschulen zur „Haushaltsführung und häuslichen Heimgestaltung", um die „Familienfähigkeit" der Frauen zu bewirken. Dabei sollen die Familienbildungsstätten selber einen Heimcharakter erhalten, um der modernen „Heimatlosigkeit" entgegenzutreten, wie sie sich zum Beispiel in der zunehmenden Abwesenheit der Frauen von der Familie aufgrund der Berufstätigkeit zeigt (ebd.). Es gilt, die Frauen in all ihren Funktionen und Aufgaben anzusprechen, als Mutter, Hausfrau, Ehefrau, Staatsbürgerin und Berufstätige, und die Vielzahl dieser Aspekte in einer ganzheitlichen Frauenbildung zu vereinen. Immer noch ist die Frauenbildung stark vom Prinzip der Mütterlichkeit geprägt, das nicht auf die biologische Mutterschaft reduziert, sondern auf das Wesen der Frau fokussiert ist, die zur Hausfrau, Gattin und Mutter berufen ist. Die Auffassung von der Rolle der Frau und den damit verbundenen Aufgaben, spiegelt sich auch in den Arbeitsbereichen der Mütterschulen im Jahr 1960 wider: a) Ehe- und Familienfragen; b) Pflege und Erziehung der Kinder auf allen Stufen der Entwicklung; c) häusliche Gesundheits- und Krankenpflege; d) Haushaltsführung; e) Gestaltung des Familienlebens; f) Heimgestaltung; g) Freizeitgestaltung und musisches Tun; h) kulturelle, soziale, staatsbürgerliche und volkswirtschaftliche Fragen; i) Fragen der Persönlichkeitsentfaltung (Schymroch 1989, 63).

Im Zuge der Institutionalisierung der Mütterschulen, die u.a. in der „Arbeitsgemeinschaft der Mütterschulen" zum Ausdruck kommt, findet im Jahr 1954 eine statistische Erhebung jener 20 Mütterschulen statt, die der Arbeitsgemeinschaft angegliedert sind. Erfasst werden die Anzahl (36.325) der Teilnehmenden (u.a. Alter, Familienstand, Berufe der Teilnehmenden), Zahl der Kurse

(1.162), Einzelveranstaltungen (870) und Arbeitseinheiten. Am Familienstand und an der Wahl der Kurse ist ablesbar, dass ca. die Hälfte der Frauen die Mütterschule besucht, um sich auf die Aufgaben im Haushalt, in der Ehe und Mutterschaft vorzubereiten. In den nachfolgenden Jahren (bis etwa 1975) nimmt die Gruppe der Verheirateten und über 25-jährigen zu und es tritt ein Wandel der Bildungsarbeit und des Veranstaltungsangebots von einem vorbereitenden zu einem eher die Familie begleitenden Bildungsprogramm ein. Im Hinblick auf die Personalstruktur kündigt sich schon in den frühen Jahren eine Tendenz an, die bis heute fortdauert und zugleich ein strukturelles Problem der Mütterschulen und späteren Familienbildungseinrichtungen ausmacht: der überproportionale Anteil der nebenberuflichen Mitarbeitenden gegenüber den Hauptberuflichen. Die absolute Zahl der Honorarkräfte nimmt stetig zu, während der prozentuale Anteil der hauptberuflichen Mitarbeitenden abnimmt. Die Honorarkräfte decken somit den größten Teil der Bildungsarbeit ab. Das heißt auch, dass mit der Nebenberuflichkeit der Mehrzahl der Mitarbeiter*innen zugleich ein Professionalisierungsdefizit gegeben ist, denn die meisten Honorarkräfte sind nicht für die Erwachsenenbildung ausgebildet. Somit besteht ein Ausbildungs- und Fortbildungserfordernis seitens des nicht hauptberuflich arbeitenden Personals, das allerdings nur auf freiwilliger Basis eingelöst werden kann, weil die Honorarkräfte keiner Weisungsbefugnis unterliegen (Schymroch 1989, 66 ff.).

In den 1950er- und 1960er-Jahren entstehen in allen westdeutschen Bundesländern[10] neue Mütterschulen, wobei Nordrhein-Westfalen eine besondere Stellung einnimmt, weil dort die „Richtlinien zur Ausgestaltung von Einrichtungen der Mütter- und Elternbildung-Mütterschulen“ des Arbeits- und Sozialministers von 1960 die Modalitäten der Finanzierung aus Landesmitteln regeln und den Institutionalisierungsprozess der Mütterschularbeit unter-

10 Da nur zu den westdeutschen Bundesländern Daten und Quellen zur Entwicklung der Mütterschulen vorliegen, beschränkt sich das vorliegende Buch auf die Geschichte der Familienbildung in Westdeutschland.

stützen und beschleunigen. Schymroch (1989, 71) verweist darauf, dass Nordrhein-Westfalen – nach Auskunft von Gertrud Kleber – das erste Bundesland gewesen ist, das die Finanzierung der Weiterbildung von Mütterschullehrkräften übernimmt. Während die Mütterschulen in Nordrhein-Westfalen vorwiegend über Landeszuschüsse subventioniert werden, trifft dies auf andere Bundesländer in diesem Umfang nicht zu. Hier geschieht die Finanzierung der Mütterschulen zum größten Teil durch Teilnahmegebühren, an zweiter Stelle stehen Zuschüsse der Länder, dann der Träger, ferner kirchlicher Verbände, der Städte und der Kreise sowie anderer Stellen (ebd., 71f).

2.2 Familienbildungsstätten im Laufe der 1960er- und 1970er-Jahre

Die Umwandlung des Namens Mütterschule in Familienbildungsstätte im Zuge der zweiten Hälfte der 1960er-Jahre geht auf ein gewandeltes Verständnis der Frauenrolle und der Familie zurück, das wiederum einer Veränderung der tatsächlichen Lebensverhältnisse geschuldet ist. Im Rahmen einer Tagung der „Arbeitsgemeinschaft der Mütterschulen" 1967 in Stuttgart wird von einer der Referentinnen (Ingetraud Elster-Düsing) ein neues Bild der familiären Rolle der Mutter skizziert, der nicht länger allein die Verantwortung für die Familie obliege. Demgegenüber seien beide Ehepartner für das Familienleben zuständig und hätten einen aktiven Anteil an der Gestaltung der Beziehungen untereinander und dem Wirken nach außen. Das gab auch den Anstoß, die Aufgaben der Mütterschule zu überdenken, die sich nicht nur auf die Mütter, sondern auf alle Familienmitglieder zu beziehen hätten. Zwar gehen Überlegungen zur Namensänderung der Mütterschule bereits auf das Jahr 1960 zurück, werden aber erst Ende der 1960er-Jahre in die Praxis umgesetzt. Dabei geht es auch um die Abgrenzung der Mütterschule von der Elternschule[11]. Während die Elternschulen den Erziehungsauftrag in

11 Die Begriffe Familienbildung und Elternbildung bestehen in der Folgezeit oft nebeneinander und werden teilweise auch synonym gebraucht.

der Familie in den Mittelpunkt ihres Wirkens stellen, kümmern sich die Mütterschulen und späteren Familienbildungsstätten um alle Aufgabenbereiche innerhalb der Familie. Die später in Familienbildungsstätten umbenannten Mütterschulen thematisieren: a) ehevorbereitende Bildung, b) ehebegleitende Bildung und c) Elternbildung.

Die Namensänderung erfolgt zugleich in einer Phase, in der die sogenannte Normalfamilie einem zunehmenden Erosionsprozess ausgesetzt ist. Soziolog*innen (u.a. Peuckert 1999, 27; Kaufmann 1988; Nave-Herz 1994, 3f.) gehen von einer „Krise der Normalfamilie“ aus, die sich an demografischen Brüchen wie den rückgängigen jährlichen Eheschließungen, der Geburtenabnahme und der Häufigkeit der Ehescheidungen festmachen ließe. Die Veränderungen im Eherecht erleichtern Ehescheidungen. Ab 1977 gilt das Zerrüttungsprinzip als möglicher Grund für eine Scheidung und löst das Ringen um die Schuldfrage ab. Eine Ehe ist dann gescheitert, wenn „die Lebensgemeinschaft der Ehegatten nicht mehr besteht und nicht erwartet werden kann, dass die Ehegatten sie wiederherstellen“ (§ 1565 BGB). Darüber hinaus etablieren sich zunehmend neue Lebensformen, die neben die bisher vorherrschende Kleinfamilie treten (zum Beispiel Ehe ohne Trauschein, Alleinerziehende, Patchworkfamilie). Das normative Leitbild einer lebenslangen monogamen Ehe erhält Risse. Nach Beck-Gernsheim (1990, 85) ist das entscheidend Neue an dieser Entwicklung die Individualisierung des weiblichen Lebenslaufs, die Herauslösung der Frau aus der Einbindung in die Familie: „Solange es nur der Mann war, dessen Lebenslauf dem Grundmuster der Individualisierung unterstellt wurde, solange die Frau komplementär aufs Dasein für andere verpflichtet wurde, blieb der Familienzusammenhalt weitgehend gewahrt – freilich um den Preis der Ungleichheit der Frau. Jetzt aber […] beginnt eine neue Epoche in der Geschichte der Frau – und ebenso in der Geschichte von Mann *und* Frau […], die *beide* den Möglichkeiten und Zwängen einer selbstentworfenen Biographie unterstehen.“ Schon Simone de Beauvoir schrieb 1949, dass die wirtschaftliche Entwicklung der weiblichen Lebensbedingungen dabei ist, „die Einrichtung der Ehe“ umzustürzen (1951, 399). Mit der durch die Berufstätigkeit wachsenden finanziellen Unabhängigkeit der Frau von der männlichen „Ernährerrolle" und der Möglichkeit von Geburtenregelung und Familienplanung aufgrund der „Pille" sind grundlegende Rahmenbedingungen für die Selbstständigkeit der Frau gegeben. Beides trägt zu einem wachsenden Selbstbewusstsein und dem Wunsch nach Selbstverwirklichung bei. Die Vorstellungen von der Ehe, der Sexualität, der Kommunikation im Alltag und allen anderen Formen des Lebens zu zweit unterscheiden sich häufig bei Männern und Frauen (Beck-Gernsheim 1990, 85). Dies führt auch zunehmend zu Konflikten und dem Bedürfnis einer gegenseitigen Verständigung. Die steigenden Belastungen, die Beruf, Hausarbeit und Mutterschaft mit sich bringen, werden in der öffentlichen Diskussion unter dem Stichwort „Doppelbelastung der Frau" diskutiert. Insbesondere die Studenten- und Frauenbewegung Ende der 1960er- und Anfang der 1970er-Jahre geben den Anstoß für eine Kritik an den patriarchalen Strukturen der „bürgerlichen Familie" und Forderungen nach Emanzipation und Gleichstellung in allen gesellschaftlichen Bereichen.

Die Themen der Fachtagungen der „Arbeitsgemeinschaft der Mütterschulen" in den 1970er-Jahren spiegeln die Auseinandersetzung mit Fragen des demografischen und politischen Wandels im Hinblick auf die Konsequenzen für die Familienbildung und die eingetretene Verunsicherung im Hinblick auf die Familie und die Geschlechterrollen wider. Angesichts der antiautoritären Bewegung Ende der 1960er-Jahre beschäftigt sich die „Arbeitsgemeinschaft von Einrichtungen für Familienbildung" auf ihrer Fachtagung 1970 mit Fragen der antiautoritären Erziehung und sieht ihre Aufgabe vor allem in der „Unterstützung der Familie" bei der Bewältigung von Erziehungsaufgaben und der Heranführung an pädagogisches Denken und Handeln (Schymroch 1989, 75). Weitere Themen sind: „Notwendige Änderungen familiären Zusammenlebens" (Münster 1971); „Ist unsere Familienbildungsarbeit zeitgemäß?" (Königswinter 1973); „Die Familie in der veränderten Lebenswirklichkeit" (München 1974); „Familienbildung und Sexualität" (Goslar 1976) oder „Die sexuelle Dimension der Identität. Zur Bedeutung von

Wertvorstellungen in der Familienbildung" (Hamburg 1977) (ebd., 77 f.).

Bei allen Faktoren, die auf eine Destabilisierung der sogenannten Normalfamilie und eine weitere Ausdifferenzierung der Familienformen hinweisen, bleibt die prinzipielle Bedeutung von Familie als Sozialisationsinstanz und als intergenerative Lebensform bis heute bestehen.

Die 1970er-Jahre sind mit einem Institutionalisierungsschub für die Familienbildung verbunden. Die Förderung der Erwachsenenbildung wird in die meisten Landesverfassungen übernommen. Das erste Gesetz dieser Art, das Gesetz über die Zuschussgewährung an Volkshochschulen und entsprechende Volksbildungseinrichtungen aus dem Jahr 1953, stammt aus Nordrhein-Westfalen. Es wird 1975 durch das Weiterbildungsgesetz abgelöst, das eine Neuentwicklung darstellt, weil es sich „von dem bis dahin geltenden Verständnis der traditionellen Erwachsenenbildung löst und den Begriff ‚Weiterbildung' des Strukturplans der Bildungskommission des Deutschen Bildungsrats von 1970 aufnimmt" (Landtag Nordrhein-Westfalen 1982, 3). Unter den Sachbereichen des Gesetzes wird auch die Eltern- und Familienbildung aufgeführt, die auf Fragen der Familie zentriert ist, insbesondere auf Angebote der Elternbildung, die Erziehungsfragen betreffen, Angebote zu Fragen der Partnerschaft sowie zu Fragen des Verhältnisses von Familie und Gesellschaft (ebd., 55). Bis 1975 ist in allen westdeutschen Bundesländern – bis auf die Stadtstaaten Hamburg und Berlin sowie Schleswig-Holstein – ein Weiterbildungsgesetz verabschiedet worden[12]. Allerdings ist nicht in allen Weiterbildungsgesetzen der Länder die Förderung der Familienbildung explizit vorgesehen.

Die gesetzliche Verankerung der Familienbildung in Weiterbildungsgesetzen (Hessen, Nordrhein-Westfalen und Thüringen) hat den Rahmen für die Weiterentwicklung der professionellen Struk-

12 Schleswig-Holstein holt die Gesetzgebung 1990 nach. Die ostdeutschen Bundesländer haben nach 1989 bis heute alle ein entsprechendes Gesetz verabschiedet (DIE 2016).

tur des Erwachsenenbildungssystems geschaffen. Geregelt werden die Bedingungen für die staatliche Anerkennung der Einrichtungen, die Grundsätze der Zuschussgewährung, die verschiedenen Aufgabenfelder und inhaltlichen Sachgebiete. Die Inhalte orientieren sich am Gemeinwohl und der Inklusion benachteiligter Gruppen in der Gesellschaft. Mit diesem demokratischen Anspruch ist zugleich das Postulat verbunden, ein Mindestangebot in der Fläche zu gewährleisten und ein Angebot vorzuhalten, das allen geöffnet sein soll. Im Bericht über die Situation der Weiterbildung in Nordrhein-Westfalen (1982, 84) heißt es beispielsweise angesichts der Jugendunruhen in den 1970er-Jahren, die Familienbildung werde sich gerade „auch in Teilnehmerkreisen bewähren müssen, die der Weiterbildung eher fernstehen".

Die Weiterbildungsgesetze der verschiedenen Bundesländer gehören nach Reichling (2015, 49) zu einer Gesetzesgeneration, die von einer „Aufbruchstimmung" geprägt gewesen sei, weil sie auf die Herausbildung eines quartären Sektors als „gleichberechtigter Teil des Bildungswesens" (§ 2 WbG) ausgerichtet gewesen sei. Vor dem Hintergrund des sogenannten „Sputnik-Schocks" und der Ausführungen im Strukturplan des deutschen Bildungswesens zielen die Reformbestrebungen im Bereich der Weiterbildung auch auf die Ausschöpfung eines neuen „Humankapitals" für Wirtschaft und Gesellschaft ab.

2.3 Familienbildung in den 1980er-Jahren

Familienbildung setzt sich in den 1980er-Jahren u.a. mit der wachsenden Arbeitslosigkeit und der Tendenz in Politik und Wirtschaft auseinander, Frauen wieder an den Herd zurückzubringen und ihre Rolle ausschließlich auf Familienaufgaben zu reduzieren, um den Arbeitsmarkt zu entlasten. Trotz gestiegener Frauenerwerbsarbeit ist immer noch die Hälfte der Frauen im Jahr 1988 nicht erwerbstätig und bleibt auf die Versorgung durch den Ehemann angewiesen. „Die anhaltende Arbeitslosigkeit und die begrenzten eher schrumpfenden Kapazitäten des Arbeitsmarktes ganz allgemein konservieren und restabilisieren die traditionalen Rollen und Zuständigkeiten von

Männern und Frauen. Unterstützt wird diese Tendenz zur Freisetzung *aus* der Erwerbsarbeit *in* die Eheversorgung durch den Kinderwunsch vieler Frauen", da fehlende Kindergartenplätze und bestehende Kindergartenzeiten in vielen Fällen eine Berufstätigkeit ausschließen (Beck 1990, 187).

Die Jahrestagung der „Arbeitsgemeinschaft von Einrichtungen für Familienbildung e.V." im Jahr 1984 beschäftigt sich mit dem Problem der „Arbeitslosigkeit und die Auswirkungen auf den Familienalltag". Familienbildungsstätten greifen das Thema auf, fordern beispielsweise eine Sozialversicherung für die Familienfrau, und richten Motivierungs- und Orientierungskurse für Frauen nach der Familienphase bzw. für einen Wiedereinstieg in den Beruf ein. Die Bundesarbeitsgemeinschaft für Katholische Familienbildungsstätten initiiert das Modellprojekt „Familie und Beruf", bei dem es u.a. um Fragen der Vereinbarkeit von Familie und Beruf geht (Schymroch 1989, 103/Schymroch 2003, 387). Die Betroffenen sehen sich allerdings mit dem Problem konfrontiert, dass es, wie oben erwähnt, um ein strukturelles wirtschaftliches und sozialpolitisches Problem geht, das weder allein von der Familienbildung noch vom einzelnen Individuum gelöst werden kann.

In den 1980er-Jahren entstehen viele Selbsthilfegruppen, die sich häufig parallel zu den Familienbildungsstätten etablieren und sowohl eine Reaktion auf eine defizitäre Versorgung in bestimmten Bereichen der Gesellschaft darstellen als auch eine andere Form des Lernens propagieren, das selbstbestimmt, den eigenen Interessen und Bedürfnissen folgend, gleichberechtigt und in symmetrischen Beziehungen erfolgen soll. So entstehen Selbsthilfegruppen in der Mutter-Kind-Arbeit, der Nachsorge von Krebskranken, von Drogenabhängigen, psychisch Kranken und Frauengruppen. Die Selbsthilfegruppen stellen einerseits eine Konkurrenz für die Familienbildungsstätten dar, regen andererseits Diskussionen über eine Neuorientierung und Neujustierung der Familienbildung an. Nach Schymroch (1989, 101f.) sehen die Familienbildungsstätten durchaus Schnittstellen zur Arbeit der Selbsthilfegruppen und unterstützen viele Initiativen mit Praxisberatung und Fortbildungsangeboten.

Außerdem führt der Erfolg der Selbsthilfegruppen eigene Mängel und Versäumnisse vor Augen, die u.a. in der Angebotsorientierung und Distanz der Einrichtungen gegenüber den Adressaten liegen. Begriffe wie „Teilnehmerorientierung, Lernerpartizipation und Zielgruppenorientierung" gewinnen zunehmend in der Familienbildung wie auch insgesamt in der Erwachsenenbildung (Schäffter 1981; Schiersmann/Thiel/Völker 1984) an Relevanz. War die methodische Arbeit in den Familienbildungsstätten der 1970er-Jahre eher leitungszentriert, so vollzieht sich in den 1980er-Jahren ein Paradigmenwechsel hin zur „Teilnehmerorientierung". Teilnehmende werden in den Mittelpunkt des Lerngeschehens gestellt, indem ihre Lebenserfahrungen, ihr Alltag und ihre Kompetenzen stärker einbezogen und sie aktiv am Lernprozess beteiligt werden (Bundesarbeitsgemeinschaft Katholischer Familienbildungsstätten 1986, 15). Im Begriff der „Lebensweltorientierung" findet diese Intention ihren Niederschlag. Der Begriff stammt aus der Sozialen Arbeit und ist mit dem Namen von Hans Thiersch[13] (1986) untrennbar verbunden. „Lebensweltorientierte Soziale Arbeit sieht die AdressatInnen in ihrem Leben bestimmt durch die Auseinandersetzung mit ihren alltäglichen Lebensverhältnissen. Sie sieht die AdressatInnen in ihren Problemen und Ressourcen, in ihren Freiheiten und Einschränkungen; sie sieht sie – vor dem Hintergrund der materiellen und politischen Bedingungen – in ihren Anstrengungen, Raum, Zeit und soziale Beziehungen zu gestalten. Die AdressatInnen sind aus dieser Perspektive eingebunden in vielfältige Widersprüche zwischen verfügbaren Ressourcen und problematisch belastenden Lebensarrangements, zwischen gekonnten und ungekonnten Bewältigungsleistungen, Resignation und Hoffnung, Borniertheit des Alltags und Aufbegehren gegen diese Borniertheiten" (Grunwald/Thiersch 2011, 854). Auch die Erwachsenenbildung nimmt den Begriff auf,

13 Hans Thiersch, geb. 1935, war von 1970 bis 2002 Professor für Erziehungswissenschaft und Sozialpädagogik an der Universität Tübingen. Thiersch hat Ende der 1970er-Jahre den Begriff der Lebensweltorientierung in der Sozialen Arbeit geprägt.

um das Augenmerk stärker auf die Lernsituation und Erfahrungswelt der Erwachsenen zu richten. So definiert Siebert (1985, 580) folgendermaßen: „Lebenswelt bedeutet den subjektiv gedeuteten, erlebten, als relevant empfundenen Ausschnitt der sozialen Wirklichkeit, also das, was uns im Alltag betrifft und betroffen macht. Zur Lebenswelt gehören aber auch die sozialen und kulturellen Realitäten, die verdrängt, ignoriert und bagatellisiert werden, also auch Identitäts- und Gesellschaftskrisen, die zunächst nicht wahrgenommen werden" (Siebert 1985, 580). Insofern bezieht sich Erwachsenenbildung im Zusammenhang mit dem Prinzip der Lebensweltorientierung nicht nur auf die subjektiven Erfahrungen und Handlungen, sondern auch auf die gesellschaftlichen Strukturen, in die sie eingebettet sind. Dieser Perspektivwechsel hinterlässt auch im Feld der Methodik/Didaktik seine Spuren. Die didaktische Konzeption der Lernprozesse ist u.a. durch Situations-, Problem- und Handlungsorientierung geprägt. Übergänge von der Kursarbeit zu offenen Angeboten lassen erkennen, dass die Arbeit sich auch von sozialpädagogischen Prinzipien leiten lässt.

Das Thema Zielgruppenorientierung ist vor allem der Tatsache geschuldet, dass die Familienbildung und insgesamt die Erwachsenenbildung weite Teile von Bevölkerungsgruppen nicht erreichen kann: „Unabhängig vom Sprachgebrauch lässt sich sagen, dass unter der Stoßkraft gesellschaftskritischer Impulse Zielgruppenorientierung einen Akzent erhalten hat, der vornehmlich an die Bevölkerungsgruppen denken ließ, die bisher kaum Teilnehmer an Erwachsenenbildungsveranstaltungen waren und die als Bildungsdistanzierte, Benachteiligte ausgewiesen werden" (Tietgens, Vorbemerkungen in Schäffter 1981, 6).

Auch die Mütterzentren, die aus einem Projekt des Deutschen Jugendinstituts 1981 hervorgegangen sind, versuchen, Gruppen zu erreichen, die bisher den Weg in die Familienbildung kaum geschafft haben. Sie verstehen sich als „selbstorganisierte Alternativen zu professionellen Angeboten der Elternarbeit" (Jaeckel/Tüllmann 1987, 6). Die Mütterzentren sind den ganzen Tag ohne ein festes Bildungsangebot geöffnet. Die Mütter des Zentrums sind Expertinnen in eigener Sache, führen Laienberatungen, Kursangebote, Buchführung, Kinderbetreuung etc. durch und erhalten dafür einen gewissen finanziellen Ausgleich (auf Honorarbasis). Die Mütter können sich mit ihren Kompetenzen einbringen und je nach Neigung und Können eigene Kurse durchführen (Kosmetik, Nähen, kreatives Gestalten etc.). Die meisten Mütterzentren sind stadtteilorientiert ausgerichtet und stellen so die Nähe zu ihrer Zielgruppe her. Außerdem versucht man, durch offene Angebote eine gewisse Niedrigschwelligkeit im Zugang zu den Zentren zu gewährleisten und die Frauen zum gemeinsamen Gespräch zu animieren. Verena Mayr-Kleffel (1987, 23) schätzt das Mütterzentrum daher als eine Einrichtung ein, die den „Bedürfnissen der Unterschichtsfamilien gemäßer ist als die Familienbildungsstätte".

Im Zusammenhang mit dem Mutterbild der 1980er-Jahre, das mit dem Schlagwort der „neuen Mütterlichkeit" (Beck-Gernsheim 1984) in Verbindung gebracht wird, wird versucht, die Mutterrolle und den Beruf in eine Balance zu bringen: Mütter sollen einen Beruf ausüben können, ohne gleich als „Rabenmütter" zu gelten, und berufstätige Frauen sollen Rahmenbedingungen erhalten, um Kinder angemessen erziehen zu können. Die neue Mütterlichkeit ist aber ohne neue Väter nicht denkbar, die auch Verantwortung in Erziehungsfragen und in der Familie übernehmen.

Nave-Herz (1994, 50 f.) beschäftigt sich Mitte der 1980er-Jahre mit dem stark veränderten Verhalten von werdenden Vätern, von denen 87 Prozent bei der Geburt anwesend seien und ihre Frauen im Vorfeld zu Vorsorgeuntersuchungen und Vorbereitungskursen (u.a. in Familienbildungsstätten) begleiten würden. Damit sei Schwangerschaft und Geburt für viele Väter zu einer bewussten, gewollt erlebten Erfahrung geworden. Empirische Untersuchungen belegten darüber hinaus, dass die damaligen Väter sich auch während der Säuglings- und Kleinkinderphase stärker an der Betreuung beteiligten als die Väter früherer Generationen. Die Autorin kommt daher zu dem Schluss, dass „mit der Mutterrolle [...] heutzutage nicht mehr das Monopol auf expressives Verhalten in Pflege- und Betreuungssituationen verknüpft" sei (ebd., 53). Insgesamt, so resümiert sie, scheint es also de facto eine neue Vätergeneration zu geben, die sich von der vorherigen im Verhalten gegenüber ihren Kindern und in der Einstellung gegenüber der Hausarbeit unterscheide (ebd.). Es sei aber verfrüht, von einem Wandel der familialen Rollen zu sprechen, was schon daran zu sehen sei, dass das Verhalten der „neuen" Väter immer noch Erstaunen und Irritation seitens ihrer Umwelt hervorrufe. So gelte immer noch der Grundsatz, dass die Verpflichtung des Vaters, für die materielle Sicherheit der Kinder zu sorgen, weiterbestehe. Die Verknüpfung der Vater- mit der Berufsrolle besitze weiterhin einen hohen Grad an Verbindlichkeit. So stoße beispielsweise die Übernahme der Rolle als Hausmann auf Unverständnis im sozialen Umfeld der Männer (ebd., 54).

Familienbildung sieht sich mit einer öffentlichen Meinung konfrontiert, die den neuen Vätern eher skeptisch bis ablehnend gegenübersteht, und plädiert deshalb für ein neues Verständnis von Vaterschaft, das mit einer anderen Rollenverteilung in der Familie verbunden ist und eine partnerschaftliche Aufteilung von Erziehungs-, Betreuungs- und Haushaltsarbeit unter den Ehepartnern vorsieht. Die Familienbildung versucht daher, dieses neue Vaterbild in ihren Angeboten zu vermitteln, in der Öffentlichkeit dafür zu werben und Väter verstärkt durch Angebote anzusprechen.

2.4 Familienbildung in den 1990er-Jahren

Das am 01.01.1991 in Kraft getretene neue Kinder- und Jugendhilfegesetz (KJHG), das mit Wirkung zum 01.04.1993 durch das erste Änderungsgesetz in wesentlichen Teilen neu gefasst wird, enthält mit dem § 16 eine neue gesetzliche Grundlage für die Familienbildung. Das Gesetz reagiert auf die durch die gesellschaftliche Entwicklung eingetretene Pluralisierung der Lebenslagen von Kindern, Jugendlichen und Familien sowie auf die Wiedervereinigung, die eine Vereinheitlichung des Kinder- und Jugendhilferechts in beiden Teilen Deutschlands notwendig macht (Mrozynski 1994, 1). In Kommentaren zum Gesetz (Mrozynski 1994, 3; DJI 1995; Textor 1997) wird darauf verwiesen, dass Familien stark gefordert, aber oft auch überfordert seien, da tradierte Leitlinien, Werte und Normen kaum noch Geltung für die Gestaltung der Paarbeziehungen und der Familienerziehung hätten. Das gelte vor allem auch im Bereich der Erziehung, der den Erziehungsberechtigten Kompetenzen abverlange, über die sie nicht unbedingt verfügten. „Eine Familie zu gründen und das Leben in ihr zu gestalten, ist einer der wenigen Bereiche, für die eine vorausgehende Qualifikation weder notwendig ist noch meist als erforderlich erachtet wird" (Eichhoff u. a. 1996, 8). Im § 16 SGB VIII wurde nun erstmals die Familienbildung als Teil des Leistungskatalogs der Jugendhilfe rechtlich verankert, um die Unterstützung der Familie bei der Übernahme von Erziehungsverantwortung zu gewährleisten. Im Jahr 1996 erscheint in der Schriftenreihe des Bundesministeriums für Familie, Senioren, Frauen und Jugend ein Band zum Thema „Familienbildung als Angebot der Jugendhilfe" (BMFSFJ 1996), der im Zuge der Vorbereitung einer Stellungnahme des Deutschen Vereins für öffentliche und private Fürsorge zu den Auswirkungen des Kinder- und Jugendhilfegesetzes (SGB VIII) entstanden ist. Praktiker aus der Kinder- und Jugendhilfe und der Familienbildung wirkten daran mit. Die Veröffentlichung verstand sich als Orientierung für die Bundesländer und örtlichen Träger der öffentlichen Jugendhilfe beim bedarfsgerechten Ausbau und der Weiterentwicklung der Familienbildung (ebd., 1). Die Autor*innen wollen Impulse und Empfehlungen für eine angemessene Neugestaltung der Familienbildung geben. Sie ordneten der Familienbildung nicht nur jugendhilfepolitische Aufgaben zu, sondern sahen in ihr auch Bezüge zur politischen, berufsbezogenen und kulturellen Erwachsenenbildung und somit eine „Säule" des Erwachsenenbildungssektors.

Begründet wird die Neujustierung der Familienbildung mit der „Vielfalt gegenwärtiger Wandlungsprozesse von Familien", die den Familienmitgliedern veränderte Verhaltensweisen abverlange und die Familienbildung vor die Herausforderung stelle, entsprechende „Schlüsselqualifikationen" zur Bewältigung der sich verändernden Lebenssituationen zu vermitteln. Der gesellschaftliche Wandel wird nach sechs Dimensionen ausdifferenziert (ebd., 13), die im Grunde eine Fortsetzung der sich bereits in den vorangegangenen Jahrzehnten ankündigenden Tendenzen darstellen, allenfalls beschleunigter, variantenreicher und prägnanter ausfallen:

- Veränderungen von familienbezogenen Wertvorstellungen und Leitbildern („Individualisierung“)
- Veränderungen von Familienformen („Pluralisierung“)
- Veränderungen der Arbeitsteilung und der sozialen Rollen in Familien
- Familiendynamik
- Veränderungen der sozialen Netzwerke
- Familienentwicklung in den alten und neuen Bundesländern.

In den 1990er-Jahren findet eine weitere Expansion der Familienbildung statt. Im Jahr 1994 führten Familienbildungsstätten 207.046 Veranstaltungen (gegenüber 173.990 im Jahr 1990) mit 2.964.249 Unterrichtsstunden (gegenüber 2.397.860 im Jahr 1990) durch (ebd.). Im Vordergrund stehen vor allem Angebote für werdende und junge Eltern: Geburtsvorbereitung, Rückbildungsgymnastik, Säuglingspflege und -ernährung, Krabbelgruppen und Baby-Treffs, die seit den 1980er-Jahren besonders viel Zuspruch erhalten haben. So machen Eltern-Kind-Gruppen in den 1990er-Jahren 30 Prozent des Gesamtangebots der Familienbildungsstätten aus (ebd.). Für Eltern mit Kindern im Kindergarten- und Grundschulalter werden nur noch vereinzelt Veranstaltungen angeboten (Textor 2007, 376).

In der ersten Hälfte der 1990er-Jahre führen laut einer Untersuchung (Schiersmann u.a. 1998) über 193 Familienbildungsstätten vor allem Angebote durch wie Eltern-Kind-Gruppen oder aus den Bereichen Gesundheitsbildung, Pädagogik/Erziehung/Entwicklungspsychologie, Leben in der Familie und Selbsterfahrung. Angebote aus den Bereichen Hauswirtschaft/Ernährung, Geburtsvor- und -nachbereitung, textiles Gestalten, Religion und Ökologie nehmen dagegen ab. Die Untersuchung von Schiersmann u.a. (1998) macht deutlich, dass sich Familienbildung vor allem an junge Familien richtet. So waren 40 Prozent der befragten 2.845 Teilnehmenden zwischen 25 und 34 Jahren alt, 48 Prozent haben Kinder unter vier Jahren. Meistens werden nur Mütter erreicht, 93 Prozent der Teilnehmenden sind weiblich. Väter nehmen nur vereinzelt an den Veranstaltungen teil.

Noch immer spiegelt sich in der Struktur der Teilnehmerschaft der Familienbildung die geschlechtsspezifische Rollenverteilung wider, die der Frau die Erziehungs- und Betreuungsaufgabe zuschreibt (Beck-Gernsheim 1998; BMFSFJ 1996). Beck-Gernsheim (1998, 86) fasst in ihrem Buch „Was kommt nach der Familie?" im Kapitel über die Kinderbetreuung den Widerspruch zwischen Anspruch und Wirklichkeit der Gleichberechtigung der Geschlechter prägnant zusammen. Sie verweist dabei auf eine Studie von Metz-Göckel/Müller (1985, 26 f. und 81), die zu dem Ergebnis kommt: „Gefragt, wie eine Familie mit Kindern [...] Berufsarbeit, Haushalt und Kindererziehung am besten unter sich aufteilen könne, befürwortet die große Mehrheit der deutschen Männer das Modell: Die Frau bleibt zu Hause, der Mann ist berufstätig [...], dies stellt in der Wahrnehmung der Männer keine eigentliche Benachteiligung der Frauen dar, sondern eine Sachgesetzlichkeit". Auch die Autorengruppe, die den Bericht „Familienbildung als Angebot der Jugendhilfe" (BMFSFJ 1996, 17) verfasst hat, kommt zu dem Ergebnis, dass die Frauen die widersprüchlichen Anforderungen, die sich aus der Dreifachbelastung von Kindererziehung, Erwerbstätigkeit und Haushaltsversorgung ergeben, meist allein lösen müssten. Dass die Kinderbetreuung und -erziehung eine primäre Aufgabe der Mutter sei, ist – so Beck-Gernsheim (ebd., 87) – allerdings auch in den Köpfen der Frauen präsent. So bleibt für die Frauen das Dilemma, dass sie sich zwar auch eine Berufstätigkeit wünschen, zugleich aber dadurch die Möglichkeiten eingeschränkt sehen, Zeit mit ihren Kindern zu verbringen, was ihnen ständig ein schlechtes Gewissen bereitet. Dennoch wenden sie im Vergleich zu ihren Ehemännern mehr Zeit für die Kinderbetreuung auf. So stellt das Statistische Bundesamt Wiesbaden 1995 fest: „Erwerbstätige Ehefrauen wenden für die Betreuung ihres Nachwuchses unter sechs Jahren [...] mehr als doppelt so viel Zeit auf wie erwerbstätige Männer, nichterwerbstätige Ehefrauen [...] sogar mehr als das Dreifache" (zit. n. Beck-Gernsheim 1998, 88). So ist nicht verwunderlich, dass die Eltern-Kind-Kurse in der Mehrheit von Frauen besucht werden, die sich Informationen, Tipps für die Erziehung und Kontakt versprechen. Allerdings wird die Familienbildung im Hinblick auf ihre Teilnehmendenstruktur dazu aufgerufen, „ihre Angebotsstruktur dahingehend zu überprüfen, inwieweit diese die geschlechtsspezifischen Rollenzuweisungen weiter fortschreiben und insbesondere am traditionellen Frauenbild ausgerichtet sind“ (BMFSFJ 1996, 96 f.).

Als Motiv für die Teilnahme an einem Eltern-Kind-Kurs äußern die Befragten in der Studie von Schiersmann u.a. (1998) vor allem den Wunsch nach Kontaktmöglichkeiten für ihre Kinder, nach gemeinsamen Aktivitäten mit dem Kind und Anregungen für das gemeinsame Spiel. Darin kommt die charakteristische Ein-Kind-Situation der Kleinfamilie zum Ausdruck, in der die Einzelkinder keine spontanen Kontakte zu anderen Kleinkindern haben, weil sie ohne Geschwisterkinder sind. Der Geburtenrückgang hat auch bewirkt, dass es häufig an Nachbarschaftskontakten zu anderen Kindern fehlt. Dadurch werde es zunehmend notwendig, „Kinder überhaupt miteinander in Kontakt zu bringen. Spielgruppen müssen organisiert werden, weil sich das Spielen nicht mehr spontan in geschwisterlichen und/oder nachbarschaftlichen Spielgruppen vollziehen kann“ (Nave-Herz 1994, 27 f.). Vor diesem Hintergrund nimmt auch die Bedeutung von Mutter-Kind-Gruppen in der Familienbildung zu. Allerdings konstatiert die Arbeitsgruppe, die beim Bundesministerium für Familie, Senioren, Frauen und Jugend angesiedelt ist, um eine Stellungnahme zu den Auswirkungen des Kinder- und Jugendhilfegesetzes (1996) abzugeben, dass Kinder inzwischen eine andere Rolle für Väter spielen als noch in den 1960er-Jahren. Ein Indikator der zunehmenden Familienorientierung der Väter seien die steigenden Teilnahmezahlen an Kursen zur Vorbereitung auf die Geburt des (ersten) Kindes. Die Kurse seien weitgehend paritätisch besetzt. Seit Beginn der 1960er-Jahre ist aufgrund dieser Entwicklung die Teilnahme an Familienbildungsveranstaltungen gestiegen: 1964 (1,5 Prozent), 1974 (5,5 Prozent), 1984 (8,2 Prozent), 1992 (11,7 Prozent) (BMFSF 1996, 67).

Neben dem Überhang an Frauen in der Familienbildung wird in der Mittelschichtszugehörigkeit der Teilnehmenden und ihrer meist städtischen Herkunft ein weiteres Argument gesehen, dass sich Familienbildung stärker öffnen müsse. Von den befragten 2.845 Teilnehmenden hatten 39 Prozent die Mittlere Reife, 11 Prozent die Fachhochschulreife und 30 Prozent das Abitur erreicht. Zielgruppen mit Migrationsbiografie oder mit besonderen Belastungen (Armut, Arbeitslosigkeit) werden kaum erreicht. Eichhoff u.a. (BMFSFJ 1996, 99) skizzieren die Herausforderungen für die Familienbildung, die sich angesichts der Arbeit mit Familien ergeben, die schwierigen sozialen und ökonomischen Lebensbedingungen ausgesetzt sind: „Hier hat sich Familienbildung stärker als Begleitung und Beratung von Familien und deren einzelnen Mitglieder zu verstehen, um überhaupt Voraussetzungen für Bildungsprozesse schaffen zu können; insofern wird Familienbildung – wie andere familienbezogene Dienste im Stadtteil auch, die miteinander zu vernetzen sind – eher die Funktion einer Ergänzung zur Beratung und Betreuung durch das Jugend- und Sozialamt übernehmen. [...] Das setzt voraus, dass die Angebote im unmittelbaren Wohnumfeld stattfinden: die Räumlichkeiten sind bekannt; zusätzliche Schwellen müssen überwunden werden“. Die hier geschilderte Problematik gilt auch heute noch als Herausforderung für die Familienbildung wie für die Erwachsenenbildung überhaupt.

Auch das KJHG hat im § 16 (Absatz 2, 1) betont, dass die Familienbildung auf Erfahrungen von Familien „in unterschiedlichen Lebenslagen“ eingehen solle, wozu eine alleinige Mittelschichtsorientierung in Widerspruch stehen würde[14].

---

14 In Kapitel 9 wird unter dem Unterpunkt Finanzierung der Familienbildung erläutert, dass es für eine Familienbildung, die zum Beispiel auch Familien aus ärmeren Milieus für Veranstaltungen gewinnen will, entsprechende Fördermöglichkeiten geben muss, um beispielsweise einen Gebührennachlass/-erlass oder eine sozialpädagogische Begleitung finanzieren zu können. Insofern stimmen vielfach die finanziellen Rahmenbedingungen nicht, um Familien mit geringen Ressourcen den Zugang zur Familienbildung zu ermöglichen.

Fragen und Aufgaben zu Kapitel 2

Auf welche gesellschaftlichen Probleme wird mit der Gründung der Mütterschule reagiert?

Recherchieren Sie im Internet nach der Biografie von Luise Lampert, der Gründerin der Mütterschule. Stellen Sie ihre Verdienste heraus und unterziehen Sie die politisch bedenklichen Aspekte ihres Schaffens einer Kritik.

Welches Frauenbild spiegelt sich im Angebot der Mütterschulen wider?

Was gab den Ausschlag für die Umwandlung der Mütterschule in die Familienbildungsstätte?

Durch welche staatlichen Maßnahmen wurde die institutionelle Struktur der Familienbildung gefestigt?

3. Rechtliche Grundlagen der institutionellen Familienbildung

Mit dem Inkrafttreten des Kinder- und Jugendhilfegesetzes (KJHG) Anfang des Jahres 1991 in den alten Bundesländern[15] wurde erstmalig eine bundeseinheitliche rechtliche Grundlage für die Familienbildung geschaffen. Gegenüber dem Jugendwohlfahrtsgesetz (von 1922) hat der Gesetzgeber mit der rechtlichen Verankerung der Familienbildung im KJHG einen Perspektivenwechsel angestoßen, in dessen Verlauf ein bisher reaktiv eingreifendes Handeln nach ordnungsrechtlichen Regelungen durch den Ausbau präventiver Maßnahmen abgelöst werden sollte (BMFSFJ 1996, 4). Nicht mehr eine defizitorientierte Strategie, die erst im Nachhinein bereits eingetretene Mängel der familialen Erziehung korrigieren sollte, sondern eine vorbeugende, die elterlichen Kompetenzen stärkende Förderung stehen nun im Mittelpunkt. Adressaten dieses Ansatzes sind alle Eltern. Die Maßnahmen dürfen sich nicht allein auf akute erzieherische Konfliktlagen beschränken, sondern müssen sich generell auf die Erziehung in Alltagssituationen beziehen. Ressourcenorientierung und Empowerment werden als Prinzipien benannt (Wiesner 2006, 237). Im zweiten Abschnitt zum Thema „Förderung der Erziehung in der Familie" (§ 16 KJHG) werden die zentralen Leitlinien festgelegt:

(1) „Müttern, Vätern, anderen Erziehungsberechtigten und jungen Menschen sollen Leistungen der allgemeinen Förderung der Erziehung in der Familie angeboten werden. Sie sollen dazu beitragen, daß Mütter, Väter und andere Erziehungsberechtigte ihre Erziehungsverantwortung besser wahrnehmen können.

(2) Leistungen zur Förderung der Erziehung in der Familie sind insbesondere

   1. Angebote der Familienbildung, die auf Bedürfnisse und Interessen sowie auf Erfahrungen von Familien in unterschied-

15 In den neuen Bundesländern ist das Gesetz bereits mit der Vereinigung am 03.10.1990 in Kraft getreten.

lichen Lebenslagen und Erziehungssituationen eingehen, die Familie zur Mitarbeit in Erziehungseinrichtungen und in Formen der Selbst- und Nachbarschaftshilfe besser befähigen sowie junge Menschen auf Ehe, Partnerschaft und das Zusammenleben mit Kindern vorbereiten,

2. Angebote der Beratung in allgemeinen Fragen der Erziehung und Entwicklung junger Menschen,
3. Angebote der Familienfreizeit und der Familienerholung, insbesondere in belastenden Familiensituationen, die bei Bedarf die erzieherische Betreuung der Kinder einschließen.

(3) Das Nähere über Inhalt und Umfang der Aufgaben regelt das Landesrecht."

Für die Bereitstellung eines entsprechenden Angebots sind die Träger der öffentlichen Jugendhilfe im Zusammenhang ihrer Gesamt- und Planungsverantwortung zuständig (§§ 3 Abs. 2 S. 2, 79, 80 SGB VIII). Sie haben dafür Sorge zu tragen, dass geeignete Maßnahmen und Angebote rechtzeitig und in ausreichender Anzahl zur Verfügung stehen. Die Leistungen können sowohl von öffentlichen als auch von freien Trägern der Jugendhilfe erbracht werden. Die öffentliche Jugendhilfe sollte im Sinne des Subsidiaritätsprinzips gemäß § 4 Abs. 2 SGB VIII von eigenen Maßnahmen absehen, wenn diese von anderen Trägern angeboten werden. Den Trägern der öffentlichen Jugendhilfe fällt damit angesichts der Vielzahl von Anbietern vor Ort eine koordinierende, regulierende und überwachende Rolle zu. Art und Höhe der Förderung von Angeboten wird durch die im kommunalen Haushalt bereitgestellten Mittel (§ 74 Abs. 3 SGB VIII) begrenzt. Diese schränken zwar den Umfang der Angebote ein, entbinden die öffentlichen Träger aber nicht von der Pflicht, Leistungen der Familienbildung vorzuhalten.

Im Reader „Familienbildung als Angebot der Jugendhilfe" werden Überlegungen aus dem Fachausschuss III (Familienförderung, Familienpolitik) des Deutschen Vereins für öffentliche und private Fürsorge zu den im KJHG vorgesehenen Leistungen zur Förderung der allgemeinen Erziehung in der Familie (§ 16 KJHG) dokumentiert. Es bestehe sowohl Bedarf an Erläuterungen der neu im Gesetz verankerten Leistungen als auch ein Handlungsbedarf, „weil hier der Bundesgesetzgeber es den einzelnen Bundesländern überlassen hat, durch Erlaß von Ausführungsregelungen Art und Umfang der Leistungen zur Familienbildung nach § 16 näher zu bestimmen" (BMFSFJ 1996, 1).

Kritisch stellen die Mitglieder des Fachausschusses fest, dass eine Analyse der Familienbildung zeige, dass sie weder finanziell, organisatorisch noch personell ausreichend ausgestattet sei, um diesen Anforderungen gerecht zu werden. Als Kritikpunkte werden u.a. genannt (ebd., 2):

- Nach § 16 Abs. 1 KJHG „sollen Leistungen der allgemeinen Förderung der Erziehung in der Familie angeboten werden". Unter dem Landesrechtsvorbehalt (KJHG § 16, Abs. 3) wird Familienbildung – wenn überhaupt nach dem KJHG – „im Rahmen der verfügbaren Haushaltsmittel nach pflichtgemäßem Ermessen" (§ 74, Abs. 3) gefördert. Daraus resultiere eine starke *Konjunkturabhängigkeit* der Förderung von Familienbildung. Insbesondere in Zeiten der Rezession werde Familienbildung bei den Zuschüssen eher nachrangig behandelt (ebd., 84).
- Die Sicherstellung eines bedarfsorientierten Angebots (§ 79 KJHG) sei bisher nicht gegeben. Darüber hinaus ergäben sich aus den *unterschiedlichen Förderungsweisen* nach den Erwachsenen- und Weiterbildungsgesetzen einzelner Länder Einschränkungen im Hinblick auf Arbeitsformen und Planungsunsicherheiten aufgrund der jährlichen Abhängigkeit von den verfügbaren Haushaltsmitteln.
- Ein weiterer Ausbau der Familienbildung und Familienselbsthilfe bedeute auch eine *stärkere institutionelle Verankerung* in der Jugendhilfe und ihren Gremien und die Sicherung des Fortbildungsbedarfs.
- Die Ausweitung von Familienbildungsangeboten und die zunehmende Akzeptanz der Familienbildung in der Öffentlichkeit stehe im Widerspruch zu der *mangelnden Hauptamtlichkeit,* die die Personalstruktur der Familienbildung auszeichne. Die Fluktuation beim nebenberuflichen Personal sei sehr hoch und

die Honorare niedriger als in anderen Weiterbildungseinrichtungen (wie zum Beispiel Volkshochschulen).

- Eine stärkere Belastung der Teilnehmenden durch höhere Gebühren führe zum Ausschluss benachteiligter Gruppen.
- Eine Förderung der Familienbildung nach Unterrichtsstunden, wie es die Weiterbildungsgesetze der Länder vorsehen, führe im Endeffekt dazu, dass bestimmte offene Angebotsformate wie Nachbarschaftstreffs nicht gefördert werden können. Auch Kinder, die bei generationenübergreifenden Maßnahmen angesprochen werden, gehören in der Regel nicht zum förderungsfähigen Adressatenkreis (Ausnahmen in Nordrhein-Westfalen und Bayern).
- Formen der Familienselbsthilfe (wie zum Beispiel Mütterzentren, Eltern-Kind-Gruppen) seien im Sinne einer verbesserten niedrigschwelligen Infrastruktur für Familien auszubauen und mit bestehenden Angeboten der Familienbildung zu vernetzen.

Auch wenn in den Kritikpunkten weiterer Reformbedarf der Familienbildung anklingt, ebnet die gesetzliche Verankerung der Familienbildung im KJHG den Weg für die Umsetzung der oben genannten Maßnahmen im System der Kinder- und Jugendhilfe. Die oben genannte Kritik bleibt allerdings bis heute relevant.

Neben der Förderung durch das KJHG wird die Familienbildung in einigen Bundesländern auch über die Weiterbildungsgesetze der Länder finanziert, was zu einer Doppelstruktur führt, die einerseits kritisch[16], andererseits in den betroffenen Bundesländern auch positiv im Hinblick auf die Absicherung des Hauptamtes gesehen wird. Mit der Förderung durch das Weiterbildungsgesetz wird das Hauptaugenmerk auf die Bildung der Eltern als einem Teilbereich der Erwachsenenbildung gelegt. Hauptadressaten der Weiterbildung sind daher die Erwachsenen, nicht die Kinder und jungen Menschen, während die Familienbildung die Familie als Ganzes in den Blick nimmt. Der Verbreitungsgrad der Familienbildung in

16 Näheres zur Kritik der finanziellen Förderung in Kapitel 11.

kommunalen Einrichtungen der Erwachsenenbildung wie zum Beispiel den Volkshochschulen ist sehr gering.

Fragen und Aufgaben zu Kapitel 3

Schlagen Sie in einem kommentierten Gesetzestext (SGB VIII) den § 16 nach und finden Sie heraus, warum der Gesetzgeber eine allgemeine Förderung der Erziehung in der Familie (zum Beispiel durch Angebote der Familienbildung) vorsieht.

Was ist unter der Doppelstruktur der gesetzlichen Verankerung der Familienbildung zu verstehen und welche Auswirkungen hat diese?

---

4. Begriffliche Skizze: Was ist Familienbildung?

Ohne Anspruch auf Vollständigkeit zu erheben, werden in diesem Kapitel unterschiedliche Auffassungen von Familienbildung aus der fachwissenschaftlichen Diskussion referiert und der Versuch unternommen, einige relevante Aspekte zur Definition von Familienbildung vorzustellen. Darüber hinaus befasst sich das Kapitel mit einem Vergleich von Familienbildung und Erwachsenenbildung und gibt einen Überblick über Träger und Einrichtungen der Familienbildung. Im Anschluss daran wird ein „Kontextmodell der Familienbildung" vorgestellt.

4.1 Kritische Reflexion vorhandener Definitionen und Leitgedanken der Familienbildung

Familienbildung gilt einigen Autor*innen als ein Dach, unter das die Elternbildung als eine besondere Form subsumiert ist (Textor 2007, 369/Mengel 2007, 15). Andere Quellen gehen von einer synonymen Verwendung von Eltern- und Familienbildung aus. „Im politischen und wissenschaftlichen Kontext werden jedoch diese beiden Begriffe synonym verwendet, da ein Großteil der Angebote die Eltern bei der Erziehungsarbeit und bei der Bewältigung des familiären Alltags unterstützt und somit der Fokus auf die Lern- und Bildungsprozesse der Eltern gelegt wird" (Bremer/Kleemann-Göhring 2012, zit. n. Kadera/Minsel 2018, 1254; siehe auch Minsel 2007, 300). Auch wenn Angebote der Elternbildung in der Praxis quantitativ überwiegen, sollte dies kein Grund sein, andere Dimensionen, die mit der Familienbildung in Verbindung stehen, zu vernachlässigen. Zwar kann man die Elternbildung als ein Herzstück der Familienbildung verstehen, dennoch findet eine gewisse *Engführung* statt, wenn alle Bildungsprozesse im Kontext von Familie auf die Stärkung der elterlichen Erziehungskompetenzen fokussiert werden.

Ein weiter gefasstes Verständnis von Familienbildung kommt bei Textor (2001, 2) zum Ausdruck. Als allgemeines Ziel der Familienbildung kann seiner Auffassung nach „die Unterstützung von Familien durch bildende Angebote bezeichnet werden, die zu einer erfolgreichen Familienerziehung beitragen, eine bedürfnisorientierte Gestaltung des Familienlebens erleichtern, ein möglichst problemloses Durchlaufen des Lebens- und Familienzyklus ermöglichen sowie zur Nutzung von Chancen für die gemeinsame positive Weiterentwicklung und ein partnerschaftliches Miteinander anhalten." Im Zentrum von Familienbildung steht hier die *Familie als Ganze*. Ansatzpunkte für Familienbildung werden u.a. im *Lebens- und Familienzyklus* gesehen, in dessen Verlauf – je nach Alter und Entwicklungsphase des Kindes – die Erziehungsarbeit von unterschiedlicher Intensität und unterschiedlichem Gewicht ist. Die Familie wird zugleich als ein soziales Netzwerk begriffen, für dessen Stabilität und Produktivität das „partnerschaftliche Miteinander" eine wichtige Rolle spielt, das durch Familienbildung gefördert werden soll.

Pettinger und Rollnik (2005, 14) weisen in ihrer Schrift „Familienbildung als Angebot der Jugendhilfe" auf den *präventiven* Charakter der Familienbildung hin: „Familienbildung bereitet Familienmitglieder auf Phasen und Situationen in der Familienentwicklung durch Information und Erweiterung von Handlungskompetenzen vor. Sowohl nach ihrem gesetzlichen Auftrag als auch nach ihrem fachlichen Verständnis ist Familienbildung eine präventive Leistung." Kerngedanke dieser Definition ist die Stärkung der Familienmitglieder, die im Hinblick auf den Familienalltag frühzeitig auf die Bewältigung unterschiedlicher Herausforderungen vorbereitet werden sollen, wobei die familiären Ressourcen und die vorhandenen erzieherischen Kompetenzen Anknüpfungspunkte für die Bildungsarbeit darstellen sollen.

Eine andere Definition geht darüber hinaus verstärkt auf *Aspekte des Lernens* und des *Kompetenzerwerbs* seitens der Familien ein: „Familienbildung ist Bildungsarbeit zu familienrelevanten Themen und ein selbsttätiger Lernprozess. Angebote richten sich prinzipiell an alle Familien und alle Familienmitglieder und unterstützen mit Hilfe jeweils geeigneter Zugänge und Methoden das gelingende Zusammenleben und den gelingenden Alltag als Familie. Familienbildung fördert die Aneignung von konkreten Kenntnissen (Wissen),

Fertigkeiten (Kompetenzen) und Informationsstrategien. Sie regt zur Reflexion der eigenen Rolle und des eigenen Handelns im Zusammenleben als Familie an und dient der Orientierung" (Rupp/Mengel/Smolka 2010, 61). Hier wird u.a. zum Ausdruck gebracht, dass die erwachsenen Familienmitglieder Subjekte des Lernprozesses sind und je nach Interessen und Bedürfnissen ihre Wissensaneignung und den Kompetenzerwerb selber steuern. Lernen gründet auf Eigeninitiative, ist handlungs- und erfahrungsbezogen. Lernen findet dabei immer in einem gesellschaftlichen Rahmen statt, auf den sich die Inhalte von Familienbildung beziehen, der aber auch unter bestimmten Bedingungen gestaltbar ist. Ein Ziel der Familienbildung ist daher auch die gesellschaftliche Teilhabe von Familien.

Mengel (2007,103) bezieht sich in ihrem Verständnis von Familienbildung „mit benachteiligten Adressaten" insbesondere auf das Konzept der *Lebensweltorientierung*, „da hier die Widerständigkeit des selbstverständlichen, unhinterfragten Alltagswissens" andragogisch reflektierbar wird. Definieren ließe sich lebensweltbezogene Familienbildung demnach als „eine auf den Alltag des Erwachsenen bezogene Form des Wissenserwerbs und der Reflexion, die das Ziel verfolgt, Neuorientierungen, Krisenverarbeitungen sowie -vorbereitungen zu begleiten (Arnold 1989, 32)" (Mengel 2007, 106). Die Teilnehmenden und ihre alltäglichen Erfahrungen sind Ausgangspunkt für die Familienbildung, die sich als Impulsgeber für selbstreflexive Prozesse und eigene Problemlösungen der Familienmitglieder versteht. Die Teilnehmenden werden dabei als Expert*innen ihres Alltags begriffen, die ihre Situation am besten nachvollziehen können und unter Rückgriff auf Orientierungswissen, das in Veranstaltungen der Familienbildung vermittelt wird, wissensbasiert interpretieren können. Eine lebensweltliche Familienbildung kommt daher nicht umhin, Wissen zur Durchdringung alltäglicher Lebenswelten zur Verfügung zu stellen.

Im Sinne des Prinzips der Lebensweltorientierung (Grunwald/Thiersch 2011, 854 ff.) bezieht sich Familienbildung konsequent auf ihre Adressaten und berücksichtigt deren spezifische Selbstdeutungen und individuellen Handlungsmuster unter gegebenen gesellschaftlichen Bedingungen. Insofern hat sie zum Beispiel auch die durch Migration geprägten individuellen Erfahrungen und Sichtweisen sowie die Lebensverhältnisse in den Blick zu nehmen wie den jeweiligen Migrationsverlauf, den Rechtsstatus, Religionszugehörigkeit, Mehrsprachigkeit, tradierte herkunftsorientierte Werte, Normen, Erziehungsziele und -stile, herkunftsbedingte Rollenmuster, Familienstrukturen und Diskriminierungstatbestände. Familienbildung hat sich in diesem Zusammenhang auch mit den spezifischen Verwerfungen, Benachteiligungen und Asymmetrien auseinanderzusetzen, die im Zuge von Migrationsprozessen entstanden sind.

Lebensweltorientierte Familienbildung nutzt ihre rechtlichen, institutionellen und professionellen Ressourcen dazu, den Familienmitgliedern zu Selbstständigkeit, Selbsthilfe und sozialer Gerechtigkeit zu verhelfen.

Die im vorangegangenen Text aufgeführten Definitionen von Familienbildung zeigen, dass es keine einheitliche Auffassung von Familienbildung, sondern eine Vielzahl unterschiedlicher Zugänge und Akzentuierungen gibt. Deutlich wird auch, dass es Engführungen des Begriffs gibt, wenn Familienbildung auf die Vermittlung von erzieherischen Kompetenzen oder auf ihre präventive Rolle reduziert wird.

Aus den Definitionen lassen sich folgende Leitgedanken herauskristallisieren und in einer Zusammenschau bündeln:

Familienbildung …

- bezieht sich mit ihrer Bildungsarbeit auf die Familie als Ganze;
- setzt sich zum Ziel, durch familienbildende Angebote dazu beizutragen, dass sich Kinder und Erwachsene in der Familie entfalten können und ein familien- und kinderfreundliches Umfeld entsteht;
- wendet sich an alle Familien (eben nicht ausschließlich an „Problemfamilien“) und alle Familienmitglieder;

- erfolgt frühzeitig, um auch präventiv wirken zu können;
- dient der Stärkung der Erziehungskompetenzen und der Beziehungsgestaltung in der Familie im Sinne eines partnerschaftlichen Miteinanders;
- unterstützt bei der Bewältigung von Herausforderungen im Lebenszyklus und in bestimmten Familienphasen;
- greift familienrelevante Themen auf und vermittelt Wissen, Fertigkeiten und Informationsstrategien zur Bewältigung des Familienalltags vor dem Hintergrund gesellschaftlicher Strukturen und Entwicklungen;
- ist erwachsenengerecht und unterstützt selbsttätige Lernprozesse, indem sie u. a. zur Reflexion der Elternrolle und zu selbstständigen Problemlösungen anregt;
- orientiert sich an den Bedürfnissen und Lebenswelten der Betroffenen und setzt an den familiären Ressourcen an, wenn es gilt, sich neu zu orientieren;
- verfolgt einen Ansatz des Empowerments, also der Ermächtigung der Familienmitglieder, sich selbst zu helfen und den Familienalltag in ihrem Sinne zu gestalten;
- fördert die gesellschaftliche Teilhabe von Familien.

4.2 Familienbildung und Erwachsenenbildung

Aus andragogischer Sicht handelt es sich bei der Familienbildung um einen Ansatz, der die Kinder zwar einbezieht, sich aber vorrangig an die Erwachsenen wendet und als Vorbereitung auf Ehe- bzw. Partnerschaft, Ehe-/Partnerschaftsbildung, Elternbildung und Familienbildung organisiert ist (siehe auch Textor 2007).

Definitionsprobleme ergeben sich vor allem daraus, dass Familienbildung an der Schnittstelle von Erwachsenenbildung und Sozialer Arbeit liegt. Aus diesem Doppelcharakter der Familienbildung hat sich in der Vergangenheit oft ein Spannungsverhältnis zwischen dem Anspruch auf Bildung und „fürsorgerischer“ Haltung oder auch emanzipatorischer Bildung und funktionalem Training der Erziehungskompetenzen ergeben (Iller 2017, 24). Der historische Abriss zu Anfang dieses Buches hat verdeutlicht, dass die Entwicklung der Familienbildung eng mit der Industrialisierung und Herausbildung der bürgerlichen Familie verbunden war und die Erziehungsleistungen in der Familie, die insbesondere durch die Mütter erbracht worden sind, zum gelingenden Aufwachsen der Kinder und Jugendlichen beitragen sollten. Familienbildung, später verankert im § 16 des Sozialgesetzbuchs VIII, wird als Teil der Leistungen zur Förderung der Erziehung in der Familie verstanden und gewinnt vor dem Hintergrund von ungleichen Bildungschancen als Ergebnis der Schulleistungsstudien und der Armutsprävention eine erhöhte gesellschaftliche Bedeutung. Insofern ist Familienbildung in diesem Kontext als funktionaler Bestandteil von Sozialpolitik zu verstehen und betont die integrative, kompensatorische und sozial ausgleichende Rolle.

Gleichzeitig ist die Familienbildung in den Weiterbildungs- bzw. Erwachsenenbildungsgesetzen einiger Bundesländer festgeschrieben, also nicht flächendeckend vertreten. Die erwachsenenpädagogisch begründete Familienbildung betont die Förderung selbstbestimmter Lern- und Bildungsprozesse von Erwachsenen, unabhängig von ihrer eventuellen Bedürftigkeit. Es gilt, alle Familien zu erreichen und selbstbestimmte Bildungsprozesse zu ermöglichen. Iller (2017, 25) macht darauf aufmerksam, dass es unredlich wäre, „die Fokussierung auf die präventive Funktion der Familienbildung als ein verengtes Aufgabenverständnis der Sozialen Arbeit darzustellen." Vielmehr sei sie Ausdruck einer sozialpolitisch begründeten Ressourcensteuerung durch staatliche Förderstrategien. Soziale Arbeit sei sich durchaus des Spannungsfeldes bewusst, in dem sie sich bewege, was beispielsweise im „doppelten Mandat" Sozialer Arbeit zum Ausdruck komme: einerseits dem Wohl der Klient*innen verpflichtet zu sein, andererseits dabei mit dem staatlichen Kontrollauftrag in Konflikt kommen zu können.

Familienbildung als Teil Sozialer Arbeit und als Förderung selbstbestimmter Lernprozesse müssen sich daher nicht widersprechen. „Es kann also nicht um alternative Ansätze der Erwachsenenbildung und der Kinder-, Jugend- oder Sozialen Arbeit gehen, sondern um eine sinnvolle Ergänzung zwischen den Disziplinen, damit Familienbildung Eltern und Kindern gemeinsam einen Entwicklungs- und Bildungsprozess ermöglicht" (Iller 2017, 27).

4.3 Formen, Träger und Einrichtungen der Familienbildung

Formal unterschieden werden:

- die *institutionelle* Familienbildung, die überwiegend in Familienbildungsstätten und Einrichtungen der allgemeinen Erwachsenenbildung oder durch Familienzentren, Kitas, Jugendämter und andere Einrichtungen erfolgt;
- die *informelle* Familienbildung auf der Ebene eines Erfahrungsaustauschs von Eltern ohne professionelle Anleitung und
- die *mediale* Familienbildung durch Fernsehen, Funk, Internet, Audio- und Videokassetten sowie Printmedien (Textor 2007, 369 ff.).
- Hinzufügen könnte man die *selbst organisierte* Familienbildung, die zum Beispiel in Vereinen praktiziert wird und – manchmal in Verbindung mit Expert*innen – ihre Vereinsmitglieder weiterbildet (siehe auch Kapitel 9).

Im Bereich der institutionellen Familienbildung hat die öffentliche Jugendhilfe rechtlich gesehen die Gesamtverantwortung für die Familienbildung, während die konkreten Dienstleistungen von einzelnen Trägern und Einrichtungen erbracht werden. Die Träger- und Einrichtungslandschaft zeichnet sich durch ein vielfältiges Spektrum an Organisationen aus.

Teilweise sind die Einrichtungen in Einrichtungsverbünden zusammengeschlossen, die meisten arbeiten auf kommunaler Ebene, einige haben auch einen landesweiten Einzugsbereich. In den einzelnen Ländern haben sich die Träger bzw. Einrichtungen in Landesarbeitsgemeinschaften organisiert (zum Beispiel Landesarbeitsgemeinschaft der Katholischen oder Evangelischen Familienbildungsstätten).

Zu den Trägern der Familienbildung gehören a) die freien Wohlfahrtsverbände, b) kirchliche Träger und Verbände, c) Träger der Erwachsenenbildung, d) Fach- und Interessenverbände. Darüber hinaus gibt es noch e) nichtinstitutionelle Formen der Familienbildung.

a) Die Verbände der Freien Wohlfahrtspflege sind ihrem Selbstverständnis nach dem Gemeinwohl verpflichtet und nicht primär gewinnorientiert. Je nach Ausrichtung bestimmen religiöse, politische und humanitäre Vorstellungen das Leitbild der Verbände. In den verschiedenen Bundesländern sind sie oft in Landesarbeitsgemeinschaften organisiert. Zu den Wohlfahrtsverbänden, die auf Landesebene und in den Kommunen Einrichtungen der Familienbildung unterhalten, gehören die Arbeiterwohlfahrt, das Deutsche Rote Kreuz, der Deutsche Caritasverband, das Diakonische Werk, der Paritätische Wohlfahrtsverband und der Landesverband der Israelitischen Kultusgemeinde.
b) Neben der Diakonie und der Caritas gibt es noch weitere kirchliche Träger und Verbände, die Familienbildungsangebote bereitstellen. In der Katholischen Kirche machen Bistümer und Diözesen Familienbildungsangebote. Auch das Kolpingwerk und der Sozialdienst Katholischer Frauen treten als Anbieter auf. Ebenso ist die Evangelische Kirche das Dach für viele Einrichtungen der Familienbildung in den Bundesländern. Die Evangelische Aktionsgemeinschaft für Familienfragen (eaf) ist zum Beispiel ein Zusammenschluss regionaler evangelischer Werke, Dienste und Verbände, die sich mit Familienbildung, Hilfen für Familien und Kinder und weiteren familienrelevanten Themen beschäftigen. Nach seinem Selbstverständnis tritt der Verein auf Grundlage des christlichen Glaubens für eine kinder- und familiengerechte Gestaltung unserer Gesellschaft ein und bietet seinen Mitgliedern ein Netzwerk für Kinder-, Jugend- und Familienpolitik. In beiden Kirchen werden Einrichtungen der Familienbildung beispielsweise von Kirchengemeinden, Kirchenämtern, Akademien und Dekanaten unterhalten.
c) Darüber hinaus gibt es auf kommunaler Ebene – wenn auch in geringerem Umfang als in Familienbildungsstätten – Familienbildungsangebote der Volkshochschulen.

d) Neben den oben genannten Trägern existieren noch Fach- und Interessenverbände wie der Deutsche Familienverband, der Deutsche Kinderschutzbund, der Verband alleinerziehender Mütter und Väter (VAMV) oder der Verband binationaler Familien und Partnerschaften (iaf).
e) Zu den nichtinstitutionellen Formen der Familienbildung gehören mediale (siehe Kapitel 7 und 8) und informelle Formen. Bei der informellen Familienbildung, beispielsweise dem Erfahrungsaustausch in selbst organisierten Elterntreffs, finden Lernprozesse ohne professionelle Anleitung oder Begleitung statt.

4.4 Kontextmodell der Familienbildung

Die Analyse der Familienbildung soll nicht aus einer verengten Perspektive heraus erfolgen, bei der der Fokus nur auf die Meso-Ebene (zum Beispiel Institutionen) oder die Mikro-Ebene (zum Beispiel pädagogische Interaktionen) gerichtet wird. Stattdessen wird der Radius der Darstellung – in Anlehnung an das sozialökologische Modell von Urie Bronfenbrenner (1981, 38 ff.)[17] – weiter gefasst. Die Systematik der Analyse und Darstellung der Familienbildung erfolgt entlang eines multikontextuellen Systems, das sich als eine ineinandergeschachtelte Anordnung konzentrischer Strukturen aufschlüsseln lässt. So werden der *globale, gesellschaftlich-soziale, institutionelle und Gruppen-Kontext* unterschieden (siehe Schaubild). Familienbildung wird – zu einem bestimmten historischen Zeitpunkt – durch diese verschiedenen Kontexte, in denen sie sich befindet, beeinflusst. Die verschiedenen Kontexte stehen in einem wechselseitigen Zusammenhang und bewirken gegenseitig Veränderungen.

17 In seinem Buch „Die Ökologie der menschlichen Entwicklung“ (1981) entwickelt der Psychologe Urie Bronfenbrenner einen ökosystemischen Ansatz, der davon ausgeht, dass sich der Mensch in aktiver Auseinandersetzung mit seiner alltäglichen Umwelt entwickelt. Dabei unterscheidet er unterschiedliche Systeme (Mikro-, Meso-, Exo-, Makro- und Chronosystem), deren Zusammenspiel und wechselseitige Einflüsse aufeinander.

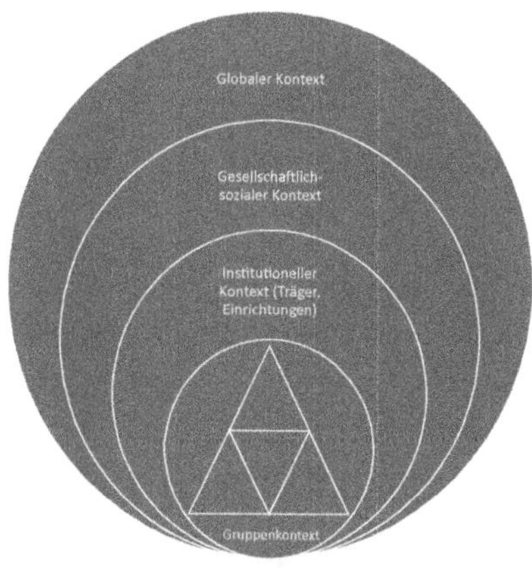

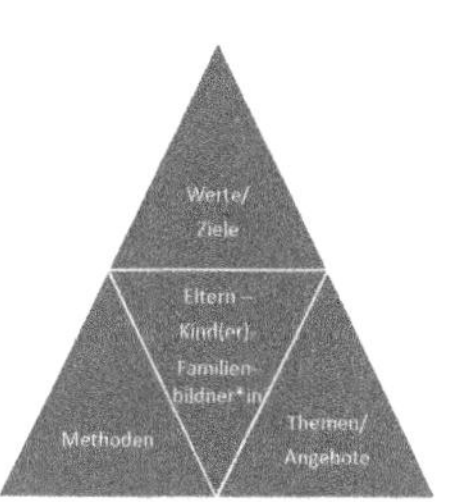

Schaubild „Kontextmodell der Familienbildung"

Die alles übergreifende Struktur ist der *globale Kontext*. „Globalität bezeichnet die Tatsache, dass von nun an nichts, was sich auf unserem Planeten abspielt, nur ein örtlich begrenzter Vorgang ist, sondern dass alle Erfindungen, Siege und Katastrophen die ganze Welt betreffen und wir unser Leben und Handeln, unsere Organisationen und Institutionen entlang der Achse ‚lokal-global' reorientieren und reorganisieren müssen" (Beck 1998, 30). Beck nennt einige Charakteristika von Globalität wie zum Beispiel: die geografische Ausdehnung und zunehmende Interaktionsdichte des internationalen Handels, die informations- und kommunikationstechnologische Dauerrevolution, die universal durchgesetzten Ansprüche auf Menschenrechte, die Bilderströme der globalen Kulturindustrien, globale Armut, globale Umweltzerstörung, transkulturelle Konflikte vor Ort (ebd., 29 f.). Hinzuzufügen wäre die transnationale Migration, deren Folgen auch in den Familienbildungseinrichtungen spürbar werden, wenn sich Menschen mit unterschiedlichen Migrationsgeschichten, kulturellen Praktiken und religiösen Zugehörigkeiten begegnen (siehe Kapitel 5.4). Zunehmend wichtig wird auch in der Familienbildung die Auseinandersetzung mit den neuen Kommunikationstechnologien und der Digitalisierung (siehe

Kapitel 7.4.2), die weltweit Verbreitung gefunden haben. Die aus dem globalen Kontext erwachsenen Herausforderungen werden auf der gesellschaftlichen Ebene beispielsweise durch die Bildungspolitik aufgegriffen und in Anforderungen an die Familienbildung übersetzt.

Familienbildung sieht sich im *gesellschaftlichen Kontext* mit verschiedenen Phänomenen konfrontiert wie der sozialen Ungleichheit von Familien, der Diversität der Familienformen und -leitbilder, dem Wandel der weiblichen und männlichen Rollen, den daraus erwachsenen Veränderungen der familiären Arbeitsteilung, neuen Anforderungen an die Erziehungs- und Beziehungskompetenzen der Eltern sowie der Diversität der Teilnehmendenstruktur (Kapitel 5/6). Aus dem gesellschaftlichen Wandel resultieren Anforderungen an die Familienbildung, die in Planungsprozesse eingehen *(institutioneller Kontext)*. Sie finden Berücksichtigung bei der Auswahl der Themen, der Konzeption der Bildungsangebote, den Veranstaltungssettings (Kapitel 7), der Adressatenansprache (Kapitel 8), neuen Formen der Vernetzung (Kapitel 9), der Definition der Professionalität (Kapitel 10) und den Erfordernissen der Finanzierung (Kapitel 11). Der Transfer, d.h. die Umsetzung der Ziele in pädagogische Prozesse, geschieht schließlich in den Veranstaltungen, die in der Regel in *Gruppen* durchgeführt werden. Die Bildungsangebote, die sich an bestimmte Adressaten wenden, sind nach dem pädagogischen Dreieck von Themen, Zielen (basierend auf Werten), entsprechenden Methoden und Angebotsformen ausgerichtet (Kapitel 7).

Fragen und Aufgaben zu Kapitel 4

Untersuchen Sie die Definitionen der Familienbildung nach Schnittstellen.

Welche Kritikpunkte werden an bestimmten Definitionen von Familienbildung angeführt?

Von welchen Prinzipien lässt sich Familienbildung leiten?

Worin besteht der „Doppelcharakter" der Familienbildung?

Recherchieren Sie die Leitbilder von zwei Trägern der Familienbildung und stellen Sie einen Vergleich an.

---

5. Familie im gesellschaftlichen Kontext – Herausforderungen für die Familienbildung

Familien sind in unterschiedlicher Weise Veränderungsprozessen unterworfen. Zum einen findet aufgrund einer Ungleichverteilung ökonomischer, kultureller und sozialer Ressourcen eine zunehmende Polarisierung der Familien in reich und arm statt, zum anderen erfolgt eine Pluralisierung der Familienformen, die verdeutlicht, dass familiärer Alltag sehr unterschiedlich gelebt wird. Eine Ausdifferenzierung der Familienformen mit den daraus resultierenden Familienleitbildern hat es – wie der historische Abriss in diesem Buch zeigt – schon früher gegeben, allerdings nicht in diesem Tempo und mit der heutigen Dynamik. Erlebten die Familienmitglieder früher den Wandel über Generationen hinweg, so ist er jetzt bereits innerhalb derselben Generation erfahrbar (BMFSFJ 1996, 12). Mit diesen raschen Veränderungen ist auch die Verfallszeit von Wissen kürzer. Jüngere Generationen können nicht unbedingt von den Erfahrungen und Verhaltensweisen der Elterngeneration profitieren, weil deren Wissensbestände und Kompetenzen nicht mehr ohne Weiteres auf die eigene Lebenssituation übertragbar sind. Veränderte familiäre Lebensformen wie beispielsweise in Regenbogenfamilien und neue Herausforderungen im Alltag (zum Beispiel neue Kommunikationsformen durch die Digitalisierung) erfordern auch Lernprozesse seitens der Familienmitglieder. Gerade aber der beschriebene Wandel verdeutlicht auch, dass immer wieder neu gelernt werden muss, sodass flexibles situationsunabhängiges Lernen gefragt ist, das sich durch selbstreflexive und soziale Kompetenzen wie Empathie, Ambiguitätstoleranz, Frustrationstoleranz, kommunikative Fähigkeiten, Konfliktfähigkeit und die Fähigkeit zum Transfer auf neue Alltagssituationen auszeichnet.

In diesem Zusammenhang fällt der Familienbildung die Aufgabe zu, Familien dabei zu unterstützen, diese Veränderungen im Hinblick auf ihre eigene Biografie, den gelebten Alltag und den gesellschaftlichen Kontext zu deuten und ggf. Konsequenzen daraus zu ziehen.

Zu den gesellschaftlichen Rahmenbedingungen und Wandlungsprozessen familiären Lebens gehören:

- Soziale Ungleichheit von Familien
- Diversität der Familienformen und Familienleitbilder
- Veränderungen in der familiären Arbeitsteilung und Wandel der Rollen
- Migrationskontext von Familien

5.1 Soziale Ungleichheit von Familien

Familiäres Leben ist in eine Sozialstruktur eingebettet, die die Entwicklungsmöglichkeiten und Gestaltungsspielräume für die Familien stark beeinflusst. Sozialstruktur als „das relativ stabile System sozialer Beziehungen in einer Gesellschaft“ (Solga/Berger/Powell 2009, 13) wird wesentlich geprägt durch die Verteilung gesellschaftlich wichtiger Ressourcen wie Kapital, Macht, Bildung und Einkommen: „Die Verteilung dieser Ressourcen bestimmt einerseits, welche Unterschiede im Ressourcenbesitz zwischen sozialen Gruppen bestehen, und andererseits, ob daraus Vor- und Nachteile – sprich soziale Ungleichheiten – erwachsen. Ist diese Ressourcenverteilung relativ stabil ungleich, dann sind auch die darauf begründeten sozialen Beziehungen dauerhaft ungleich“ (Solgau/Berger/Powell 2009, 14). Einige Soziolog*innen sprechen dann von sozialer Ungleichheit, wenn Menschen einen ungleichen Zugang zu sozialen Positionen haben und diese sozialen Positionen systematisch mit vorteilhaften oder nachteiligen Handlungs- und Lebensbedingungen verbunden sind (ebd., 15). Soziale Positionen sind Plätze, die Menschen in unterschiedlichen Institutionen und Bereichen der Gesellschaft (wie Arbeitsmarkt, Bildungssystem, Familie, Religion, Staat) einnehmen. Für Personen, die diese sozialen Plätze einnehmen, sind bestimmte Handlungserwartungen und -bedingungen definiert, die relativ unabhängig von ihren individuellen Eigenschaften bestehen.

Allerdings gibt es nicht nur eine Erklärung für soziale Ungleichheit, sondern eine Reihe unterschiedlicher Ansätze (Solgau/Berger/Powell 2009, 14).

Den folgenden Ausführungen liegt die Theorie von Bourdieu (1983) zum ökonomischen, kulturellen und sozialen Kapital zugrunde. Demnach ist das ökonomische Kapital direkt und unmittelbar in Geld konvertierbar. Das kulturelle Kapital kommt in drei Formen vor: 1. „in verinnerlichtem, *inkorporiertem Zustand*, in Form von dauerhaften Dispositionen des Organismus", wozu die Bildung eines Menschen gehört; „2. in *objektiviertem Zustand*, in Form von kulturellen Gütern, Bildern, Büchern, Lexika, Instrumenten oder Maschinen, in denen bestimmte Theorien und deren Kritiken, Problematiken usw. Spuren hinterlassen oder sich verwirklicht haben, und schließlich 3. in *institutionalisiertem Zustand*", worunter Bourdieu zum Beispiel schulische oder akademische Titel versteht (Bourdieu 1983, 185). Das soziale Kapital ist die „Gesamtheit der aktuellen und potentiellen Ressourcen, die mit dem Besitz eines dauerhaften Netzes von mehr oder weniger institutionalisierten Beziehungen gegenseitigen Kennens oder Anerkennens verbunden sind" (Bourdieu 1983, 190). Es handelt sich um Ressourcen, die auf der Zugehörigkeit zu einer Gruppe beruhen. Alle aufgeführten Kapitalien stehen in einem Zusammenhang zueinander, weil beispielsweise mit dem Umfang des ökonomischen Kapitals – des Einkommens und Vermögens einer Familie – gleichzeitig die Bedingungen für eine vielseitige intellektuelle und kulturelle Förderung der Kinder gegeben sind und damit die Chancen für den Eintritt in eine höhere Bildung steigen.

Was das ökonomische Kapital der Familien in Deutschland angeht, sind die Daten zum Einkommen und zu den Armutsrisiken aufschlussreich. So wird einerseits konstatiert, dass sich die wirtschaftliche Situation in den letzten Jahren positiv entwickelt hat, andererseits wird bei einer differenzierten Betrachtung deutlich, dass „nicht alle Familien chancengerecht an dieser positiven Entwicklung teilhatten" (BMFSFJ 2017, 44). Tatsächlich sind die durchschnittlichen (bedarfsgewichteten)[18] Pro-Kopf-Einkommen von

18 Die Gewichtung erfolgt nach einer in der OECD gebräuchlichen altersbezogenen Bedarfsgewichtung der Haushaltsmitglieder. Nach der aktuel-

Familien zwischen 2004 und 2014 um knapp 23 Prozent gestiegen. Während das (bedarfsgewichtete) Nettoeinkommen von Familien mit minderjährigen Kindern im Jahr 2004 noch knapp 18.000 Euro betrug, lag es im Jahr 2014 bei fast 22.000 Euro, allerdings deutlich unter dem von kinderlosen Paaren (ebd., 44). Trotz dieser positiven Entwicklung ist es immer noch Fakt, dass das Armutsrisiko[19] von Kindern je nach Datenquelle zwischen 14,6 und 21,1 Prozent liegt. 44 Prozent der Haushalte von Alleinerziehenden sind armutsgefährdet[20]. Ihr Armutsrisiko ist viermal so hoch wie bei Paarfamilien mit einem oder zwei Kindern. Auch Familien mit drei und mehr Kindern sind mit 25 Prozent überdurchschnittlich von Armut bedroht. Darüber hinaus sind Familien mit Migrationshintergrund überproportional von Armut betroffen (Jurczyk/Klinkhardt 2014, 100).

Häufigste Ursachen für Armutsgefährdung sind die fehlende bzw. geringe Erwerbstätigkeit der Eltern, Abhängigkeit von Transferleistungen, individuelle und familiäre Rahmenbedingungen, Krankheit, ihre Einbindung in das soziale Sicherungssystem und so-

---

len Skala wird für den ersten Erwachsenen im Haushalt ein Gewicht von 1,0 zugeordnet, weiteren Erwachsenen und Jugendlichen (ab 14 Jahren) ein Gewicht von 0,5 und jedem Kind (unter 14 Jahren) ein Gewicht von 0,3. Das Einkommen einer Paarfamilie mit zwei Kindern unter 14 Jahren wird bei der Äquivalenzgewichtung also durch 2,1 (= 1+0,5+0,3+0,3) dividiert und kann dann mit dem Einkommen eines Ein-Personen-Haushalts verglichen werden (BMFSFJ 2017, 45).

19 Wenn hier von Armut die Rede ist, so ist damit die relative Armut gemeint. Als arm gelten – nach einer Definition der EU aus dem Jahr 1984 – jene, die „über so geringe (materielle, kulturelle und soziale) Mittel verfügen, dass sie von der Lebensweise ausgeschlossen sind, die in dem Mitgliedsstaat, in dem sie leben, als Minimum annehmbar ist" (Hradil 2014, 20).

20 Armutsgefährdungsquote: Darunter versteht man den Anteil der Personen mit einem Äquivalenzeinkommen von weniger als 60 Prozent des Medians der Äquivalenzeinkommen der Bevölkerung in Privathaushalten am Ort der Hauptwohnung. Das Äquivalenzeinkommen wird auf Basis der neuen OECD-Skala berechnet (BMFSFJ 2017, 48).

zialräumliche Kontexte. So liegt das Armutsrisiko in Familien, in denen kein Elternteil erwerbstätig ist, bei 64 Prozent. Liegt in Familien ein Einkommen aus einer Vollzeittätigkeit vor, so reduziert sich das Armutsrisiko auf 15 Prozent, gibt es ein zweites Einkommen, auf 5 Prozent (ebd., 48 ff.). Die ungleiche Einkommenserzielung in Familien, in denen nur ein Elternteil erwerbstätig ist (meistens der Vater), kann auch zu einem Armutsrisiko werden, wenn der erwerbstätige Elternteil ausfällt. So würde eine gleichmäßigere Aufteilung von Erwerbs- und Familienarbeit zu einer langfristigen wirtschaftlichen Stabilität der Familie beitragen.

Armutsrisiken gehen häufig mit einem geringeren Wohlergehen einher. Oft zeichnen sich ärmere Kinder durch einen schlechteren Gesundheitsstatus aus (zum Beispiel beim Zahnstatus oder dem Übergewicht). Unzureichende materielle Rahmenbedingungen schränken die Lebensqualität in den Bereichen Wohnen, Mobilität, saisongerechte Kleidung und Freizeitaktivitäten ein. Geringes bzw. umfangreiches ökonomisches Kapital haben in der Regel auch eine ungleiche Verteilung des kulturellen Kapitals zur Folge. Ärmere Familien sind weniger in der Lage, ein günstiges häusliches Lernumfeld zu schaffen und ihre Kinder bildungsmäßig zu unterstützen (zum Beispiel durch bezahlte Hausaufgabenhilfe, musische Förderung, Medien etc.) als Familien mit höherem Einkommen (Geis-Thöne 2020, 8 ff.)[21], sodass die Chancen auf eine Bildungskarriere im weiterführenden Schulsystem geringer sind. Außerdem ist die soziale und kulturelle Teilhabe der Kinder deutlich eingeschränkt. So nehmen unter sechsjährige Kinder mit einem Anspruch auf Leistungen des Bildungs- und Teilhabepakets seltener an Sportangeboten, frühkindlicher Musikerziehung, künstlerischen Aktivitäten oder einer Eltern-Kind-Gruppe teil als Kinder aus Familien mit höhe-

21 Gerade im Zeichen krisenhafter gesellschaftlicher Prozesse (wie zum Beispiel der Corona-Epidemie 2020) erweist sich ein ungünstiges häusliches Lernumfeld als besonders einschränkend für die Entwicklungschancen der Kinder und Jugendlichen (Geis-Thöne 2020).

rem Einkommen (ebd., 55). Das Wohlergehen der Kinder hängt u.a. vom Bildungsniveau der Eltern (Schölmerich 2013, 55) und ihren erzieherischen Kompetenzen ab. Dennoch ist vor einer vorschnellen Schlussfolgerung zu warnen, die von Armut und sozialer Benachteiligung automatisch auf eine belastende und defizitäre Kindheit schließt. Der Mangel an ökonomischen Ressourcen führt nicht automatisch zur Vernachlässigung der Kinder in der Familie, zu sozialen Auffälligkeiten und Fehlentwicklungen, was die Resilienzforschung gezeigt hat. Der Terminus Resilienz bezieht sich auf die „Widerstandsfähigkeit gegenüber belastenden Umständen und Ereignissen und stellt somit einen positiven Gegenbegriff zur Vulnerabilität dar" (Gabriel 2018, 1318). Als protektive Faktoren gelten beispielsweise eine stabile und emotionale Beziehung zu mindestens einer fürsorglichen erwachsenen Person innerhalb oder außerhalb der Familie; ein gutes Familienklima; ein positives Selbstwertgefühl, ein Netzwerk von Gleichaltrigen, die Unterstützung und affektive Zuwendung geben, oder ein emotional positives, unterstützendes und strukturgebendes Erziehungsklima (Lösel/Bender 1999, 37; Klein 2002, 25 f.).

Herausforderungen für die Familienbildung

Erziehungsstile und -praktiken, die einer autoritativen Erziehung zuzurechnen sind und zu einem die Entwicklung fördernden Erziehungsklima beitragen, sind Familien aus prekären Milieus oft nicht bekannt, sodass die Familienbildung eine wichtige Rolle für diese Gruppe von Familien spielen könnte. Schon früh sollten Eltern im Sinne einer Prävention an entwicklungsfördernde Erziehungsmethoden herangeführt werden (siehe Kapitel 7.3). Ein Schlüsselproblem liegt allerdings in der schwierigen Erreichbarkeit benachteiligter Familien, die über geringe Bildungsvoraussetzungen verfügen oder aufgrund von mangelnden deutschen Sprachkenntnissen und fehlendem Wissen über das deutsche Bildungssystem keinen Zugang zur Familienbildung finden. Daraus ergeben sich eine Reihe von Herausforderungen, von denen einige im Folgenden aufgelistet werden:

- Identifikation von Hemmschwellen und Zugangsbarrieren zur Familienbildung
- Offene Angebote, die keine Bedingungen an die Verbindlichkeit der Teilnahme knüpfen und die Hemmschwelle zum Besuch einer Einrichtung senken
- Erhebung geringer oder Verzicht auf Gebühren
- Aufsuchende Formen zur Ansprache der Eltern (zum Beispiel Hausbesuche)
- Einsatz von Multiplikatoren, die eine Brücke zwischen Institutionen und Familien herstellen
- Ausbildung von Elternbegleiter*innen in Qualifizierungskursen, in denen Fachkräfte ihre Kompetenzen zur Gestaltung eines lernförderlichen Klimas in den Familien weiterentwickeln können (siehe das Bundesprogramm „Elternchance ist Kinderchance I und II in Kapitel 7.3)
- Angebote, die an den Lebenswelten der Teilnehmenden anknüpfen
- Angebote zur Gesundheitsbildung und -vorsorge, Pflege, Ernährung und Bewegung
- Sozialraumorientierung
- Maßnahmen und Programme, die sich an Eltern und Kinder richten und bei den Familien zu Hause durchgeführt werden (zum Beispiel HIPPY, OPSTAPJE, PAT)[22]
- Verlagerung der Elternbildung in die Bildungsinstitutionen der Kinder (Kita, Grundschule)
- Hilfe zur Selbsthilfe
- Angebote, die mit Kinderbetreuung verbunden sind, was für Alleinerziehende und Mehrkindfamilien hilfreich ist.

---

22 Siehe dazu ausführlicher Kapitel 7.3.

Fragen und Aufgaben zu Kapitel 5.1

Welche Familien sind überproportional von Armut betroffen und welche Auswirkungen hat Armut auf das Familienleben?

Wie wirkt sich der Mangel an kulturellem Kapital ggf. auf die Erziehung der Kinder aus?

Stellen Sie einen Katalog mit Maßnahmen und Angeboten der Familienbildung zusammen, die für Familien mit geringen Ressourcen eine Unterstützung darstellen können.

5.2 Diversität der Familienformen und Familienleitbilder

Der Familienreport 2017 (BMFSFJ 2017) weist darauf hin, dass Familie – trotz vieler kulturpessimistischer Prognosen von der Erosion der Familie – nicht ausgedient hat, sondern zunehmend als zentraler Lebensbereich für die große Mehrheit der Bevölkerung (79 Prozent) gilt. Insbesondere die Freude, zu beobachten, wie Kinder groß werden, und die Überzeugung, dass Familien in schwierigen Zeiten Zusammenhalt bieten, trägt zum Bedeutungszuwachs von Familie bei (WZB/Statistisches Bundesamt 2013, 65, 67; Neumann/Smolka 2016, 20). Gewandelt haben sich allerdings die familialen Lebensformen, Beziehungsstrukturen, Interaktionspartner*innen, Rollen und Veränderungsdynamik von Familien, u.a. bedingt durch eine gesunkene Heiratsneigung, gestiegene Scheidungsraten, Geburtenrückgang, nichteheliche und gleichgeschlechtliche Partnerschaften[23].

---

23 Nave-Herz (2018, 132) weist darauf hin, dass die These vom „Anstieg der Pluralisierung von familialen Lebensformen“ zur Beschreibung des Wandels familialer Realität nicht geeignet sei. So waren in der vorindustriellen Zeit die Familienformen weitaus vielfältiger. Selbst die Patchwork-Familie sei kein neues Phänomen (ebd., 133). Es handle sich bei den Familienformen – mit Ausnahme der homosexuellen Eltern mit Kindern und der Inseminationsfamilien – nicht um neue Familienformen. Vielmehr sei nur eine Verschiebung der Gewichtung der Familienformen zu beobachten.

Elternschaft – so Vascovics (2011) – lässt sich in eine biologische, genetische, rechtliche und soziale Elternschaft unterscheiden. Eine Trennung von biologischer und genetischer Elternschaft tritt bei sogenannten Inseminationsfamilien im Fall einer Eizellenspende ein. An diesem Punkt wird auch deutlich, dass die „biologisch-soziale Doppelnatur" (Nave-Herz 2018, 124), die der Familie in der Vergangenheit zugeschrieben wurde, in bestimmten Fällen entkoppelt wird.

Vor dem Hintergrund der Vervielfältigung familiärer Lebensformen ist festzuhalten, dass die Familienform der verheirateten Eltern mit Kindern nach wie vor am weitesten verbreitet ist (5,5 Mio) (BMFSFJ 2017, 11), wenn auch mit unterschiedlichem Verbreitungsgrad in West- (73 Prozent) und Ostdeutschland (51 Prozent). Deutlichen Zuwachs verzeichnen die nichtehelichen Lebensgemeinschaften, deren Anzahl sich in den vergangenen 20 Jahren auf 843.000 fast verdoppelt hat (ebd., 12), und die Anzahl der Alleinerziehenden, die seit einigen Jahren bei rund 1,6 Millionen liegt. Die Zahl der gleichgeschlechtlichen Lebensgemeinschaften mit minderjährigen Kindern im Haushalt lag im Jahr 2015 bei rund 7.000 (ebd., 12). Ein historisch neuartiges Phänomen stellt der Anstieg der Drei- und Vier-Generationen-Familien in getrennten Haushalten (sogenannte „Multi-lokale-Mehrgenerationen-Familien") dar, der auf die gestiegene Lebenserwartung der Bevölkerung zurückgeht (Nave-Herz 2018, 133).

Die Diversität der familiären Lebensformen (zum Beispiel verheiratete/unverheiratete Paare mit Kind/-ern; Alleinerziehende; Stief- und Patchwork-Familien; Regenbogenfamilien), wird inzwischen von einem großen Teil der Bevölkerung als gesellschaftliche Realität anerkannt, die Ehe als eine mögliche Lebensform neben anderen angesehen. Diese Vielfalt an Familienformen geht mit verschiedenen Familienleitbildern einher.

Veränderte Familienleitbilder

Das Bundesinstitut für Bevölkerungsforschung[24] (BiB 2013/2015) hat die Familienleitbilder[25] junger Menschen in Deutschland untersucht. Familienleitbilder stellen eine Orientierungshilfe im Alltag dar und weisen Wege auf, wie Partnerschaft und familiäres Leben gestaltet werden können. Sie werden bewusst als Leitlinie herangezogen oder wirken sich im Unterbewusstsein auf das Verhalten der Menschen aus, sozusagen als Muster, die im Sozialisationsprozess erworben wurden und intuitiv umgesetzt werden. Sie spielen zum Beispiel eine große Rolle bei Entscheidungen, ob sich Paare trennen, Kinder bekommen oder dauerhaft kinderlos bleiben.

Ein Leitbild, das für die Familiengründung und das generative Verhalten der Paare eine grundlegende Bedeutung hat, stellt die „ideale Partnerschaft" dar, in das Vorstellungen von Liebe, Freiheit und Sexualität eingehen. Demnach sind Paare der Überzeugung, dass eine Partnerschaft gut funktioniert, wenn „man sich liebt" (82 Prozent), dem Anderen Freiräume lässt (75 Prozent), eine erfüllte Sexualität miteinander hat (53 Prozent), gemeinsame Kinder hat (40 Prozent) und finanziell abgesichert ist (23 Prozent) (BiB 2013, 8). Das Leitbild umfasst ein Spannungsfeld zwischen dem Bedürf-

---

24 Auch die Shell-Jugendstudien (www.shell.de), die seit 1953 vom Shell-Konzern herausgegeben und im Abstand von etwa vier Jahren durchgeführt werden, befassen sich mit dem Themenkreis Familie/Eltern/Familienverständnis.

25 Die Studie „Familienleitbilder. Vorstellungen, Meinungen, Erwartungen" (BiB 2013, 7) definiert Familienleitbilder als „Vorstellungen davon, wie Familienleben normalerweise aussieht oder idealerweise aussehen sollte. Sie können Vorstellungen zur Familie allgemein enthalten (zum Beispiel „Eine Familie sollte immer zusammenhalten."), aber auch zu einzelnen Aspekten des Familienlebens wie Partnerschaft [...], Elternschaft oder der Familienbiografie [...]." Das Projekt wurde 2010 begonnen. Zwischen August bis November 2012 wurden in einer repräsentativen Erhebung von TNS Infratest 5.000 zufällig ausgewählte Personen im Alter zwischen 20 und 39 Jahren telefonisch befragt. Die Personen wurden 2013 und 2014 erneut kontaktiert (BIB 2015, 6).

nis nach Bindung und dem Willen nach Freiheit. Auf der einen Seite steht das Verlangen nach Sicherheit, Emotionalität, Intimität, auf der anderen der Wunsch nach „Freiräumen", finanzieller Unabhängigkeit und Selbstverwirklichung. Dieses Spannungsverhältnis birgt zugleich das Risiko von Konflikten, die aus der Unvereinbarkeit mancher Vorstellungen resultieren können und im negativen Fall zu Trennung und Scheidung führen. Viele junge Menschen gehen nicht mehr davon aus, dass eine Ehe notwendige Voraussetzung für die Familiengründung und von lebenslanger Dauer ist. Die mit einer Ehe verbundenen Erwartungen haben sich in den letzten Jahren gewandelt. Stand beispielsweise noch in den 1950er-Jahren der Versorgungsaspekt einer Ehe im Vordergrund, sind es heute eher die Wünsche nach einem partnerschaftlichen Zusammensein (Grünheid 2013). Die Erwartungen an eine Ehe nehmen zu und damit steigt zugleich das Risiko der Scheidung, wenn diese Erwartungen nicht erfüllt werden (BMFSJ 2017, 41 ff.).

Die Untersuchung der Familienleitbilder (BiB 2015) zeigt, dass Familie, Partnerschaft und eigene Kinder bei den meisten jungen Menschen eine hohe Wertschätzung erfahren und zugleich die Vielfalt der verschiedenen Familienformen Akzeptanz findet. Die „Selbstverständlichkeit des Kinderhabens" wird als Leitbild formuliert, zugleich die Kinderlosigkeit einer Minderheit als ein möglicher Lebensentwurf toleriert. Kinder sind zwar ein selbstverständliches Lebensziel, aber zugleich sind die Ansprüche sehr hoch im Hinblick auf die Bedingungen, unter denen man Kinder bekommen will, wie eine solide materielle Grundlage, stabile Partnerschaft und die berufliche Etablierung der Frau (BiB 2015, 15). Über die Hälfte der jungen Deutschen gehört diesem engagierten und ambitioniertem Elterntyp an, von dem die Forscher*innen meinen, dass er mit einem negativen Impuls für die Geburtenentwicklung verbunden sei, die Elternschaft verkompliziere und zum Aufschub oder gar der Ablehnung von Familiengründung führt (ebd.).

Herausforderungen für die Familienbildung
Vor diesem Hintergrund steht Familienbildung vor der Herausforderung, Orientierungshilfen anzubieten, damit sich Paare vor der Familiengründung, im Übergang zur Elternschaft, während der Familienzeit und im Fall von Krisen und Konflikten, die zur Trennung führen können, mit ihren Werten und Vorstellungen von Partnerschaft und Familie auseinandersetzen können.

Mögliche Ziele sind u.a.:

- Auseinandersetzung mit den Motiven für eine Partnerschaft, Reflexion eigener und alternativer Familienleitbilder, Vorbereitung auf den Übergang vom Paar zur Elternschaft;
- realistische Bewertung der individuellen Glückserwartungen/ Illusionen vor dem Hintergrund gesellschaftlicher Rahmenbedingungen;
- kommunikative Strategien erwerben, um einen personenzentrierten Dialog bei Krisen und Konflikten führen zu können;
- Hilfen bei der Bewältigung der emotionalen Folgen im Fall von Trennung/Scheidung geben und die gesamte Familie einbeziehen, d.h. auch die Kinder berücksichtigen; ebenso Orientierungshilfen nach der Wiederverheiratung bieten und Patchwork-Familien Gesprächsmöglichkeiten eröffnen, sich in neuer Zusammensetzung neu zu orientieren (siehe Kapitel 7 Bildungsangebote);
- den intergenerativen Dialog fördern und unterstützen sowie Angebote für die Wahrnehmung der Großelternrolle entwickeln;
- Erfahrungsaustausch und Informationsaneignung im Hinblick auf die Pflege der Eltern ermöglichen.

Fragen und Aufgaben zu Kapitel 5.2

Welche Vorstellungen verbinden Sie mit einer „idealen Partnerschaft"?

Welche Orientierungshilfen kann Familienbildung im Hinblick auf die Familiengründung bieten?

5.3 Veränderungen in der familiären Arbeitsteilung und Wandel der Rollen

Auch die Rollenaufteilung innerhalb der Familie ist einem Wandel unterworfen. Erst seit Mitte der 1950er-Jahre besteht ein theoretisches Modell, das die Elternrollen auf Grundlage der Theorien von Parsons und Bales (1955) näher ausdifferenziert. Die Funktionen von Mutter und Vater werden nach „instrumentellen bzw. expressiven" Aspekten unterschieden, wobei den Vätern mit der „Ernährerrolle" eine instrumentelle Funktion zugeschrieben wird, den Müttern mit der Erziehung, der Beziehungspflege und anderen familiären Aufgaben eher eine expressive Funktion zukommt. Dieses Konzept hielt sich bis Mitte der 1970er-Jahre, veränderte sich dann aber vor dem Hintergrund gesellschaftlicher Entwicklungen wie der wirtschaftlichen Rezession (in den USA), die viele Väter arbeitslos werden ließ und dazu führte, dass sie stärker auf ihre Familien zurückgeworfen waren und dort auch teilweise mehr familiäre Tätigkeiten, also auch expressive Funktionen, übernahmen. Umgekehrt führte die zunehmende Integration von Frauen in das Erwerbsleben zur Übernahme instrumenteller Funktionen. Daher lässt sich dieses dichotome Modell – die Zweiteilung in instrumentell und expressiv – nicht mehr so einfach den Geschlechterrollen zuordnen (Fthenakis 2002, 99 f.).

Die historische Betrachtung der Vaterrolle zeigt, dass der Wandel der Rollen im Kontext von Familie nicht linear verläuft, etwa von einem traditionell patriarchalischen zu einem egalitären Modell, sondern diskontinuierlich. Je nach historischer Entwicklungsphase, ökonomischen, politischen und kulturellen Rahmenbedingungen, Ressourcen der Eltern, Milieus der Familien etc. variieren die Rollenmodelle. Zu keinem Zeitpunkt der Geschichte gab es eine einzige normative Rollendefinition. So vollzog sich beispielsweise in den 1920er-Jahren infolge Veränderungen der ökonomischen Situation ein Wandel in der Einstellung zur Familie. „Das neue Ideal war die ‚gesellschaftliche Familie', wobei eine aktiv fördernde Rolle des Vaters in der Entwicklung seiner Kinder und vor allem seine Teilnahme an gemeinsamen Freizeitaktivitäten gefordert wurden, welche die Familienmitglieder enger zusammenbringen sollte" (BMFSFJ o.J., 9). Mit der großen Depression und dem Zweiten Weltkrieg trat eine Retraditionalisierung des Vaterbilds ein und man kehrte wieder zu einem Idealbild des Vaters als Beschützer, Ernährer und Autoritätsperson zurück (ebd.).

In den 1980er-Jahren wurden erste Typologien über väterliches Engagement entwickelt, die die Vaterrolle nicht ausschließlich auf die instrumentelle Funktion reduzieren (Belsky 1984, Lamb 1987, zit. n. Fthenakis 2002, 99 f.). Mit Beginn der 1990er-Jahre beschäftigt sich die Forschung intensiver mit erweiterten Vaterschaftskonzepten, die beispielsweise die Fürsorge als ein Element väterlichen Engagements anerkennen und expressive, affektive Aspekte berücksichtigen. Fthenakis referiert verschiedene erweiterte Vaterschaftskonzepte (2002, 100 ff.) und hebt das Modell der „Vaterarbeit" von Dollahite, Hawkins und Brotherson (1997) besonders hervor, das die Konzepte von Familie und Erwerbsarbeit für Väter wie für Mütter miteinander verknüpft und Vaterschaft in einen für Männer vertrauten Kontext stellt. Dieser Ansatz löst sich auch vom Rollenbegriff, der nach Fthenakis (2002, 102) eine deterministische und gleichermaßen relativistische Nuance beinhaltet. Er legt nahe, dass Väter das tun, was die Umwelt im Hinblick auf die mit der Vaterschaft verbundenen Werte und Normen von ihnen erwartet. Umgekehrt ändert sich die Vorstellung von „guter Vaterschaft" nur durch die Veränderung sozialer Normen (relativistischer Aspekt). Demgegenüber entwickeln die Forscher ein Vaterschaftskonzept, das die Väter als Subjekte und aktiv Handelnde im Verhältnis zu ihren Kindern und Partnerinnen unterstellt. Der Arbeitsbegriff umfasst gleichermaßen bezahlte und unbezahlte Arbeit.

Die sieben Formen der Arbeit im Vaterschaftskonzept von Dollahite, Hawkins und Brotherson (1997, zit. n. Fthenakis 2002, 103)

1. Ethische Arbeit: Kontinuierliche Verpflichtung der Väter, alles für ihre Kinder zu tun, was deren Gesundheit und Wohlergehen sichert.

2. Verwalterarbeit: Ausgehend von der eingeschränkten Verfügbarkeit materieller und zeitlicher Ressourcen ist die Produktion und Verwaltung der für das Wohlergehen der Familie notwendigen (in der Regel) knappen Ressourcen durch den Vater eine weitere Aufgabe generativer Vaterarbeit.
3. Entwicklungsbezogene Arbeit: Vaterschaft wird als komplex und dynamisch betrachtet. Dies impliziert, dass Väter die Prinzipien zur Förderung positiver Veränderung lernen, an der Entwicklung des Kindes teilnehmen und sich kompetent und kreativ an sich verändernde Rahmenbedingungen anpassen.
4. Beziehungsarbeit: Vaterschaft findet in einem komplexen, dynamischen, einflussreichen Netz von Beziehungen statt, welches elterliche, eheliche, Geschwister- und intergenerationale Beziehungen einschließt. Väter müssen gute Beziehungen zu ihren Kindern und mit den Personen, die für die Entwicklung und das Wohlergehen ihrer Kinder relevant sind, entwickeln und aufrechterhalten sowie die Beziehung der Kinder zu diesen Personen fördern.
5. Erholungsarbeit: Kooperation und Herausforderung in Reaktion auf die kindlichen Bedürfnisse nach Entspannung.
6. Spirituelle Arbeit: Die Stärkung und Beratung in Hinblick auf die kindlichen Bedürfnisse nach Ermutigung und Bedeutungsfindung.
7. Ratgeberarbeit: Beratung und Beteiligung in Reaktion auf die kindlichen Bedürfnisse nach Wissen und Unterstützung.

Elterliches Engagement wird allerdings von einer Reihe von Faktoren beeinflusst, die durch den Entwicklungsstand von Eltern und Kindern, soziale und ökologische Faktoren, Erwerbstätigkeit und anderen Lebensumständen beeinflusst sind. Auch im neuen Jahrtausend ist die Aufteilung zwischen familiären Aufgaben und Erwerbsarbeit immer noch ungleichgewichtig, aber es gibt mehr Frauen, die einer Erwerbsarbeit nachgehen, und mehr Männer, die sich als Väter stärker in die Familie eingebunden fühlen. Beide Elternteile signalisieren den Wunsch nach Veränderung.

So wünschen sich die Befragten der Studie über Familienleitbilder (BiB 2013, 9) eine gleichberechtigte Aufteilung der Bereiche Kinderbetreuung und Erwerbsarbeit. Nur 13 Prozent der Männer entsprachen dem Leitbild des „Ernährers" und stimmten der Aussage zu, dass ein Mann seine Familie allein ernähren sollte, und 40 Prozent entsprachen dem Typus des „Vereinbarers", der für seine Kinder auch beruflich kürzertreten würde (BMFFSJ 2017, 13 f.). Eine Umfrage des Instituts für Demoskopie Allensbach wies bereits 2015 auf diesen Trend hin. Deutlich über 50 Prozent der befragten Väter würden sich wünschen, die Hälfte bzw. mehr als die Hälfte der Kinderbetreuungsaufgaben zu übernehmen. Insbesondere jüngere Väter wünschten sich eine partnerschaftliche Aufteilung der Kinderbetreuungsaufgaben.

Die Vereinbarkeit von Familie und Beruf wird auch als familienpolitisches Ziel anerkannt. Mit der Einführung des Elterngeldes im Jahr 2007 wurde erreicht, dass immer mehr Väter für einen befristeten Zeitraum ihre Arbeitsstunden reduzieren oder eine Zeit lang ganz aus der Erwerbsarbeit aussteigen. Dass die Konzeption des Elterngeldes einen wichtigen Impuls für die Väterbeteiligung an Familienaufgaben auslöste, zeigt sich schon daran, dass bereits ein Jahr nach der Einführung des Elterngeldes jeder fünfte anspruchsberechtigte Vater (20,8 Prozent) davon Gebrauch machte und 2014 der Anteil auf 34,2 Prozent angestiegen war. So wird das Elterngeld als „erste familienbezogene Leistung" bewertet, die eine „Väterkomponente" hat und zur Aktivierung der Väterbeteiligung wesentlich beigetragen hat (BMFSFJ 2016, 17). Väter, die das Elterngeld mindestens drei Monate in Anspruch genommen haben, verbringen nachweislich mehr Zeit mit ihren Kindern und haben Gelegenheit, eine tiefere Bindung zu ihrem Kind zu entwickeln. Sie haben den Eindruck, dass ihre zeitliche Aufteilung zwischen Beruf und Familie eher im Gleichgewicht steht, dass die Partnerin durch die Elterngeldzeit im Beruf besser aufschließen kann und die anfallenden Arbeiten im Haushalt gerechter aufgeteilt werden (Pfahl u.a. 2014, 91). Diese Elternzeit hat offenbar auch nachhaltige Wirkung, weil die betroffenen Väter auch nach Wiedereintritt in ihre Berufstätigkeit im Durchschnitt eine Stunde mehr pro Tag mit ihren Kindern verbringen als vor der Elternzeit (BMFSFJ 2017, 70/BMFSFJ 2016).

Das ElterngeldPlus ist eine weitere familienpolitische Maßnahme, die Eltern motiviert hat, Elternzeit zu nehmen. Es ermöglicht eine Teilzeitarbeit beider Partner während der Elternzeit und kann für Kinder in Anspruch genommen werden, die ab dem 1. Juli 2015 geboren wurden. Eltern, die sich für ein partnerschaftliches Zeitarrangement entscheiden, erhalten einen Partnerschaftsbonus: Sie bekommen vier zusätzliche ElterngeldPlus-Monate, wenn sie in dieser Zeit gleichzeitig zwischen 25 und 30 Wochenstunden arbeiten. Es hat sich gezeigt, dass Väter, die Elternzeit nehmen, sowohl im Hinblick auf das Leben mit ihren Kindern als auch im Hinblick auf ihre Partnerschaft zufriedener sind. Die Mütter bleiben im Erwerbsleben bzw. können leichter in ihren Beruf zurückkehren und sichern sich für das Alter ab. Die Kinder entwickeln durch die Zeit, die sie mit den Vätern verbringen, eine intensivere Beziehung zu ihnen (BMFSFJ 2016).

Allerdings klafft noch immer eine Lücke zwischen Wunsch und Wirklichkeit. Wenn auch das Elterngeld nach Geburt des Kindes die Übernahme von mehr Familienverantwortung bei den Vätern fördert, so tritt oft nach Wiederaufnahme der vollen Erwerbstätigkeit – was meistens schon nach zwei bis drei Monaten erfolgt – ein Prozess der Desillusionierung ein, wenn das höhere Einkommen der Väter zu der Entscheidung führt, dass die Mütter eher zu Hause bleiben und die Kinderbetreuung übernehmen und die Väter wieder in die „Ernährerrolle“ schlüpfen (siehe Kasten zu *New Home Economics Theory*). Viele Väter haben auch Angst vor Einkommensverlusten, beruflichen Nachteilen, befürchten organisatorische Probleme im Betrieb und scheuen daher vor Teilzeitmodellen zurück (ebd.,

18). Insgesamt überwiegt noch das Zuverdienermodell, bei dem der Vater in Vollzeit und die Mutter in Teilzeit arbeitet (BMFSFJ 2016, 31). So erfolgt eine Retraditionalisierung des partnerschaftlichen Zusammenlebens (Nave-Herz 2018, 137). Während der Vater, dessen Einkommen den sozialen Status der Familie erhalten soll, sich wieder zunehmend der Erwerbstätigkeit zuwendet, übernimmt die Mutter den Hauptanteil der familienbezogenen Aufgaben.

Darüber hinaus führt das Leitbild der „guten Mutter", das in der Gesellschaft noch weitverbreitet ist, zu einer Präsenzkultur zu Hause, da die Mütter in großer Zahl Teilzeitbeschäftigungen aufnehmen, um sich nachmittags um die Kinder kümmern zu können. Dieser Trend ist in Westdeutschland eher beobachtbar als in Ostdeutschland (BiB 2015, 17), was sich bereits in den Daten des DJI-Survey AID:A (Tölke 2012) abgezeichnet hatte. „Während das traditionelle Ernährermodell in Westdeutschland noch von 28 Prozent der Paare mit Kindern gelebt wird, findet es in Ostdeutschland nur bei zwölf Prozent der Familien Anwendung" (Jurczyk/Klinkhardt 2014, 45).

In diesem Zusammenhang spielen traditionelle Geschlechterstereotypen eine große Rolle. Sich um Kinder zu kümmern, wird immer noch als spezifisch weibliche Fähigkeit erachtet, ebenso wie Hausarbeit und Care-Aufgaben zum weiblichen Repertoire zählen. Eng damit verbunden ist das Phänomen des mütterlichen „gate-keepings", bei dem die Mütter darauf bedacht sind, ihre spezifische Domäne vor dem Zugriff der Väter zu schützen (Possinger 2018, 11) aus Angst, in ihrem Verantwortungsbereich beschnitten zu werden. Diese klassische Aufteilung der Familienarbeit zwischen Mann und Frau entspricht nicht unbedingt den Wünschen der Kinder, die eine gleichgewichtige Zeitaufteilung zwischen Mutter und Vater besser fänden (BMFSFJ 2017, 71).

So kann man durchaus eine ambivalente Haltung bei Männern und Frauen angesichts des Ideals einer egalitären Aufteilung zwischen Erwerbs- und Familienarbeit feststellen. Zunächst zeigt sich in der gestiegenen Beteiligung von Frauen an der Erwerbsarbeit auch ein Wandel im Selbstverständnis. Frauen gehen selbstbewusster und eigenständiger an die Planung ihres Lebens heran und akzeptieren nicht mehr die gängigen Geschlechterarrangements, die sie allein auf die Rolle als Hausfrau, Ehegattin und Mutter festlegten. Beck-Gernsheim (2008, 19) spricht von einer grundlegenden Veränderung der Normalbiografie, die sie als weiblichen Individualisierungsprozess charakterisiert. Zugleich kommt es zu den oben beschriebenen Retraditionalisierungsprozessen, die den Frauen eine doppelte Orientierung auf Beruf und Familie auferlegen. Eine ähnliche Ambivalenz bei der Ausdeutung ihrer Geschlechterrolle zeigt sich bei den Vätern. Einerseits identifizieren sie sich noch stark mit der Rolle des Versorgers der Familie, andererseits wollen sie nicht allein darauf festgelegt werden und suchen nach Teilhabemöglichkeiten am familiären Leben. Auch wenn in Familien weiterhin die traditionelle Aufgabenteilung zwischen den Geschlechtern fortlebt, hat sich das normative Verständnis von Vaterschaft grundlegend gewandelt (Jurczyk 2014, 49; BIB 2013 und 2015).

Für die Zukunft wird damit gerechnet, dass das Idealbild einer partnerschaftlichen Aufteilung von Erwerbsarbeit und Kinderzeit von der künftigen Vätergeneration mit mehr Nachdruck verfolgt wird. In Umfragen votieren die potenziellen Väter von morgen dafür, möglichst viel Zeit mit den Kindern zu verbringen, wozu auch die Versorgung des Babys gehört (Windeln wechseln, nachts aufstehen, Fläschchen geben etc.) (BMFSFJ 2016, 15).

Theoretische Positionen zur unterschiedlichen Aufteilung von Familienarbeit und Erwerbsarbeit zwischen Mann und Frau (Fthenakis 2002, 97f.)

- *New Home Economics Theory (Becker 1991):* Dieser Ansatz geht davon aus, dass der Partner bzw. die Partnerin mit dem höheren Einkommen weiter der Erwerbsarbeit nachgeht, um dadurch eine Maximierung des Haushaltseinkommens zu erreichen. Das hat oft zur Folge, dass Frauen, die in den meisten Fällen weniger verdienen, mehr Hausarbeit leisten als Männer. Die Theorie besagt auch, dass Frauen im Fall steigender Einkommen ebenfalls weniger Zeit für Tätigkeiten Haushalt aufbringen. Vergleichbar mit diesem Ansatz ist der austausch- bzw. ressourcentheoretische Standpunkt, der die Aufteilung von Haushaltsaufgaben von der Verfügbarkeit von Ressourcen wie beispielsweise Ausbildung und Einkommen abhängig macht. Je mehr Ressourcen ein Partner hat, desto geringer ist sein Beitrag im Haushalt.

- *Der Zeitbudget-Ansatz:* Demnach wird eine stärkere Mithilfe des Mannes im Haushalt und bei der Kindererziehung begünstigt, wenn die Frau beruflich stärker belastet ist als der Mann und dieser seine Arbeitszeit flexibler gestalten kann.
- *Das rollentheoretische Erklärungsmodell:* Nach dieser Betrachtungsweise erfolgt die Aufgabenteilung in der Familie je nachdem, wie die Partnerrolle geschlechtsspezifisch definiert wird. Ein traditionelles Rollenverständnis mündet in einer traditionellen Rollenteilung zwischen Mann und Frau. Ein egalitäres Rollenverständnis führt demnach auch zu einer gleichgewichtigen Aufgabenverteilung zwischen Mann und Frau. Fthenakis (2002, 98) verweist in diesem Zusammenhang auf eine Reihe von Forschungen, die diese Theorie bestätigen, und auf wenige Ansätze, die dieses Modell nicht oder nur teilweise bestätigt sehen.
- *Der familienzyklische Ansatz:* Je nach Entwicklungsphase einer Familie ändern sich die Anforderungen und Beziehungserfordernisse an die Partner und der Grad des elterlichen Engagements in der Erziehung und im Haushalt. Diese Betrachtungsweise erklärt zum Beispiel, warum Väter nach der Geburt des ersten Kindes ein besonders hohes Engagement zeigen.

Herausforderungen für die Familienbildung

Der vorangegangene Abschnitt hat gezeigt, wie wichtig eine kritische Auseinandersetzung mit den Geschlechterrollen in der Familie ist. Familie als Ort des Zusammenlebens *beider* Geschlechter ist qua Bildungsauftrag ein zentrales Thema der Familienbildung. Das impliziert, dass beiden Geschlechtern bewusst ein Raum für das gemeinsame Gespräch über die Geschlechterrollen und -beziehungen eröffnet wird. An diesem Punkt befindet sich die Familienbildung in einer Dilemmasituation: Sie vertritt einerseits das Idealbild einer möglichst gleichen Aufteilung von Erwerbs- und Care-Arbeit zwischen Mann und Frau, was auch im partnerschaftlichen Besuch von Familienbildungsveranstaltungen und gemeinsamen Diskussionen des Themas zum Ausdruck kommen sollte. Andererseits werden Veranstaltungen der Familienbildung hauptsächlich von Frauen in Anspruch genommen, was an der immer noch vorherrschenden geschlechtsspezifischen Arbeitsteilung in der Familie liegt. Auf diese Weise wird – auch wenn dies nicht intendiert ist – eine Schieflage fortgeschrieben, die faktisch existiert. Sich dieses Dilemmas bewusst zu werden und das Gleichheitspostulat weiterhin im praktischen Handeln konsequent zu verfolgen, indem beiden Geschlechtern der Zugang zu Bildungsveranstaltungen eröffnet wird, bleibt Aufgabe der Familienbildung. Gerade in einer Zeit sich verändernder Rollenvorstellungen und Familienkonzepte besteht die Chance, Mütter und Väter bei ihrer Suche nach neuen Partnerschaftsmodellen, Wohn- und Arbeitsformen durch Angebote der Familienbildung zu unterstützen. Väter und Mütter gleichermaßen für die Reflexion der Genderperspektive zu gewinnen, ist nicht einfach umzusetzen und bedarf möglicherweise einiger Zwischenschritte. Zunächst kann es sinnvoll sein, sich der Gruppe der Väter in besonderer Weise zuzuwenden, um mehr über deren Perspektiven, Interessen und thematischen Wünsche zu erfahren.

Eine andere Aufteilung von Erwerbsarbeit und familiärer Care-Arbeit ist auch mit neuen Anforderungen an die Väter und Implikationen für ihr Selbstverständnis als Vater verbunden. Vaterschaft wird zunehmend zu einer individuellen Option. „Die Entkopplung der Vaterschaft von der Normalbiografie führt dazu, dass ein Mann im Verlauf seines Lebens Vaterschaft in verschiedenen Familienformen, mit unterschiedlichen Frauen und eventuell mit Kindern erlebt, deren biologischer Vater er nicht ist. Dieses Szenario ist mit erheblichen Herausforderungen bezüglich des Entwurfs von Vaterschaftskonzepten eng verknüpft, die der jeweiligen Situation angemessen sind, worauf viele Väter nicht angemessen vorbereitet sind" (BMFSFJ o.J.). Daraus lassen sich für die Väterbildung eine Reihe von Zielen ableiten, die hier beispielhaft erläutert werden.

- Auf der Ebene der *selbstreflexiven Kompetenzen* gilt es, sich mit der männlichen Identität im Spannungsfeld von traditionellen Werten und neuen Vaterschaftskonzepten auseinanderzusetzen; sich biografisch mit der eigenen Kindheit und den erlebten Rollen der eigenen Eltern auseinanderzusetzen; seine eigenen Erziehungsziele zu definieren; sein Verhältnis zur Partnerin zu bestimmen.
- Was die *sozialen Kompetenzen* betrifft, werden Fähigkeiten im Aushandlungsprozess mit der Partnerin und den Kindern notwendig, wenn es u.a. um Fragen der innerfamiliären Arbeitsteilung und der Balance zwischen Beruf und Erziehung geht oder wenn sich die Väter empathisch in die Kinderwünsche hineinversetzen wollen, um mit ihnen gemeinsame Erfahrungs- und Erlebnisräume zu erschließen.
- *Sachwissen* ist u.a. zu Themen über das Gelingen von Partnerschaft, das Aufwachsen des Kindes, Entwicklungspsychologie des Kindes- und Jugendalters, Erziehung, Ernährung, Gesundheit, Pflege etc. gefragt.

Fragen und Aufgaben zu Kapitel 5.3

Inwiefern spiegelt sich die Aufteilung der Geschlechterrollen in der Familienbildung wider?

Recherchieren Sie im Internet nach Angeboten der Väterbildung.

Wie sinnvoll ist Ihres Erachtens Väterbildung?

5.4 Migrationskontext von Familien

Soziodemografische Daten von Familien mit Migrationshintergrund[26]

In integrations-, familien- und bildungspolitischen Diskussionen sind „Familien mit Migrationshintergrund“ lange Zeit unberücksichtigt geblieben. In der Familienberichterstattung der Bundesregierung widmete sich erstmalig der 6. Familienbericht (2000) dem Thema „Familien ausländischer Herkunft in Deutschland“. Die damalige Sachverständigenkommission stellte im Verlauf ihrer Arbeit fest, dass der sozialwissenschaftliche Forschungsstand zu dieser Thematik viele Lücken aufweist. In den seltensten Fällen hätten gesicherte Befunde aus mehreren, voneinander unabhängigen Untersuchungen vorgelegen und oft hätten sich Studien auf spezielle Zielgruppen beschränkt. Darüber hinaus sei die Datenlage unbefriedigend gewesen; so habe man beispielsweise nicht gewusst, wie viele Familien ausländischer Herkunft in Deutschland lebten; ob sie als Aussiedler oder Spätaussiedler oder über eine binationale Ehe oder Geburt oder andere Weise zu Deutschen geworden seien (ebd., 4). Mit dem Mikrozensus 2005 legte das Statistische Bundesamt (2006) erstmalig eine amtliche Repräsentativstatistik vor, in die auch Daten zu Personen mit Migrationshintergrund eingegangen sind. Im Jahr 2010 publizierte dann das Bundesministerium für Familie, Senioren, Frauen und Jugend ein Dossier, das erstmals systematisch die Lebensrealität von Familien mit Migrationshintergrund beleuchtet hat. Seit Februar 2016 liegt eine aktualisierte Fassung vor. 2017 erschien der Bericht „Gelebte Vielfalt: Familien mit Migrationshintergrund in Deutschland“, herausgegeben vom Bundesministerium für Familie, Senioren, Frauen und Jugend (2017a). 2019 wurde im Rahmen der Erstellung des 9. Familienberichts eine Expertise zum Thema „Migrantische Diversität in der Eltern- und Familienbil-

---

26 Eine ausführliche Darstellung zum Begriff „Migrationshintergrund“ bietet das Lehrbuch „Diversity in der Kindheitspädagogik und Familienbildung“, hg. v. V. Fischer und K. Gramelt in der Reihe „Kindheitspädagogik und Familienbildung“, in der auch dieser Band erscheint.

dung – bisherige Erfahrungen und zukünftige Anforderungen" (Fischer 2020) angefertigt. Auch die jüngsten Veröffentlichungen ändern nichts an der insgesamt noch unbefriedigenden Forschungs- und Datenlage zu Familien mit Migrationshintergrund.

Das Dossier des Bundesministeriums für Familie, Senioren, Frauen und Jugend (2017a) greift die im Mikrozensus vorgegebene Standarddefinition von Familie mit Migrationshintergrund auf: Zu den Familien mit Migrationshintergrund zählen demnach die in einem Haushalt zusammenlebenden Eltern-Kind-Gemeinschaften mit mindestens einem Kind unter 18 Jahren, „bei denen mindestens ein Elternteil der Familie nicht als deutsche Staatsbürgerin bzw. deutscher Staatsbürger geboren ist" (BMSFJ 2017a, 6).

In Deutschland haben – gemäß einer Sonderauswertung des Mikrozensus 2015 – von den acht Millionen Familien mit Kindern unter 18 Jahren 2,5 Millionen (31 Prozent) einen Migrationshintergrund (ebd., 9). In über der Hälfte (57 Prozent) dieser Familien verfügen beide Elternteile über einen Migrationshintergrund, in 43 Prozent lediglich ein Elternteil (darunter auch Alleinerziehende) (ebd.).

84 Prozent aller Familien mit Migrationshintergrund leben in *Paarfamilien* mit einem oder zwei Kindern, was der typischen Lebensform von Familien in Deutschland entspricht. Dagegen ist der Anteil der *Alleinerziehenden und der unverheirateten Paare mit Migrationshintergrund* deutlich geringer (ebd., 10). Bei türkischen Ehepaaren und solchen aus dem ehemaligen Jugoslawien ist eine überdurchschnittlich hohe Quote an *Mehrkindfamilien* zu verzeichnen. Entsprechend dem höheren Anteil an Mehrkindfamilien liegt die durchschnittliche Kinderzahl in den Familien mit Migrationshintergrund (1,9 Kinder) geringfügig über dem Durchschnitt der Familien ohne Migrationshintergrund (1,7 Kinder). Das generative Verhalten nähert sich allerdings bei den jüngeren Geburtsjahrgängen einander an.

Im Hinblick auf das Bildungsniveau der Eltern mit Migrationshintergrund ist eine deutliche Spreizung zwischen den Bildungsabschlüssen erkennbar. In 42 Prozent der Familien mit Migrationshintergrund hat mindestens ein Elternteil (Fach-)Abitur, was keine deutliche Differenz zu Familien ohne Migrationshintergrund ergibt

(48 Prozent). Demgegenüber liegt der Anteil der Familien mit Migrationshintergrund, in denen kein Elternteil einen (anerkannten) Bildungsabschluss nachweisen kann, mit neun Prozent im Vergleich zu Familien ohne Migrationshintergrund (ein Prozent) sehr hoch. Dasselbe gilt für den Anteil von Hauptschulabschlüssen (23 Prozent versus 13 Prozent) (ebd., 15). Große Unterschiede gibt es auch bei der ökonomischen Situation und im Hinblick auf Armutsrisiken. Die Möglichkeiten des Arbeitsmarktzugangs erweisen sich gerade für Geringqualifizierte als schwierig. Die Einkommen von Familien mit Migrationshintergrund liegen seltener im oberen Segment und sind häufiger Transferleistungen (ebd., 30 ff.). 17 Prozent aller in Deutschland lebenden Familien mit Kindern unter 18 Jahren gelten als armutsgefährdet, weil ihr (äquivalenzgewichtetes) monatliches Nettoeinkommen weniger als 60 Prozent des Median-Einkommens aller Haushalte beträgt. Das Armutsrisiko von Familien mit Migrationshintergrund ist deutlich erhöht: „29 Prozent der Familien mit Migrationshintergrund verdienen weniger als 60 Prozent des Median-Einkommens und gelten aufgrund ihrer geringen finanziellen Ressourcen als armutsgefährdet. Das sind mehr als doppelt so viele Familien wie jene ohne Migrationshintergrund (13 Prozent). Erhebliche Unterschiede bestehen mit Blick auf Herkunftsland bzw. -region“ (ebd., 27).

Die Daten zeigen, dass Familien mit Migrationshintergrund längst keine marginale Gruppe mehr in der Bevölkerung sind und eine für die Familienbildung wichtige Adressatengruppe darstellen. Das niedrige Einkommen und die geringen Bildungsvoraussetzungen, die sich oft als Zugangsbarrieren zu Familienbildungsveranstaltungen erweisen, machen besondere Anstrengungen im Bereich der Adressatenansprache und Gestaltung der Bildungsangebote erforderlich (Kadera/Minsel 2018, 1260; Hartung/Kluwe/Sahrai 2010, 568). Es kommt erschwerend hinzu, dass sich bei ärmeren Familien mit Migrationshintergrund soziale und migrationsspezifische Ungleichheiten wechselseitig verstärken. Da die migrantische Population in sich differenziert ist, ermöglicht ein Blick auf die Milieus eine vertiefte Einschätzung der soziokulturellen Lage.

Milieus von Familien mit Migrationshintergrund
Wurde lange Zeit eher verallgemeinernd über *die* Migranten gesprochen, hat sich in der Wissenschaft inzwischen die Erkenntnis durchgesetzt, dass die Migrantenpopulation so heterogen ist wie die Bevölkerung insgesamt. Insbesondere die Milieuforschung (Wippermann & Flaig 2009) hat zu einem differenzierteren Gesellschaftsbild beigetragen, das Einblick in eine Vielzahl existierender Lebenswelten gibt. Durch verstärkte Neuzuwanderung, insbesondere ausgelöst durch Fluchtmigration, hat sich die Migrantenbevölkerung in Umfang und Struktur stark verändert, sodass seit 2016 an einer neuen empirischen Untersuchung zu den Milieus gearbeitet wird (Hallenberg 2017). Eine erste qualitative Befragung im Rahmen der Gesamtstudie kommt zu dem Ergebnis, dass sich in den ermittelten zehn Migrantenmilieus eine weiter fortschreitende Pluralisierung der Lebensentwürfe und Lebenswelten widerspiegle. Viele der erforschten Grundmuster des Alltagslebens unterschieden sich „allenfalls noch marginal" von den unterschiedlichen Lebenswelten der Gesamtbevölkerung, sodass „die Eingrenzung der Untersuchung auf Menschen mit Migrationshintergrund in vielerlei Hinsicht einen Anachronismus" darstelle (Hallenberg 2017, 14).

Merkle (2011, 91 ff.) hat die soziodemografischen Profile der Migranten-Milieus genauer beschrieben und herausgearbeitet, welche Vorstellungen von Familie/Partnerschaft und Erziehung in den Milieus vorherrschen. Der schulisch und beruflich erfolgreiche Teil der zugewanderten Menschen habe „in der Regel deutlich andere modernere Vorstellungen von Partnerschaft, Familie sowie Erziehungszielen und -praktiken als jene Menschen, die in unterschichtigen Milieus angesiedelt sind" (ebd., 92). Die Bandbreite der verschiedenen Erziehungsziele, -stile und -praktiken ist zwischen den Polen eines autoritären und autoritativem[27] Erziehungshandelns

27 Der autoritative Erziehungsstil unterscheidet sich vom autoritären Erziehungsstil durch ein höheres Maß an emotionaler Wärme, Achtung, Kooperations- und Dialogbereitschaft, die dem Kind entgegengebracht werden. Von einem permissiven Erziehungsstil unterscheidet er sich durch ein

aufgespannt. Dabei ist bei den Familien aus dem religiös verwurzelten Milieu, dem entwurzelten und dem traditionellen Arbeitermilieu tendenziell eher ein autoritär geprägtes Erziehungsverständnis feststellbar, das sich u.a. durch Erziehungsziele wie Achtung der Familiendisziplin, geschlechtskonformes Verhalten, Einhaltung der moralischen und religiösen Gebote beim religiös verwurzelten Milieu und durch die Betonung von Sekundärtugenden, autoritäre Erziehungsleitbilder, allerdings auch weniger geschlechtsspezifischer Erziehung beim traditionellen Arbeitermilieu auszeichnet. Die übrigen Milieus (adaptives bürgerliches Milieu, statusorientiertes Milieu, multikulturelles Performermilieu, intellektuell kosmopolitisches Milieu, hedonistisch-subkulturelles Milieu) zeigen in unterschiedlicher Ausprägung Momente eines eher autoritativen Erziehungsstils (Merkle 2011, 95–98).

Aufgrund dieser Heterogenität der Erziehungsvorstellungen und -praktiken ergeben sich für die Familienbildung multiple Anforderungsprofile, wenn sie Eltern an eine entwicklungsfördernde Erziehung heranführen will. Zugleich wird deutlich, dass es keine Standardrezepte für die Elternbildung gibt, sondern sensibel an den unterschiedlichen Voraussetzungen der Familien angesetzt werden muss. Im Dialog über die unterschiedlichen Erziehungskonzepte zwischen Eltern und pädagogischen Fachkräften liegt ein gewisses Konfliktpotenzial, weil die Werte, Normen und Erziehungsziele einer autoritären Erziehung, die übrigens nicht nur in migrantischen Milieus vorkommt, in vielen Punkten dem Konzept der Bildungsinstitutionen widersprechen.

Einem Großteil der Milieus ist ein ausgeprägter Bildungsoptimismus (Merkle 2011, 91) gemeinsam, der im Rahmen des Forschungsprojekts „Bildung, Milieu & Migration“ (Barz u.a. 2015),

---

höheres Maß an Verbindlichkeit, durch Rituale, Regeln und Strukturen, die Grenzen setzen und somit eine stärkere Führung durch die Eltern implizieren. Der autoritative Erziehungsstil gilt als entwicklungsfördernd (Tschöpe-Scheffler 2005, 280 ff.)

das ebenfalls auf den Milieuansatz von Sinus Sociovision zurückgeht, näher untersucht worden ist.

Hohe Bildungsaspirationen als Ansatzpunkt für die Familienbildung
Hohe Bildungsaspirationen zeigen sich in den verschiedenen Migranten-Milieus in unterschiedlicher Ausprägung. Becker/Gresch (2016, 73 ff.) machen auf eine Reihe von Studien aufmerksam, die nachgewiesen haben, dass die Bildungsaspirationen von Eltern und Kindern einen positiven Einfluss auf ihre Schulleistungen und Bildungsentscheidungen ausüben (in Deutschland Becker 2010; Ditton u. a. 2005). Dabei zeigte sich anhand der empirischen Forschungen, dass in Familien mit Migrationshintergrund oftmals höhere Bildungsaspirationen vorhanden seien als in Familien ohne Migrationshintergrund, auch wenn die Schulleistungen oft schlechter ausfallen (ebd., 73). Dieses Phänomen werde auch als „Aspiration-Achievement-Paradox" bezeichnet (ebd., 75).

Im Rahmen ihrer Studie stellen die Autorinnen verschiedene Erklärungsansätze für die hohen Bildungsaspirationen vor, von denen im Folgenden einige dargestellt werden. Häufig angeführt wird der „Zuwanderungsoptimismus", ein Ansatz, der laut Becker/Gresch (2016, 82) auf Forschungen von Kao und Tienda (1995) und Vallet (2006) zurückgeht. Ein zentrales Motiv der Eltern für ihre Migration bestehe darin, den Kindern ein besseres Leben und eine sicherere Zukunft zu ermöglichen. Migranten hätten oft schlecht bezahlte Positionen im Arbeitsleben und einen niedrigen sozialen Status in der Aufnahmegesellschaft inne, was sie als Preis der Migration begreifen. Ihre Kinder sollten einen anderen Weg gehen können. Bildung wird in diesem Zusammenhang als Katalysator für den sozialen Aufstieg gesehen. Im Rahmen einer Gruppendiskussion im Elternnetzwerk NRW (am 21.06.2014), die Bestandteil des Forschungs- und Entwicklungsprojekts „Studienpioniere" der Hochschule Düsseldorf[28] war, äußerte sich eine Teilnehmerin in diesem

28 Das Projekt „Studienpioniere", das die Hochschule Düsseldorf von 2015 bis 2018 mit finanzieller Förderung des Stifterverbandes für die deutsche

Sinne: Eltern haben den Wunsch, „dass die Kinder es besser haben als sie. Und die Kinder, die ja einen Berufsabschluss gehabt haben, war das schon ein besserer Status als die Eltern. Also das geht so etappenweise. Vielleicht das erste Kind hat einen Berufsabschluss [...] und der Zweite, Dritte hat dann studiert oder möchte studieren“ (Teilnehmer B, Gruppendiskussion Elternnetzwerk 21.06. 2014). An anderer Stelle kommt der Zuwanderungsoptimismus auch zum Ausdruck: Mein „Interesse ist der Aufstieg. Ich möchte nicht, dass meine Kinder genau diesen Werdegang [...] durchgehen, wie ich selbst durchgegangen bin. Und sollten auch etwas besser haben, wie Lebensstandard und von der Arbeitsniveau her und auch Wissen erlernen, das man für sich und die ganze Gesellschaft auch einsetzen kann.“ (Teilnehmer B, Gruppendiskussion Elternnetzwerk 21.06.2014). Auch Barz u.a. (2015, 23) weisen in ihrer Studie unter der Rubrik „Bildungseinstellungen“ im Hinblick auf Eltern aus verschiedenen Milieus auf den Zuwanderungsoptimismus hin. Aus dem religiös verwurzelten Milieu stammt das Fallbeispiels eines Arbeiters, der sich wünscht, dass die Kinder es besser haben und „anders werden“ sollen als er; ein anderes Beispiel aus dem traditionellen Arbeitermilieu verdeutlicht, dass Bildung als Schlüssel für ein gelungenes Leben gilt (ebd., 27), und Eltern aus dem adaptiv-bür-

Wissenschaft und der Stiftung Mercator durchführte, widmete sich der Unterstützung von jungen Erwachsenen aus Familien ohne akademischen Hintergrund beim Übergang von der Schule/Familie in die Hochschule; während der Phase des Studiums und beim Übergang von der Hochschule in den Arbeitsmarkt. Dabei setzte das Projekt bereits im Vorfeld der Bildungsinstitutionen – bei den Entscheidungen im Elternhaus – an und führte Gruppendiskussionen im Elternnetzwerk NRW durch. Das Elternnetzwerk ist ein Zusammenschluss von ca. 300 Migrantenorganisationen, die sich der Elternarbeit widmen. Im Zentrum des Interesses standen die Bildungsaspirationen der Eltern, die Unterstützungsmöglichkeiten durch das Elternhaus und die Wünsche hinsichtlich eines Supports durch die Elternbildung. Die obigen Zitate stammen aus einem unveröffentlichten Manuskript (Evertz/Fischer/Schmitt).

gerlichen Milieu möchten, dass die Kinder durch eine gute Bildung später einmal „zur Mitte dazugehören" (ebd., 41).

Ein anderes Erklärungsmodell geht von „Informationsdefiziten" seitens der Eltern im Hinblick auf das deutsche Bildungssystem aus. Die hohen Bildungsaspirationen beruhten auf einer Fehleinschätzung der Eltern, die die Bildungskarrieren ihrer Kinder nicht realistisch beurteilen würden (Becker/Gresch 2016, 82 f.). Auch beim Erklärungsmodell „Bildungsoptimismus" gingen die Eltern von einem anderen Bezugsrahmen als die Lehrkräfte bei der Einschätzung der Schulleistungen ihrer Kinder aus. Schlechtere Noten würden auf erschwerte Bedingungen (Erwerb von Deutsch als Zweitsprache) beim Lernen zurückgeführt. Die Eltern sehen eher die Potenziale als die tatsächlich benoteten Leistungen. Ihrer Meinung nach seien die Schwierigkeiten nur vorübergehend (ebd., 83 f.), dem Bildungsaufstieg stünde im Grunde nichts entgegen.

Vielfach fühlen sich Eltern auch durch „wahrgenommene Diskriminierung" dazu veranlasst, eine möglichst hohe Bildung für ihre Kinder anzustreben, um ihnen zumindest auf diese Weise einen Vorsprung zu verschaffen, wenn sie von der Schule abgehen (Becker/Gresch 2016, 85). Auch in diesem Zusammenhang kann auf Ausschnitte aus Gruppendiskussionen im Projekt „Studienpioniere" verwiesen werden. „Ich kann nur von mir reden und meinen Kindern: Du gehst in die Schule mit Wut im Bauch, weil man dich minderwertig erkennt. Und dann, du fühlst dich nicht (als) gleichwertig anerkannt und dann musst du kämpfen, um zu zeigen, dass du es schaffst." (TN H., Gruppendiskussion Elternnetzwerk 21.06.2014). „Für meine Familie ist Studieren ein Muss … Du musst studieren. Warum? Weil das Wissen die Macht ist. Ohne Wissen ist man Null! […] Wir kommen aus Kongo […] Du bist schwarz, aber nicht wie die anderen. Von daher […] meine Kinder müssen […] studieren, sonst kommen sie nicht durch. Die Welt ist schon geteilt: Erste Welt, zweite Welt, dritte Welt. Wir sind aus der dritten Welt, deswegen müssen wir versuchen auch nach oben zu kommen. Nur durch Studium. Du musst studieren und meine Kinder, als sie in der Schule waren, haben das nicht kapiert. Die wollten […] Ausbildung machen [...] Es gab keine Diskussion, wir haben gesagt, ihr müsst studieren! Die haben auch verstanden, die haben mitgemacht." (GD 21.06.2014)

Die Gruppendiskussionen mit Mitgliedern des Eltern-Netzwerks NRW ergaben im Hinblick auf die Elternbildung eine Reihe von Empfehlungen. Angebote der Elternbildung sollten ...

- eine selbstreflexive Auseinandersetzung der Eltern mit den eigenen Bildungsaspirationen und deren Projektion auf die Kinder anstoßen;
- überhöhte, illusionäre Erwartungen abbauen;
- eine realistische Einschätzung der Bildungsanforderungen und Bildungsstrukturen erreichen;
- Empathie für die Situation der jüngeren Generation entwickeln;
- Informationsdefizite ausgleichen und
- auf die Supportfunktion migrantischer Selbsthilfe (zum Beispiel Migrantenorganisationen, Elternvereine, Elternnetzwerk) aufmerksam machen.

Bartz u. a. (2015) haben in ihrer Studie auch das Interesse an Elternbildung ausgelotet und kommen je nach Milieu zu unterschiedlichen Graden von Akzeptanz für die Elternbildung: Im Milieuvergleich wird Elternbildung im religiös verwurzelten Milieu und im traditionellen Arbeiter-Milieu am wenigsten befürwortet. Nur 53 Prozent bzw. 55 Prozent finden Elternbildung interessant (63 Prozent insgesamt) (ebd., 25). Auf Interesse stoßen Angebote zu Themen wie „Wie unterstütze ich mein Kind?"/„Welcher Erziehungsstil ist der richtige?"/„Die Rolle als Mutter/Vater." Dabei werden Kurse in der Herkunftssprache bevorzugt. Eltern, die dem entwurzelten Milieu zugeordnet werden, befürworten zu 64 Prozent Angebote zur Elternbildung. Hier sind Themen von Interesse, die sich auf das deutsche Schulsystem, die „deutsche Kultur", Erziehungsstile und Vater-/Mutterrolle beziehen, vorzugsweise in den Herkunftssprachen (ebd., 33). Angebote der Elternbildung stoßen im hedonistisch-subkulturellen Milieu auf ein verhaltenes Interesse von 64 Prozent der Befragten. Themen, die sich auf die Bildungsbiografie der Kinder, Erziehungsratgeber und den richtigen Erziehungsstil beziehen, werden genannt (ebd., 37). Im adaptiv-bürgerlichen Milieu bekunden 60 Prozent Interesse an Angeboten der Elternbildung. Spezielle Angebote für Eltern mit Migrationshintergrund werden abgelehnt, stattdessen sollten alle Väter und Mütter angesprochen werden (ebd., 43). Das Interesse an Elternbildungsangeboten liegt bei Eltern aus dem statusorientierten Milieu mit 60 Prozent im Durchschnitt. Man wünscht sich Kurse in Kooperation mit Schulen und Kindertagesstätten. Thematisch geht es um Fragen zum Studium, des gesamten Bildungsverlaufs von der Kita zur Hochschule, eine Einführung in die „deutsche Kultur", Stipendien und Fördermöglichkeiten für Schüler/Schülerinnen mit Migrationshintergrund (ebd., 49). 67 Prozent der Eltern aus dem intellektuell kosmopolitischen Milieu finden Elternbildungsangebote interessant. Die Themen ähneln denen aus dem statusorientierten Milieu (ebd., 53). Elternbildung wird von Repräsentanten aus dem multikulturellen Performermilieu stark befürwortet (69 Prozent vs. 63 Prozent gesamt), vor allem in Richtung Peer-to-Peer-Angebote oder Mentoring. Man präferiert in den Bildungsveranstaltungen den Kontakt zu Eltern ohne Migrationshintergrund. Es gibt ein hohes Interesse an Themen zum Umgang mit sozialen Netzwerken, Informationen zum Studium und zu kulturellen Fragen (ebd., 59).

Diese Forschungen verdeutlichen, dass geringe ökonomische und kulturelle Ressourcen in den Familien auch negative Auswirkungen auf die Motivation zum Besuch von Familienbildungsveranstaltungen haben. In den religiös verwurzelten und traditionell konservativen Milieus besteht eher ein geringes Interesse an Familienbildung. Wenn Veranstaltungen infrage kommen, dann werden solche in den Herkunftssprachen der Eltern bevorzugt. Eltern, die statusmäßig eher der „mittleren oder höheren sozialen Lage" zuzuordnen sind und modernere Wertorientierungen vertreten, zeigen sich offener für Familienbildungsangebote und befürworten auch Veranstaltungen, in denen sie Kontakt zu deutschsprachigen Eltern haben. Forschungen zur Weiterbildungsbeteiligung bestätigen, dass sich geringe Ressourcen im Hinblick auf Einkommen und Bildung als erschwerend für den Zugang zur Weiterbildung herausstellen.

Disparitäten in der Weiterbildungsteilhabe
Der Bildungsbericht 2014 (155) stellt im Kapitel Weiterbildung fest, dass trotz einer Steigerung der Weiterbildungsteilhabe die soziale Ungleichheitsstruktur, die bereits Vorgängerberichte konstatiert haben, weiterbesteht. Zu den Personen, die in der Weiterbildung unterrepräsentiert sind, zählen Arbeitslose, Erwerbstätige in Arbeiterberufen, Un- und Angelernte, Geringqualifizierte und Menschen mit Migrationshintergrund aus benachteiligten Milieus. Auch im Bildungsbericht 2018 konstatiert die Autorengruppe Bildungsberichterstattung, dass die „traditionellen sozialen Disparitäten in der Weiterbildungsbeteiligung" weitgehend Bestand hätten. Trotz Anstiegs bleibe die Teilnahmequote von Personen mit Migrationshintergrund 2016 immer noch zehn Prozentpunkte unterhalb der von Personen ohne Migrationshintergrund (Autorengruppe 2018, 174). Auch wenn der Adult Education Survey 2018 zwischen den Gruppen ohne Migrationshintergrund und jenen mit Migrationshintergrund der ersten Generation und zweiten Generation keine statistisch nennenswerten Unterschiede in der Beteiligung an non-formaler Weiterbildung insgesamt feststellt, gibt es in bestimmten Weiterbildungssegmenten wie der berufsbezogenen Weiterbildung weiterhin Unterschiede. Hohe und steigende Teilnahmequoten gibt es vor allem im Segment der nicht-berufsbezogenen Weiterbildung, was im Zusammenhang mit einer erhöhten Teilnahme an Deutsch- und Integrationskursen zu sehen ist (Fischer 2017, 35, Öztürk/Reiter 2017, 20).

Die empirischen Befunde führen auch klar vor Augen, dass vor allem der Schulabschluss bei allen Gruppen ein gewichtiger Faktor ist, der die Weiterbildungsbeteiligung beeinflusst. Je höher der Schulabschluss, desto höher auch die Weiterbildungsbeteiligung. Aber auch andere Voraussetzungen wirken sich negativ auf die Weiterbildungsbeteiligung aus. Dazu gehören:

- ein geringes Haushaltseinkommen,
- Arbeitslosigkeit,
- eine niedrige Stellung im Beruf (Beamte nehmen zu 76 Prozent, Angestellte zu 64 Prozent, Selbstständige zu 60 Prozent und

Arbeiter*innen zu 41 Prozent an Weiterbildungen teil) (BMBF 2018)[29],

- zu wenig Wissen über die eigenen Weiterbildungsmöglichkeiten (BMBF 2018a),
- fehlende Weiterbildungsberatung (der Beratungsbedarf bei Erwachsenen mit MH beider Generationen ist höher als bei Personen ohne MH: 32 Prozent bzw. 29 Prozent vs. 17 Prozent) (BMBF 2018a).

Allerdings ist die Datenlage für die Familienbildung ausgesprochen dünn. Aktuelle Daten zur Weiterbildungsbeteiligung weisen die Familienbildung nicht gesondert aus, sondern unterscheiden wie der Adult Education Survey nach den Segmenten der betrieblichen, berufsbezogenen und nicht berufsbezogenen Weiterbildung. Insofern lassen die Zahlen nur globale Aussagen für die Weiterbildung insgesamt und nicht speziell für die Familienbildung zu.

Verbreitungsgrad von Angeboten der Familienbildung im Migrationskontext

Genaue statistische Angaben zu Familienbildungsangeboten auf Bundesebene, die migrationsspezifische[30] bzw. interkulturelle[31] Ziele verfolgen, gibt es nicht. Ebenso fehlen Zahlen, wie viele Teilnehmende in der Familienbildung einen Migrationshintergrund haben. Solche statistischen Erfassungen werden teilweise aus Sorge vor Diskriminierung der Betroffenen abgelehnt. Vielfach versucht man, auf der Ebene der Angebote zielgruppenspezifische Veranstaltungen zu identifizieren, um Aussagen treffen zu können, ob Familien

---

29 Da Erwachsene mit Migrationshintergrund häufiger niedrige berufliche Positionen besetzen, sind sie – entsprechend ihren Bildungsvoraussetzungen – in der Weiterbildung unterrepräsentiert.

30 Migrationsspezifisch ausgerichtet sind Angebote dann, wenn sie die spezifischen Erfahrungen, Themen, Anliegen und Interessen von Menschen aufgreifen, die mit Wanderung (Einwanderung, Abwanderung oder Pendelwanderung) verbunden sind.

31 Interkulturelle Ziele beziehen sich auf Austausch, Dialog und Anerkennung als Gleichberechtigte (Auernheimer 2012).

mit Migrationshintergrund überhaupt erreicht werden. Auch der Report „Familien in Baden-Württemberg. Eltern- und Familienbildung: aktuelle Entwicklungen – Interkulturelle Ausrichtung" (2/2012, 17) stellt fest, dass nur schwer zu bestimmen sei, wie weit Angebote, die sich an Familien mit Migrationshintergrund wenden, inzwischen verbreitet sind. „Aufgrund der Heterogenität der Familienbildung, der Träger und Angebotsvielfalt und der unterschiedlichen Strukturen in den Bundesländern ergibt sich kein einheitliches Bild. Hinzu kommt, dass sich Untersuchungsdesign, Stichprobe und Befragungszeitpunkt der vorliegenden Studien unterscheiden." Außerdem sind die Studien älteren Datums. Genannt wird die bundesweite Bestandsaufnahme von Lösl u.a. (2006), die u.a. Zielgruppen mit besonderen Belastungen in den Blick nimmt und im Hinblick auf die Familienbildung zu dem Ergebnis kommt, dass „bei etwa jeder vierten gezielten Maßnahme [...] Familien mit M. im Fokus (26 Prozent)" standen (ebd., 17). Familienbildungsstätten konzentrierten sich demnach in ihrer präventionsbezogenen Arbeit stärker als andere Einrichtungen auf Familien mit Migrationshintergrund. Darüber hinaus gibt es noch Länderstudien aus Baden-Württemberg (2003), Bayern (2010) und Nordrhein-Westfalen (2008). In Baden-Württemberg gaben zum Befragungszeitpunkt 2001 etwa ein Viertel der Einrichtungen an, Familien mit Migrationshintergrund anzusprechen, und in Bayern versicherten 13 Prozent der befragten Einrichtungen (n = 196), dass Familien mit Migrationshintergrund zu den drei wichtigsten Zielgruppen gehörten. „Die bislang einzige Bestandsaufnahme, die sich differenzierter und explizit dem Thema Familienbildung und Migration widmet, wurde in Nordrhein-Westfalen durchgeführt. Im Rahmen der Studie ‚Zuwanderung – Eine Chance für die Familienbildung' (2008) wurde untersucht, wie Einrichtungen der Familienbildung mit den Anforderungen, die sich aus der Zuwanderung ergeben, umgehen und wie weit Angebote für Familien mit M. in Nordrhein-Westfalen verbreitet sind" (Ministerium für Arbeit und Sozialordnung, Familie, Frauen und Senioren Baden-Württemberg 2012, 18). Insgesamt wurden in Nordrhein-Westfalen 151 Einrichtungen angeschrieben, von denen sich 70 an der Befragung beteiligten. Darunter führten 36 Familienbildungsstätten Angebote für Familien mit Migrationshintergrund durch (Fischer/Krumpholz/Schmitz 2007, 48). Inzwischen wurden in Nordrhein-Westfalen verschiedene Innovationsprojekte durchgeführt, durch die vielversprechende Ansätze für die weitergehende interkulturelle Öffnung der Familienbildung erprobt wurden, u.a. durch die Kooperation mit Familienbildungszentren und Grundschulen.

Interkulturelle Öffnung

Die Beschäftigung mit Fragen interkultureller Öffnung in der Familienbildung geht auf Diskussionen in verschiedenen Bereichen Sozialer Arbeit Mitte der 1990er-Jahre zurück (Barwig/Hinz Rommel 1995). Kritisiert wurden damals die Unterrepräsentanz von Zugewanderten bei der Nutzung der Sozialen Dienste, die fehlende professionelle Kompetenz beim Personal, eine Angebotsstruktur, die der „geänderten Zusammensetzung der Zuwanderer nicht mehr gerecht“ wird (Hinz-Rommel 1995, 131), und die strukturelle Unbeweglichkeit der Einrichtungen bei der Bewältigung der Migrationsfolgen.

Im Zuge der Fachdiskussion sind zahlreiche Definitionen zur „interkulturellen Öffnung“ entstanden (Mayer/Vanderheiden 2014, 34) und unterschiedlichster Kritik unterzogen worden. Insbesondere der Begriff der Interkulturalität wird kritisch beleuchtet, weil er die Gefahr eines kulturalisierenden „Othering“ und der Essenzialisierung kultureller Zugehörigkeit und Differenz beinhalte (Hamburger 2009, 134ff.; Kalpaka/Mecheril 2010, 84ff.)[32]. Für die Soziale Arbeit öffnet Schröer (2009, 205) den Begriff und löst ihn aus dem migrationsspezifischen Kontext. Der Schwerpunkt liegt nun auf der interkulturellen Orientierung einer Organisation, „die anerkennt, dass unterschiedliche Gruppen mit unterschiedlichen Inter-

32 Allerdings fehlen in diesem Zusammenhang immer noch alternative Begriffe, die das Gemeinte im öffentlichen Diskurs prägnant und angemessen transportieren.

essen in einer Stadtgesellschaft leben und dass diese Gruppen sich in ihren Kommunikations- und Repräsentationsmitteln unterscheiden". Interkulturelle Öffnung wird demnach verstanden als ein „bewusst gestalteter Prozess, der (selbst-)reflexive Lern- und Veränderungsprozesse von und zwischen unterschiedlichen Menschen, Lebensweisen und Organisationsformen ermöglicht, wodurch Zugangsbarrieren und Abgrenzungsmechanismen in den zu öffnenden Organisationen abgebaut werden und Anerkennung ermöglicht wird" (Schröer 2009, 206). Interkulturelle Öffnung erfordert einen Wandel der Organisation, der sich sowohl auf das Leitbild, die Ziele, die Adressaten, die Angebote, das Personal und dessen Kompetenzen, die Strukturen der Organisation als auch das Kooperationsnetz der Institutionen im Umfeld bezieht (Fischer 2014, 250 ff.).

Interkulturelle Öffnung kann im oben verstandenen Sinne nur ein Teilaspekt von Inklusionsstrategien sein, die die Teilhabemöglichkeiten aller benachteiligten Gruppen verbessern sollen. Das betrifft Menschen, die nicht lesen und schreiben können, die keine oder niedrige Schulabschlüsse haben, ebenso wie Arbeitslose oder Familien in prekären Lebenslagen. Das Leitbild einer Einrichtung sollte – wenn möglich – verschiedene Dimensionen von Diskriminierung und Benachteiligungslagen berücksichtigen und deren Abbau in einer integrierten Strategie verfolgen. Interkulturelle Öffnung ist in diesem Zusammenhang lediglich eine Teilstrategie eines Diversity-Prozesses.

Diversity Management

Unter dem Diversity-Begriff können Versuche zusammengefasst werden, Phänomene der Pluralisierung und Differenzkomplexität heutiger Gesellschaften zu erfassen und praxisrelevante Konzepte für den Umgang mit Vielfalt zu finden. Ende der 1990er-Jahre wurde der Diversity-Begriff im europäischen Raum zunehmend im Rahmen einer Antidiskriminierungspolitik diskutiert. 2003 initiierte die Europäische Kommission eine Informationskampagne, die unter der Devise „For Diversity. Against Discrimination" das Ziel verfolgte, „to raise awareness of the existing anti-discrimination legislation and of discrimination in general; and to promote the benefits of diversity". Parallel zu politisch rechtlichen Diskursen um Diversity[33] beschäftigten sich Unternehmen im internationalen Wettbewerb verstärkt mit der Frage, wie durch *Diversity Management* die „Humanressourcen" ihrer Belegschaften gewinnbringend für Verwertungsstrategien genutzt werden könnten[34]. Während im Unternehmenskontext Vielfalt als gewinnversprechende Ressource gesehen wird, orientieren sich Akteure im Non-Profit-Bereich an anderen Maximen für ihre Diversitätsstrategien (Merx 2013). Hier stehen Leitlinien wie Anerkennung, Teilhabe, Antidiskriminierung und Empowerment im Vordergrund (Fischer 2019, 33 ff.; Fischer 2020).

Nestvogel (2008, 23 f.) unterscheidet vier Hauptströmungen/Traditionslinien in der Wahrnehmung von und dem Umgang mit Vielfalt, die ideologisch Trennendes aufwiesen, sich aber auch – zumindest partiell – miteinander verbinden ließen: Eine (selektiv) *affirmative*, eine *normativ-demokratische*, eine *utilitaristische* Strömung und die Traditionslinie der *Ungleichheitskonstrukte*. Drei von Nestvogel beschriebene Strömungen lassen sich in ein Modell diversitätsbewusster Familienbildung integrieren (Fischer 2019, 33 ff.):

Dieses Modell geht zunächst in einem *affirmativen* Sinn von einer unter den Folgen der Globalisierung und internationalen Migration sich zunehmend ausdifferenzierenden heterogenen Gesellschaft aus. Die damit einhergehende Vielfalt (zum Beispiel der so-

---

33 Der Rat der Europäischen Union verabschiedete am 29.06.2000 die Richtlinie zum Verbot von Diskriminierung aufgrund der Rasse oder der ethnischen Herkunft in den Bereichen Beschäftigung, Bildung, soziale Sicherheit und Gesundheitsdienste.

34 Managing Diversity löst in der Fachdiskussion oft Abwehrreaktionen aus, wenn mit diesem Begriff ökonomistische Tendenzen (Gewinnmaximierung durch Ausschöpfen von Ressourcen) verbunden werden. Die Kritik mag im Hinblick auf privatwirtschaftliche Unternehmen zutreffen. Aber auch Bildung findet in Organisationen statt und Diversity Education bedarf daher auch in diesem Kontext einer organisationalen Umsetzung mit einer Zielsetzung, die dem Bildungsgedanken angemessen ist.

zialen Herkunft, Migrationsverläufe, sozioökonomischen Situation, kulturellen Orientierungen, Bildungsvoraussetzungen der Eltern und Kinder, den Rollenvorstellungen von Vater und Mutter, der gesundheitlichen Situation), die nicht nur in einem Nebeneinander, sondern einer Verschränkung sich überkreuzender, wechselseitig beeinflussender Differenzlinien besteht[35], ist bei der Adressatenansprache und lebensweltorientierten Gestaltung von Familienbildungsangeboten zu berücksichtigen.

Weiterhin ist das Modell *normativ-demokratisch* ausgerichtet, weil professionelles pädagogisches Handeln immer mit der Bestimmung von Zielen verbunden ist, die ihrerseits auf Werten basieren. Die Menschen- und Kinderrechte bilden eine solche Wertebasis. Sie definieren als ein zentrales Ziel die Gleichberechtigung, hier vor allem Bildungsgerechtigkeit, als eine wichtige Leitplanke pädagogischen Handelns.

Schließlich gilt es, alle Formen der *Ungleichbehandlung* kritisch zu hinterfragen, die ihre Wurzeln vielfach in Rassismus, Ethnozentrismus, Antisemitismus, Sexismus und einem Etabliertenstandpunkt haben. Fachkräfte in der Familienbildung müssen sich dieser ideologischen Ausprägungen bewusst sein – und zwar bei sich selbst und bei anderen –, damit sie im Verhältnis zu den Teilnehmenden selbstreflexiv ihre eigenen Vorurteile bedenken und im Dialog mit anderen intervenieren können, wenn ein solches Denken geäußert wird.

Interkulturelle Öffnung und Diversity-Konzepte in der Familienbildung
Diversitätsbewusste Ansätze in der Familienbildung werden noch nicht lange diskutiert und stehen erst am Anfang ihrer Entwicklung, was auch damit zusammenhängt, dass sich die deutsche Erziehungswissenschaft insgesamt erst seit Mitte 2000 intensiver mit „Diversity" oder „Diversity Education" auseinandersetzt (Nestvogel 2008, 21/ Leiprecht 2011,15–44/Baader 2013, 39). Familienbildung hat auf die gesellschaftliche Tatsache der Migration zunächst mit dem seit

35 Darauf bezieht sich der wissenschaftliche Diskurs zum Thema „Intersektionalität" (Winkler/Degele 2010).

Mitte der 1990er-Jahre diskutierten Ansatz der „interkulturellen Öffnung" reagiert. Zuständige Ministerien auf Landesebene, Verbände und Träger der Familienbildung haben das Thema in programmatischen Erklärungen, Konzeptionen und Fortbildungen aufgenommen. Die Wohlfahrtsverbände haben das Konzept der „Interkulturellen Öffnung" meistens allgemein auf alle Sozialen Dienste und Einrichtungen in ihrem Verantwortungsbereich ausgerichtet und inzwischen auch als Teilaspekt einer Diversity-Strategie ausgewiesen (Der Paritätische 2012, 1), da es sich mit den „Zielen des Diversity-Managements" deckt. In diesem Zusammenhang gehe es auch darum, „Minderheiten an Entscheidungsprozessen zu beteiligen und die kulturelle Vielfalt einer Gesellschaft in Organisationen und Unternehmen auf allen hierarchischen Ebenen abzubilden" (Diakonie Rheinland-Westfalen-Lippe 2013, 9).

Eine auf Nordrhein-Westfalen bezogene Studie zum Thema „Migration und Diversität in Einrichtungen der Weiterbildung" (Öztürk/Reiter 2017)[36] widmete sich u.a. der Frage, wie Einrichtungen der Familienbildung „auf migrationsbedingte Diversität reagieren" (53). Von den 260 Einrichtungen, die sich an der Befragung beteiligt haben, waren 63 (24 Prozent) Familienbildungseinrichtungen[37]. Auch wenn diese Studie aufgrund ihres regionalen Bezugs nur eine eingeschränkte Aussagekraft hat[38], gibt sie Aufschluss über Strategien im Umgang mit Diversität im Bereich der Familienbil-

36 Aufbauend auf den Erkenntnissen einer qualitativen Vorstudie wurde im Frühjahr 2016 eine landesweite Online-Befragung zum Umgang mit migrationsbedingter Diversität in Weiterbildungseinrichtungen durchgeführt. Von den 675 befragten Einrichtungen (Rücklaufquote 260 = 38,5 Prozent) waren 328 (Rücklaufquote 149 = 45,4 Prozent) gemeinnützige Einrichtungen in unterschiedlicher Trägerschaft. Von den 260 Einrichtungen, die antworteten, waren 63 Familienbildungseinrichtungen.

37 Laut „Weiterbildungsbericht NRW – Berichtsjahr 2016" (2018) gab es im Jahr 2016 456 Einrichtungen der gemeinwohlorientierten Weiterbildung nach dem Weiterbildungsgesetz (WbG) in Nordrhein-Westfalen, von denen 109 (25 Prozent) Einrichtungen der Familienbildung waren.

38 Bundesweite Erhebungen und Analysen liegen nicht vor.

dungseinrichtungen. Die Ergebnisse der empirischen Bestandsaufnahme werden auf drei Ebenen analysiert: der Ebene der Organisation, des Personals und der Angebote.

Im Hinblick auf die *Organisationsebene* wird festgestellt, dass über die Hälfte der in Nordrhein-Westfalen untersuchten Familienbildungseinrichtungen (55 Prozent) die Anerkennung von migrationsbedingter Vielfalt in ihrem Leitbild verankert hat. Ein weiterer Indikator für eine organisationsumfassende Strategie ist die Unterstützung von Fortbildungen der Mitarbeitenden zu den Themen „Diversity, Interkulturalität und Migration" durch 71 Prozent der Familienbildungseinrichtungen. Den Einrichtungen geht es bei der Umsetzung solcher Konzepte insbesondere darum, eine Kultur der Wertschätzung zu etablieren, was am häufigsten von der Familienbildung als Ziel geäußert wird (ebd., 65)[39]. Darüber hinaus soll die Einführung eines solchen Konzepts dazu beitragen, Gemeinsamkeiten und Unterschiede der Familien wahrzunehmen und wertzuschätzen, einen gleichberechtigten Angebotszugang zu erreichen und die Gleichbehandlung der Mitarbeitenden zu verfolgen. Allerdings gibt es offenbar noch Schwächen bei der Umsetzung solcher Strategien. Insgesamt nur 46,5 Prozent der Einrichtungen, die Diversity Management und interkulturelle Öffnung als Konzepte kennen, haben Erfahrungen mit ihrer Umsetzung. Interessanterweise zeichnet sich die Familienbildung gegenüber den anderen Einrichtungstypen dadurch aus, dass die Befragten mit 58,1 Prozent am häufigsten angeben, Erfahrungen insbesondere mit der „interkulturellen Öffnung" ihrer Organisation zu haben (ebd., 69).

In der Bilanz wird festgehalten, dass „die konzeptionelle Verankerung organisationumfassender Konzepte teilweise hinter der Umsetzung einzelner Maßnahmen zurückbleibt" (ebd., 100). Zu einer umfassenden Organisationsentwicklung gehört auch die Einstellung

39 Den Einrichtungen wurden dazu zehn Aussagen präsentiert, die auf einer fünfstufigen Likert-Skala (1 = stimme nicht zu bis 5 = stimme zu) bewertet werden konnten. Für eine übersichtlichere Darstellung der Ergebnisse wurde die Skala auf drei Kategorien verdichtet (Öztürk/Reiter 2017, 65).

von Personal mit Migrationshintergrund, und zwar auf allen Ebenen der Organisation. Laut Evaluation werden Mitarbeitenden mit Migrationshintergrund vor allem Zugänge zu Honorartätigkeiten eröffnet, weniger zu Angestelltenpositionen und leitenden Tätigkeiten (ebd., 75). Nur ein kleiner Teil der Einrichtungen setzt spezielle Strategien zur Gewinnung von Mitarbeitenden mit Migrationshintergrund ein, wobei der explizite Hinweis, dass Bewerbungen von Menschen mit Migrationshintergrund besonders berücksichtigt werden, vor allem bei den Familienbildungseinrichtungen Anwendung findet (ebd., 101). Im Hinblick auf das Angebot nehmen migrationsspezifische Programme wie die Vermittlung der deutschen Sprache eine besondere Rolle ein (ebd., 81), weil sie zugleich einen Beitrag zur gesellschaftlichen Integration der Betroffenen liefern. Wenig Kenntnisse haben die Einrichtungen über den möglichen Übergang der Deutschlernenden in das Regelangebot der Einrichtungen. Hier liegen nur Schätzungen vor. Aus datenschutzrechtlichen Gründen und Sorge vor möglicher Diskriminierung werden keine Daten zum Migrationshintergrund erhoben. In diesem Zusammenhang wird in der Studie die Frage aufgeworfen, inwieweit es Aufgabe der Forschung und der Praxis der Familienbildung ist, geeignete Zielgruppenangebote zu entwickeln. Das erfordert in gewisser Weise auch einen Perspektivwechsel, der die Bedarfslagen und Bedürfnisse der Adressaten stärker in den Blick nehmen muss. Über die Zielgruppenangebote hinaus bedarf es allerdings auch einer Öffnung des Regelangebots und eines möglicherweise anderen Zuschnitts des bestehenden Programms, um Erwachsene mit Migrationshintergrund adäquater anzusprechen.

Herausforderungen für die Familienbildung

- An erster Stelle eines Planungsprozesses zur Gestaltung von Vielfalt in einer Einrichtung steht die Entwicklung eines Leitbilds, das im ethischen Sinne Werten wie Bildungsgerechtigkeit und Inklusion als „Erweiterung von Teilhabemöglichkeiten durch Bildung als soziales Bürgerrecht“ verpflichtet ist (Kronauer 2010, 17).

- Ein solches Leitbild schließt ein, dass ressourcenarme Gruppen unter den Zugewanderten in den Blick genommen werden, die den Weg in die Einrichtungen selten finden, sodass vermehrt *Gehstrukturen* geschaffen werden müssen, etwa in Form aufsuchender Bildungsarbeit.
- Darüber hinaus sollte der Blick auf mögliche Übergänge innerhalb der eigenen Institution gerichtet werden, etwa auf Übergänge von Eltern-Integrationskursen in andere Angebote der Familienbildung, was ein entsprechendes Übergangsmanagement insbesondere durch gezielte Beratung erforderlich macht.
- Es hat sich auch gezeigt, dass sich die Institution als solche verändern muss und enge institutionelle Grenzen überschritten werden müssen, um Zugangsbarrieren abzubauen.
- Eine erfolgreiche Einbindung von Zugewanderten aus ressourcenarmen Milieus[40] gelingt dann, wenn Familienbildung beispielsweise in die Sozialräume der Familien und die Bildungsorte der Kinder (Kitas/Familienzentren, Grundschulen) verlagert wird.
- Das erfordert sowohl Kompetenzen im Bereich *„Sozialraumorientierter Arbeit"* als auch in der *„Netzwerkarbeit"*.
- Niedrigschwellige Zugänge zur Familienbildung sollten ausgebaut werden wie die „Offenen Treffs", die flexibel an die Bedürfnisse und Zeitrhythmen der Besucher*innen angepasst werden; die die Teilnahme nicht an Zugangsvoraussetzungen knüpfen, meistens kostenfrei sind und prozessorientiert an Themen ansetzen, die vor Ort eingebracht werden (Faas u. a. 2011, 621 ff.).
- All diese Prozesse erfordern sowohl entsprechende Qualifikationen beim Personal, die durch Fortbildungen vermittelt werden können, als auch eine Diversität im Team, um auf die vielfältigen Anforderungen flexibel eingehen zu können.

---

40 Kinder aus Familien mit Migrationshintergrund wachsen überproportional häufig mit einer oder mehreren Risikolagen auf (Autorengruppe Bildungsberichterstattung 2020, 42).

Das Kapitel zum gesellschaftlichen Kontext von Familie hat die Rahmenbedingungen ausgeleuchtet, die das familiäre Leben und die Erziehungssituation im Besonderen grundlegend prägen. Familienbildung muss die soziale Lage, die Familienform, die Rollenaufteilung und ggf. die Migrationsgeschichte einer Familie berücksichtigen, um bedürfnis- und bedarfsorientierte Angebote zu entwickeln. Zugleich gilt allgemein, dass Familie der erste Lernort für die Kinder darstellt und hier die Weichen für die künftige Entwicklung gestellt werden.

Fragen und Aufgaben zu Kapitel 5.4

Warum kann man nicht von „*den* Migranten" sprechen?

Nennen Sie exemplarisch ein Erklärungsmodell für die hohen Bildungsaspirationen von Eltern mit Migrationshintergrund.

Nennen Sie Motive, warum sich Eltern mit Migrationshintergrund für Elternbildung interessieren.

Welche Faktoren wirken sich einschränkend auf die Weiterbildungsbeteiligung von Menschen mit Migrationshintergrund aus?

Welche Organisationsentwicklungskonzepte kennen Sie zur Gestaltung von migrantischer Diversität?

An welchen Stellschrauben setzt die „interkulturelle Öffnung" an?

---

6. Erziehungs- und Lernort Familie – Anknüpfungspunkte für die Familienbildung

Die Entwicklung des Kindes wird in den ersten Lebensjahren im familiären Kontext angebahnt. Die Familie und das häusliche Milieu stellen den Rahmen für die kindliche Entwicklung dar und prägen den Sozialisationskontext. Damit sich ein Kind gut entwickeln kann, müssen Eltern auf die Grundbedürfnisse des Kindes eingehen, die die „Bausteine unserer weiterentwickelten emotionalen, sozialen und intellektuellen Fähigkeiten bilden" (Brazelton/Greenspan 2002, 28). Dazu gehören: das Bedürfnis nach beständigen liebevollen Beziehungen, nach körperlicher Unversehrtheit, Sicherheit und Regulation; nach Erfahrungen, die auf individuelle Unterschiede zugeschnitten sind; nach entwicklungsgerechten Erfahrungen; nach Grenzen und Strukturen; nach stabilen, unterstützenden Gemeinschaften sowie nach kultureller Kontinuität (Brazelton/Greenspan 2002). Eltern kommen dabei unterschiedliche Aufgaben zu: Sie sind Impulsgeber, Interaktions- und Beziehungspartner, Erziehende und Türöffner.

6.1 Eltern als Impulsgebende

Für den Säugling ist die Familie der erste Ort, wo er in Beziehung zu seinen primären Bezugspersonen (Eltern, andere Erziehungsberechtigte etc.) tritt. Verstand man den Säugling beispielsweise in der psychoanalytischen Theorie bis in die 1970er-Jahre als ein Wesen, das eher passiv, undifferenziert und seinen Trieben ausgeliefert ist, so ändert sich die Sicht mit der empirischen Erforschung der frühen Kindheit und neueren experimentellen Untersuchungen, die zu dem Ergebnis kommen, dass der Säugling schon von Geburt an über bestimmte Kompetenzen verfügt (Dornes 1997a, 21 ff.). Nun erscheint der Säugling als aktiv, differenziert und beziehungsfähig. Er ist in der Lage, sich über seine Wahrnehmung sein Umfeld zu erschließen und mit den Eltern zu kommunizieren. So wurde mit verschiedenen Beobachtungstechnologien u. a. das visuelle, auditive und olfaktorische Verhalten des Säuglings erforscht. Schon Neugeborene können visuelle Reize voneinander unterscheiden und verarbeiten; sie sind schon früh in der Lage, eine Vielfalt phonetischer Kontraste der gesprochenen Sprache zu selektieren; darüber hinaus erkennen sie den Geruch der Muttermilch und ihnen gelingt die intersensorische Koordination verschiedener Sinneswahrnehmungen wie des Sehens, Hörens und Tastens (ebd., 39–46). Der Reizhunger von Neugeborenen ist so groß, dass sie geradezu aktiv nach Reizen suchen und sogar Fütterungs- und Trinkaktivitäten unterbrechen, wenn ein attraktiver Reiz im Gesichtsfeld erscheint (Stern 1977; Emde/Robinson 1979, zit. n. Dornes 1997a, 40). Um ihren Explorationswillen zu stimulieren, müssen Lernanreize gesetzt und sollte eine ansprechende Lernumgebung hergestellt werden. Das ist vor allem eine Aufgabe der primären Bezugspersonen, in der Regel der Eltern, die in der frühen Phase der Kindheit als *Impulsgebende* verantwortlich für ein anregendes Lernmilieu sind.

Das Bildungsniveau der Mutter und die häusliche Lernumgebung haben den größten Einfluss auf die kindliche Entwicklung (Melhuish 2013, 213). Die Lernanreize, die die primären Bezugspersonen geben, die durchgeführten Lernaktivitäten und eine anregende häusliche Umgebung erwiesen sich sowohl für die kognitive Leistungsfähigkeit als auch in etwas geringerem Maße für die soziale Entwicklung des Kindes als bedeutsam: „Beispielsweise standen das Vorlesen, das Beibringen von Liedern und Reimen, das Malen und Zeichnen mit dem Kind, das Besuchen einer Bücherei, das Lehren von Alphabet und Zahlen, das Mitnehmen der Kinder bei Besuchen und das Schaffen regelmäßiger Gelegenheiten zum Spiel mit Freunden in der eigenen Wohnung in Bezug zu besseren Testergebnissen hinsichtlich der intellektuellen und sozialen/verhaltensmäßigen Entwicklung“ (Sylva u.a. 2003, 5).

Ein Elternbildungsprogramm, das bereits im Säuglingsalter eingesetzt wird (ab der vierten bis sechsten Lebenswoche der Babys), ist das Prager-Eltern-Kind-Programm – PEKiP®, das vom Prager Psychologen Dr. Jaroslav Koch in den 1960er-Jahren erarbeitet wurde. Er entwickelte Bewegungs- und Spielanregungen für das Baby, die auf seinen Forschungen zur Begleitung von Säuglingen in der häuslichen und außerhäuslichen Betreuung basierten. Das Konzept wurde in den 1970er-Jahren von Christa und Hans Ruppelt evaluiert und als sozialpädagogisches Gruppenprogramm für junge Mütter und Väter weiterentwickelt (Tschöpe-Scheffler 2005, 260).

Als Ziel von PEKiP® wird angegeben, „Eltern und Babys im sensiblen Prozess des Zueinanderfindens zu begleiten und zu unterstützen, um das Baby in seiner momentanen Situation und seiner Entwicklung wahrzunehmen, zu begleiten und zu fördern; die Beziehung zwischen dem Baby und seinen Eltern zu stärken und zu vertiefen; die Eltern in ihrer Situation zu begleiten und den Erfahrungsaustausch sowie die Kontakte der Eltern untereinander zu fördern; dem Baby Kontakte zu Gleichaltrigen zu ermöglichen" (Nieder, PEKiP®-Geschäftsstelle 2018, 112).

Die Treffen finden einmal pro Woche (90 Minuten) mit sechs bis acht Erwachsenen und ihren Kindern statt. Die Gruppe bleibt während des ersten Lebensjahres der Kinder zusammen. Die Babys bewegen sich während der Gruppenstunden unbekleidet in einem warmen Raum, weil sie sich nackt spontaner bewegen und den Hautkontakt mit den Eltern und den anderen Babys intensiv erleben können. Die Gruppenleitung hat die Aufgabe, Kenntnisse über entwicklungsangemessene Anregungen und Spielangebote an die Eltern weiterzugeben und zugleich bewusst zu machen, dass jedes Kind seinen eigenen Rhythmus und sein individuelles Lerntempo hat. Die Eltern haben Gelegenheit, durch genaue Beobachtung herauszufinden, was ihrem Kind Spaß macht, auf welche Spielanreize es besonders neugierig reagiert und wie lange es spielen will. Zugleich ermöglicht der Kontakt zu anderen Eltern, sich über gemeinsame Erfahrungen auszutauschen und voneinander zu lernen (ebd., 113).

6.2 Eltern als Interaktions- und Beziehungspartner

Eltern sind zunächst *Interaktions- und Beziehungspartner* (Walper 2013, 23), von deren sensiblem und empathischem Umgang mit dem Kind abhängt, wie differenziert sich sensomotorische Verhaltensweisen, sprachlich- kommunikative Kompetenzen und Beziehungsfähigkeiten herausbilden. Insbesondere die frühen Interaktionserfahrungen zwischen dem Kind und den Eltern sind für die Bindungssicherheit verantwortlich (Bowlby 1969; Ainsworth u. a. 1978; Dornes 1997b, 221 ff.).

Die „Fremde Situation“

Mary Ainsworth hat in den 1970er-Jahren in einem Team eine wirkungsvolle Methode entwickelt, um die Qualität der Eltern-Kind-Bindung in einer standardisierten Situation zu erfassen (Ainsworth/Blehar/Waters/Wall 1978). In einem 20-minütigen Verfahren, der sogenannten „Fremden Situation“, wurde auf einem Video festgehalten, wie Kinder in Anwesenheit der Mutter in einer unbekannten Situation spielen und ihr Umfeld explorieren, wie sie anschließend auf die zweimalige kurze Trennung von der Mutter reagieren und wie sie nach Rückkehr der Mutter auf Trost und Beruhigung ansprechen. Diese Forschungen haben Aufschluss über die unterschiedlichen Bindungsmuster zwischen Mutter und Kind gegeben und sind der Frage nachgegangen, auf welche Weise sie sich herausbilden und welche Wirkungen auf langfristige persönliche Entwicklungen des Kindes zu erwarten sind.

Das sicher gebundene Kind spielt und erforscht neugierig seine Umgebung in Anwesenheit der Bindungsperson. Durch einen Blick, ein Lächeln oder eine Lautäußerung stellt es immer wieder Kontakt zum Erwachsenen her und vergewissert sich seiner Anwesenheit. Wenn es erschöpft, traurig oder krank ist, akzeptiert das sicher gebundene Kind bereitwillig den Trost der Bezugsperson. Die Bindungsqualität hängt stark davon ab, wie feinfühlig die Eltern bzw. Bindungspersonen die Äußerungen und Signale des Kindes deuten und wie adäquat sie darauf antworten. Schließlich ist die Kontinuität der elterlichen Feinfühligkeit in der Interaktion mit dem Kind entscheidend dafür, dass das Kind Vertrauen aufbauen kann, weil es damit rechnet, dass der Erwachsene für es da ist und seine Bedürfnisse erfüllt. Umgekehrt macht der Säugling die Erfahrung, dass seine Äußerungen wiederum Reaktionen beim Erwachsenen bewirken. Der Erwachsene reagiert, wenn das Kind weint, lächelt, die Arme ausstreckt oder seinen Kopf abwendet. So entwickeln sich innere Arbeitsmodelle vom Selbst und von anderen.

Nach Erkenntnissen der Bindungsforschung wird im ersten Lebensjahr die Grundlage für die kognitive, emotionale, soziale und sprachliche Entwicklung der Kinder gelegt (Grossmann/Grossmann 2014). Die Bindungssicherheit bildet ein stabiles Fundament für eine weitere förderliche Entwicklung des Kindes. Zu den elterlichen Beziehungen treten intergenerative Kontakte zu Geschwistern und Großeltern im Kommunikationsraum Familie. Sicher gebundene Kinder kommen bei der Kontaktaufnahme und Kommunikation mit anderen besser zurecht als unsicher gebundene Kinder, die typischerweise eins von drei Verhaltensweisen zeigen: unsicher-ambivalente, unsicher-vermeidende oder desorganisierte Bindung. Das unsicher gebundene Kind ist sich nicht sicher, wie der Erwachsene reagiert, wenn es spielt oder seine Umgebung erforschen will. So traut es sich erst gar nicht, in Anwesenheit des Erwachsenen zu spielen oder einen Raum zu explorieren. Verlässt die Bindungsperson den Raum, reagiert es bestürzt auf die Trennung, zeigt aber keine eindeutige Reaktion nach der Rückkehr, sondern wechselt häufig zwischen Anklammerung und Widerstand. Das Bindungsmuster lässt auf eine wenig verlässliche und unvorhersehbare Betreuung durch die primären Bezugspersonen in den ersten Lebensmonaten schließen (Ainsworth u.a. 1978). Bei der unsicher-vermeidenden Bindung zeigen die Kinder nach der Rückkehr des Erwachsenen keinen sichtbaren Kummer und vermeiden aktiv die Interaktion mit ihm, wenn er zurückkommt. Das hängt damit zusammen, dass die Bezugsperson bei Interaktion mit dem Kind nicht auf dessen Bitten um Zuwendung und Aufmerksamkeit eingegangen ist. Das dritte Bindungsmuster, das von Mary Main (Main/Solomon 1990, zit. n. Dornes 1997b, 224) als desorganisierte/desorientierte Bindung charakterisiert worden ist, zeichnet sich durch ein widersprüchliches Verhalten aus. So strecken Kinder beispielsweise der Bindungsperson die Arme entgegen und verziehen dabei gleichzeitig ängstlich das Gesicht. Dieses Bindungsmuster, das noch tiefergehender erforscht werden muss, steht offenbar in Zusammenhang mit traumatischen Missbrauchserfahrungen (Dornes 1997b, 224 ff.). Eltern, die ihre Kinder misshandeln, waren in ihrer Kindheit oft auch Opfer von Misshandlungen (Herrenkohl und Toedter 1984, zit. n. Dornes 1997b, 228). Ihre eigenen Bindungserfahrungen und inneren Arbeitsmodelle beeinflussen ihr Handeln und führen zur Wiederholung von Handlungen, die sie aus ihrer eigenen Kindheit kennen und unbewusst reproduzieren.

Das STEEP™-Programm (Steps Toward Effective Enjoyable Parenting)

Es gibt Elternbildungsprogramme, die sich zum Ziel gesetzt haben, diese Bindungsmuster bewusst zu machen und das Handeln der Eltern so zu beeinflussen, dass es zum Aufbau einer verlässlichen, feinfühligen und vertrauten Beziehung beiträgt. Eines dieser Programme ist das STEEP™-Programm (Farrell Erickson/Egeland 2009, 38). Die Erkenntnisse der Bindungstheorie werden von diesem Programm aufgegriffen. Die elterliche Feinfühligkeit wird als entscheidender Faktor für eine sichere Bindung betrachtet und die Eltern werden dabei unterstützt, die Signale des Kindes besser zu verstehen und zu beantworten. Umgekehrt wird auch die Bedürftigkeit der Eltern gesehen, die Zuwendung und Unterstützung brauchen, wenn sie ihre Haltungen und ihr Erziehungshandeln ändern bzw. verbessern wollen. Das Programm stößt selbstreflexive Prozesse bei den Eltern an, die die Auseinandersetzung mit den eigenen, aus der Kindheit resultierenden Bindungsmustern bewirken sollen. Dabei werden alte Bewältigungsmuster aufgedeckt, die eine gute Eltern-Kind-Beziehung behindern (zum Beispiel Verleugnung oder Bagatellisierung).

6.3 Kommunikation und sprachliche Bildung in der Familie

Darüber hinaus kommt der sprachlichen Förderung eine besondere Bedeutung zu. Durch die Sprache erschließen die Kinder nach und nach das Bedeutungsspektrum ihres Umfelds und entwickeln kognitive und soziale Kompetenzen. In der Erstsprache werden die frühen Kontakte zu den anderen Familienmitgliedern aufgenommen, Gefühle zum Ausdruck gebracht und Vertrauen hergestellt. Sie ist daher von hoher emotionaler Bedeutung für die Kommunikation. Außerdem wurde bereits in Forschungen der 1980er-Jahre (Cummins 1982, 38/Skutnabb-Kangas 1981) herausgefunden, dass die jeweiligen Familiensprachen ein wichtiges Fundament für den Erwerb der Zweitsprache darstellen und deshalb von den pädagogischen Fachkräften als Ressource für die kindliche Entwicklung gewertet werden sollten. In Programmen wie „Griffbereit" und „Rucksack" wird die Förderung von Mehrsprachigkeit aus diesem Grund bewusst zum Prinzip erhoben. Ein besonderes Merkmal dieser Ansätze ist die koordinierte, zweigleisige Arbeit mit den Kindern in der Bildungsinstitution (Kita, Familienzentrum/Schule) und mit den Eltern in Kleingruppen, die im Rückgriff auf die gleichen Lernmaterialien darin unterwiesen werden, wie sie ihre Kinder zu Hause in der jeweiligen Erstsprache unterstützen können. Diese Kombination von Sprach- und Familienbildung hat sich als förderlich für die kindliche Entwicklung, die elterlichen Erziehungskompetenzen und die Erziehungspartnerschaft mit der Einrichtung herausgestellt (Springer 2011, 509 f./Pietsch u.a. 2010, 74).

Familiäre Leseaktivitäten führen früh an den künftigen Schriftspracherwerb heran. Erkenntnisse aus Hirnforschung, Entwicklungspsychologie und Sprachentwicklungsforschung zeigen, dass Kinder bis zu acht Jahren in mehreren Phasen für besondere Eindrücke und intensive Lernprozesse offen sind (Ehmig/Reuter 2013, 4). Die Befunde einer Untersuchung zum Vorleseverhalten von Eltern legen nahe, „dass ein Migrationshintergrund in der Familie an sich noch keine Barriere für das Vorlesen" oder Erzählen von Geschichten darstellt. Allerdings spielt die soziale Herkunft, insbesondere das formale Bildungsniveau der Eltern – wie in der Gesamtbevölkerung auch – eine entscheidende Rolle. Da der Anteil der Familien mit geringen finanziellen, kulturellen und sozialen Ressourcen in der Migrantenbevölkerung höher ist als in der übrigen Bevölkerung, ist auch das Vorleseverhalten geringer ausgeprägt (DJI 2020, 60). Die Studie von Ehmig/Reuter (2013, 50) empfiehlt daher, besondere Anstrengungen zu unternehmen, um Eltern mit Migrationshintergrund an das Vorlesen heranzuführen, was somit als ein wichtiger Bildungsauftrag für die Familienbildung begriffen werden kann. Eltern erfahren in Veranstaltungen der Familienbildung, wie sinnvoll das Vorlesen von Geschichten für die kognitive und sprachliche Entwicklung des Kindes ist. Das Vorlesen ist als dialogische Situation zu begreifen, „in der die Kinder mit den vorlesenden Personen interagieren, ein lebendiger Austausch darüber stattfindet, was die Geschichten vermitteln und anstoßen" (ebd., 6). Dabei lernen die Eltern, die Inhalte der Geschichten mit den kindlichen Erfahrungen im häuslichen und familiären Kontext zu verbinden. In der Fachliteratur wurde dafür der Begriff „Home Literacy Environment" (HLE) eingeführt, eine Lernumgebung, die die Familie schafft, um den Kindern Ressourcen für den mündlichen und schriftlichen Spracherwerb zur Verfügung zu stellen (Lehrl u.a. 2012, 118). Angestrebt wird, dass die Eltern nach und nach lernen, ihre Anregungen situativ an den Lern- und Problemlösemöglichkeiten der Kinder auszurichten. Im Endeffekt sollen die Kinder in die Lage versetzt werden, künftig selbstständig zu lernen (Walper/Stemmler 2013, 27).

6.4 Eltern als Erziehende

Neben den Beziehungskompetenzen der Eltern sind ihre Erziehungskompetenzen wichtig, die Einfluss auf die Qualität der Eltern-Kind-Beziehung nehmen. Dabei sollte immer der Charakter von Erziehung als Interaktionsgeschehen beachtet werden. Erziehung ist keine Einbahnstraße oder ein monokausaler Wirkmechanismus, bei dem allein die Eltern Einfluss auf das Kind nehmen. Auch die Kinder beeinflussen durch ihr Verhalten das Erziehungsverhalten der Eltern und ohne die Bereitschaft der Kinder, sich auf die Eltern einzulassen, funktioniert keine Erziehung. Erziehung muss als komplexes Zusammenspiel von unterschiedlichen Faktoren (handlungsanleitende Werte, Ziele, Erziehungsstile, Erziehungspraktiken, Erziehungsumfeld, eigene Erziehungserfahrungen, Bildungsvoraussetzungen und Sozialstatus der Eltern etc.) gesehen werden, die sich gegenseitig beeinflussen. Das führt einerseits vor Augen, dass nicht allein die Eltern maßgebend für die Erziehung sind, verdeutlicht aber andererseits, dass Eltern eine zentrale Rolle in dem Maße spielen können, wie sie sich in den Bildungsprozess einbringen. Durch die Herausbildung von Erziehungskompetenzen werden Eltern u.a. in die Lage versetzt, die Perspektive des Kindes einzunehmen, um ihm Achtung, Liebe, Struktur und Orientierung zu geben. Um Orientierung zu geben, benötigen Eltern eine Art Kompass, um ihr Erziehungshandeln ausrichten zu können. Ein solcher Kompass besteht in Werten, aus denen basale Regeln für das Zusammenleben in Familie und Gesellschaft abgeleitet werden. Sie zeigen an, wofür Eltern stehen und was ihnen in der Erziehung wichtig ist. Für eine gelingende Wertetransmission zwischen Eltern und Kindern hat sich ein autoritativer Erziehungsstil als wirksam herausgestellt.

Das Projekt „Wertebildung in Familien" (2008–2013)

Zur Förderung der Wertebildung in Familien wurde 2008 ein Praxisprojekt vom Bundesministerium für Familie, Senioren, Frauen und Jugend (BMFSFJ) an 15 Standorten in der Trägerschaft des Deutschen Roten Kreuzes durchgeführt. Das Hauptziel bestand darin, Prozesse der Wertebildung und Wertetransmission zwischen Eltern und Kindern bewusster zu machen (Erbes 2015, 1). Im Projekt Wertebildung können drei Schritten unterschieden werden, die für die pädagogische Praxis bedeutsam sind:

1. Voraussetzung für den Gesamtprozess ist die selbstreflexive Beschäftigung der beteiligten Mitarbeiter*innen mit ihren persönlichen Werten, die sie für sich und im Team beleuchten. Methodisch eignen sich in dem Zusammenhang zum Beispiel die Biografiearbeit oder Zukunftswerkstätten.
2. Bei der darauf aufbauenden Phase der konzeptionellen Entwicklung von Bildungsangeboten wird empfohlen, an den thematischen Schwerpunkten und Ressourcen der Einrichtungen anzuknüpfen. Die Veranstaltungen unterscheiden sich je nach Einrichtung und Zielgruppen, die sie ansprechen.

3. Über die Angebote hinaus sollen schließlich Werte in der ganzen Einrichtung erlebbar gemacht werden (ebd.).

Die Evaluation des Projekts ergab, dass die insgesamt 89 Maßnahmen vor allem als Einzelaktionen umgesetzt worden sind, gefolgt von Gruppen/Treffs, Kursen und Angeboten für Mitarbeiter*innen. Da die Mehrzahl der Angebote niedrigschwellig ausgelegt war, wurden auch sozial benachteiligte Familien(-mitglieder) erreicht und bei 64 Prozent der Maßnahmen auch Teilnehmende mit Migrationshintergrund (Lösel/Ott-Röhn 2013, 65). Nach Einschätzung der Projektstandorte waren die Teilnehmenden mit den von ihnen besuchten Angeboten „ziemlich" oder „sehr" zufrieden (ebd., 66). Das Ziel, bei den Teilnehmenden eine Reflexion der eigenen Wertvorstellungen und einen Austausch darüber in der Gruppe zu erreichen, wurde weitgehend eingelöst. Die von den meisten Einrichtungen angestrebte Reflexion der Werte „Achtung, Respekt und Wertschätzung", „Toleranz und Offenheit" sowie „soziales Miteinander" wurde angestoßen. Seltener genannte Werte waren „Verantwortung, Solidarität, Unabhängigkeit, Ehrlichkeit, Vertrauen und gewaltfreie Erziehung" (ebd., 67). Als wichtig stellte sich die Einbettung des Wertethemas in lebensnahe Alltagskontexte heraus, damit das Thema nicht zu abstrakt blieb. Im Hinblick auf ihre Erziehung berichteten Eltern „von weniger körperlicher Disziplinierung ihrer Kinder, während die Beobachtung und moderate Kontrolle des kindlichen Verhaltens zunahm" (ebd., 73). Insgesamt deutete sich an, dass die Kurse in Richtung eines autoritativen Erziehungsstils wirkten.

Eine entwicklungsfördernde Erziehung basiert auf einer dialogischen Struktur des miteinander Umgehens. Der Erziehungsstil ist autoritativ, sozial-integrativ. Das Kind wird als Subjekt wahrgenommen und die Elternrolle wird bejaht. Die Eltern sind bereit, „ihren Lebensentwurf mit dem des Kindes zu verbinden und Veränderungen in ihrem eigenen Leben zu akzeptieren" (Tschöpe-Scheffler 2009, 44). Mit ihren „Fünf Säulen" der Erziehung (emotionale Wärme, Achtung, Kooperation, Verbindlichkeit, allseitige Förderung) stellt Tschöpe-Scheffler (2009) ein Konzept vor, das sowohl Orientierung als auch Diagnose ermöglichen soll, um Missachtung, Demütigung und seelische Verletzung zu erkennen (ebd., 45).

Der wissenschaftliche Beirat für Familienfragen (2005, 13, 17) hat vier Klassen von Erziehungskompetenzen unterschieden:

- *Selbstbezogene Kompetenzen* umfassen vor allem selbstreflexive Fähigkeiten, sich u.a. mit der in der eigenen Herkunftsfamilie erfahrenen Erziehung auseinanderzusetzen, eigene Wertvorstellung, Handlungsvorlieben und Verhaltensgewohnheiten zu reflektieren, Entwicklungsziele für die Kinder und für sich zu begründen. Ferner ist damit die Fähigkeit verbunden, negative Emotionen zu kontrollieren und überlegt zu handeln, wobei die Perspektive des Kindes – gleichsam als Hintergrundfolie – immer mitzudenken ist.
- *Kindbezogene Kompetenzen* versetzen die Eltern in die Lage, die individuellen Besonderheiten und Entwicklungserfordernisse ihrer Kinder adäquat zu unterstützen, ihre Entwicklungspotenziale zu erkennen und einzubeziehen, Zuneigung zu zeigen und unangemessenen Verhaltensweisen der Kinder Grenzen zu setzen.
- *Handlungsbezogene Kompetenzen* setzen voraus, dass die Eltern Vertrauen in die Angemessenheit und Wirksamkeit des eigenen Erziehungshandelns entwickeln (Selbstwirksamkeitsempfinden), angekündigte Handlungen auch tatsächlich umsetzen, für das Kind durchschaubar halten und wenn nötig veränderten Bedingungen anpassen.

- *Kontextbezogene Kompetenzen* beinhalten die Fähigkeit und Bereitschaft der Eltern, den Kindern entwicklungsanregende Lernräume (auch außerhalb der Familie) zu erschließen, positive Entwicklungskontexte – auch ohne Beisein der Eltern – zu arrangieren und auch solche Entwicklungskontexte im Auge zu haben, die sich abträglich für eine förderliche Entwicklung des Kindes erweisen könnten.

6.5 Eltern als Türöffner und in der Übergangsbegleitung

Eltern können Einfluss darauf nehmen, wie ihr Kind den Übergang vom Elternhaus in außerfamiliale Institutionen wie Kita und von der Kita in die Grundschule schafft. Entscheidend für einen guten Übergang ist, dass dem Kind die Trennung von den Eltern relativ leichtfällt, was dann der Fall ist, wenn das Kind eine sichere Bindung zu den Eltern hat. Umgekehrt ist es wichtig, dass auch die Eltern das Kind beruhigt gehen lassen können und das Gefühl haben, dass es gut in der jeweiligen Einrichtung aufgehoben ist. Darüber hinaus ist es förderlich, dass das Kind gern in die Kita oder zur Schule geht und dass die Eltern und die pädagogischen Fachkräfte mit der Integration in die Bildungsinstitution zufrieden sind (Wildgruber/Griebel 2016, 20). Insofern hängt von den Einstellungen und Erwartungen ab, wie der Übergang gelingt.

Elternbildung kann Impulse geben, dass sich Eltern mit ihren eigenen Rollenvorstellungen, Einstellungen und Bildungsaspirationen ernsthaft auseinandersetzen. Insbesondere wenn Eltern aus anderen Herkunftsländern andere Strukturen, Erziehungspraktiken und Rollensettings gewohnt sind, ist eine Heranführung an das deutsche Bildungssystem umso wichtiger. Damit ist der erste Schritt zu einer Reflexion und ggf. zur Änderung von Rollenbildern, Erziehungshaltungen und -praktiken getan. Elternbildung kann mit den förderlichen Faktoren für die Gestaltung der Übergänge vertraut machen wie: offene Gespräche mit den Kindern zu führen (zum Beispiel über schulische Belange, Streit mit anderen Kindern, Stress mit den Lehrkräften); bei der Strukturierung und Organisation des Schulalltags zu helfen (Hausaufgaben, Lernen des Lernens); Autonomieerleben zu unterstützen; Problemlösungen zu begleiten; Lob bei Lernerfolgen auszusprechen und Vertrauen und Zuversicht in die Kompetenzen der Kinder zu zeigen (Sacher 2012, 232–243). Der Übergang in eine andere Bildungsinstitution zwingt auch dazu, Verlustängste zu verarbeiten und die Erziehungsverantwortung mit der Einrichtung zu teilen. Eltern müssen ihr Verhältnis zur pädagogischen Fachkraft definieren, Vertrauen aufbauen, Beziehungen zu anderen Eltern knüpfen und die Vereinbarkeit von Beruf, Familie und Bildungsinstitution durch ein entsprechendes Zeitmanagement abklären. Elternbildung bietet ein Forum, um sich zu diesen Fragen auszutauschen.

Familienbildung trägt so der Tatsache Rechnung, dass sich nicht nur die Kinder, sondern auch die Eltern in einer Transitionsphase befinden, in der sie sich mit der Übernahme einer veränderten Rolle auch einer neuen Verantwortung stellen müssen.

Eltern eröffnen auch den Zugang zu anderen außerfamilialen Lern- und Bildungsangeboten und ermöglichen auf diese Weise Kontakte zu Gleichaltrigen. Sie erfüllen so eine *„Türöffnerfunktion"* für den Zugang zur kulturellen Welt (Büchner/Brake 2007, 199). In diesem Zusammenhang wird auf die differentielle Bildungsbedeutsamkeit von Familien verwiesen. Eltern nehmen dabei eine Art „Gatekeeper-Funktion" wahr, die unterschiedlich ausfällt, je nachdem, über welche Ressourcenausstattung sie verfügen. Tanja Betz (2006) stützt sich bei ihrer Untersuchung der Gatekeeper-Funktion auf die Theorie Bourdieus, der eine Unterscheidung in ökonomisches, kulturelles, soziales und symbolisches Kapital vornimmt. „Einhergehend mit der kulturellen und ökonomischen Ressourcenausstattung zeigten sich klare Differenzen im bildungsrelevanten Alltagsgeschehen, in der Haltung und den Einstellungen gegenüber Schule und Lernen in den Familien" (Betz 2006, 193). Die Eltern prägen in der familialen Interaktion und Kommunikation, in der Auswahl der Bildungsinstitutionen und den außerhäuslichen Aktivitäten ihrer Kinder ganz bewusst die Bildungsanlässe und -inhalte ihrer Kinder (ebd. 185). Herkunftsspezifische Unterschiede finden sich u.a. bei Aktivitäten wie Ausflügen, beim Musizieren, Besuch eines Chors oder der Musikschule, die vor allem von Eltern mit hoher Kapitalausstattung gefördert werden. Das gleiche Muster zeigt sich auch bei Vereinsaktivitäten und Bemühungen, die Kinder an außerschulischen Unterrichtsstunden teilhaben zu lassen.

Fragen und Aufgaben zu Kapitel 6

Warum ist die frühe Förderung der Kinder durch die Eltern so wichtig?

Wie können Eltern mit Säuglingen kommunizieren?

Beschreiben Sie ein Elternbildungsprogramm, das sich an Eltern mit Säuglingen richtet.

Recherchieren Sie auf der Basis dessen, was Sie über Kommunikation mit Kindern bisher gelernt haben, entsprechende Elternbildungsprogramme.

---

7. Angebote der Familienbildung

Familienbildung bemüht sich bei der Angebotsgestaltung in der Regel um eine höchstmögliche Annäherung an die Bedürfnisse der Adressaten (Rupp/Mengel/Smolka 2010, 173). Die Bildungsbedürfnisse der Adressaten sind ein zentraler Bezugspunkt für die Entwicklung von Bildungsangeboten. Schließlich geht es darum, realistische Anknüpfungspunkte für den Bildungsprozess zu finden, die zum Beispiel verdeutlichen, dass ein Angebot für die Bewältigung des Familienalltags nützlich ist, zur Persönlichkeitsbildung beiträgt, die Elternrolle stärkt oder bestehende Krisen und Konflikte lösen hilft. Nur eine deutliche Bedarfs- und Interessenorientierung der Angebote vermag die Familienmitglieder zur Teilnahme zu motivieren. Letztendlich wird nur dann ein Lernprozess angestoßen, wenn die Bildungsinhalte als sinnvoll, subjektiv bedeutsam und praxisrelevant wahrgenommen werden.

Allerdings ist damit nur ein Pol der Adressatenansprache benannt. Es geht nicht nur um die Orientierung am gesellschaftlichen Bedarf, an der Nachfrage und den Bedürfnissen der Adressaten. Familienbildung hat ihrerseits einen Bildungsanspruch, der nicht unbedingt mit dem Nachfrageverhalten der Adressaten deckungsgleich ist. Es geht nicht nur darum, anzubieten, was gefällt. Werden nur die Interessengebiete der Eltern durch Befragungen ermittelt, könnten kritische Themen wie der schädliche Einfluss des elterlichen Medien- und Kommunikationsverhaltens (Beispiel: exzessiver Handygebrauch) auf die Erziehung der Kinder unberücksichtigt bleiben, weil sie einen selbstkritischen Reflexionsprozess seitens der Eltern erfordern, der auch als beschämend erlebt werden kann. So bewegt sich die Bildungsplanung in einem Spannungsverhältnis zwischen gesellschaftlicher Bedarfsorientierung, individueller Bedürfnisorientierung und den Bildungsansprüchen der Anbieter. „Programmplanungshandeln in der Erwachsenenbildung ist die Vermittlung zwischen gesellschaftlichem Bedarf, Interessen der Adressaten und pädagogischem Auftrag“ (Siebert 2000, 48; 67, zit. n. von Hippel u.a. 2018, 1132), was in dieser Weise auch auf die Familienbildung zutrifft.

Um die Angebote der Familienbildung auf die Bedürfnisse und den Unterstützungsbedarf der Adressaten abstimmen zu können, müssen die soziale Lage, die Lebenssituation, die Familienkonstellationen, die Lebensstile, Werte und Ziele der Familien beachtet werden. Da eine Einrichtung in der Regel weder die Zeit, das Personal noch die finanziellen Ressourcen für eine breite empirische Erhebung dieser Daten hat, werden im Folgenden idealtypisch Ansatzpunkte für die Konstruktion von Bildungsangeboten und Beispiele aus der Praxis der Familienbildung angeführt.

In der Fachliteratur werden verschiedene Klassifikationsmodelle diskutiert, die einige Schnittstellen aufweisen.

Textor (2007, 371) führt vier Ansatzpunkte zur Planung von Bildungsangeboten der Familienbildung an:

- Familienzyklus,
- Familienfunktionen,
- besondere Lebenssituationen und
- besondere Familienbelastungen.

Euteneuer/Sabla/Uhlendorff (2018, 398 f.) unterscheiden in Anlehnung an Pettinger und Rollik (2005):

- den Familienlebensphasenansatz,
- besondere Lebenssituationen und Belastungen von Familien als Ansatzpunkte von Familienbildung,
- den zielgruppenorientierten Ansatz und
- den aufgabenorientierten Ansatz.

Im „Handbuch zur Familienbildung im Rahmen der Kinder- und Jugendhilfe in Bayern“ (Rupp/Mengel/Smolka 2010, 173 ff.) werden im Kapitel „Zielgruppenbestimmung – Schritt für Schritt zum passenden Angebot“ folgende Anhaltspunkte für die Angebotsplanung genannt:

- Die kindliche Entwicklung und Familienphasen,
- Bedarfsgerechtigkeit durch spezielle Angebote für bestimmte Familienformen,
- Orientierung an familialen Lebenslagen und Belastungssituationen,
- Querschnittsthemen.

Alle drei Ansätze haben Gemeinsamkeiten und Unterschiede. Der Familienzyklus bzw. die Familienphasen werden in allen Aufstellungen genannt, ebenso wie die familialen Lebenslagen/Lebenssituationen und Belastungssituationen. Die Ansätze sind nicht unbedingt trennscharf voneinander zu unterscheiden. So geht einer Patchworkfamilie oder dem Alleinerziehen (siehe Ansatzpunkt „Familienformen“) meistens eine Trennung oder Scheidung voraus, die in der Regel eine belastende Lebenssituation impliziert. Ebenso beinhaltet der zielgruppenorientierte Ansatz häufig eine Adressatenansprache, die sich an belastenden Lebenssituationen orientiert.

Die folgende Typologie bezieht sich auf eine Angebotsplanung, orientiert an:

- *der kindlichen Entwicklung und den Familienphasen*, weil ein Herzstück der Familienbildung in der Vermittlung von Kompetenzen für die Elternschaft zu sehen ist, deren Aufgabenspektrum je nach Entwicklungsphase des Kindes differiert;
- *unterschiedlichen Familienkonstellationen*, weil sich durch die Pluralisierung der Familienformen unterschiedliche Herausforderungen für die Familien ergeben haben;
- *besonderen familialen Lebenslagen und Belastungssituationen*, weil die eigenen Ressourcen bei der Bewältigung von kritischen Lebensereignissen oft nicht ausreichen und Familienbildung Unterstützung leisten kann;
- *Aufgaben im Familienalltag und im Familienhaushalt*, die beispielsweise durch den technologischen Wandel, die Dynamik in der Entwicklung der Kommunikationsmedien, Anforderungen an Ernährung und Gesundheit immer komplexer werden;
- *Zielgruppen*, auf deren Lebenssituation spezifische Inhalte zugeschnitten werden, um im Alltag Unterstützung zu bieten.

Die beiden ersten Ansätze werden ausführlicher als die anderen behandelt, weil sie bei der Angebotsplanung in der Familienbildung im Hinblick auf die Themenbereiche „Leben mit Kindern“ und „Ehe und Partnerschaft“ eine zentrale und quantitativ bedeutsame Rolle spielen[41].

7.1 Angebotsplanung in Orientierung an der kindlichen Entwicklung und den Familienphasen

Der *Familienphasenansatz*, der davon ausgeht, dass die aufeinanderfolgenden Lebensphasen der Familie mit spezifischen Anforderungen und veränderten Rollenstrukturen einhergehen, wurde häufig auch der Kritik unterzogen. Kritisch eingewandt wurde, dass dem Ansatz oft das Modell einer Standardbiografie zugrunde liege, die der Pluralisierung der Lebensverläufe nicht mehr gerecht werde (Pettinger/Rollik 2005, 32). Der Familienzyklus, dessen Ablauf oft idealtypisch überzeichnet wird und in einem normativ ausgerichteten Schema von der Paarbeziehung über die Familiengründung durch Geburt eines Kindes, das Kindes- und Jugendalter, die nachelterliche Phase bis zur Auflösung der Familie durch Trennung, Scheidung und Tod reicht, spiegelt die tatsächliche Vielfalt, die Unterbrechungen (durch Scheidung und Trennung der Partner) und Neuanfänge (zum Beispiel Patchworkfamilien) nicht adäquat wider. Dennoch kann nicht geleugnet werden, dass die einzelnen Teilabschnitte eines Familienzyklus – in welcher Abfolge auch immer –

41 Aufbauend auf die beiden Elternbefragungen zum Thema Familienbildung in den Jahren 2002 und 2006 führt das Staatsinstitut für Familienforschung an der Universität Bamberg (ifb) (Rupp/Mengel/Smolka 2010) eine dritte Elternbefragung durch, die zwischen Februar und August 2008 stattfand. Im Fokus stehen der Beratungs- und Informationsbedarf von Eltern zu Familien- und Erziehungsthemen sowie die Nutzung von Angeboten institutioneller und medialer Familienbildung. Eine qualitative Teilstudie ergänzt die quantitative Erhebung. Die Evaluation kam u.a. zu dem Ergebnis, dass Eltern-Kind-Gruppen (19 Prozent) am häufigsten angeboten werden, danach folgen mit 14 Prozent Angebote zur Förderung der Erziehungskompetenz und kindlichen Entwicklung (12 Prozent) bzw. zum Thema Gesundheit. Rund jedes zehnte Angebot galt einer Unterstützung von Eltern und Familien bei der Bewältigung konkreter Problemlagen (ebd., 88).

mit unterschiedlichen Anforderungen für die Familienmitglieder verbunden sind. Insbesondere die Thematisierung der *Übergänge* von einer Phase in die andere bietet für die Familienbildung die Chance, interessante Themen mit hoher Relevanz für die Adressaten aufzugreifen. Außerdem besteht dadurch die Möglichkeit, schon früh drohende Fehlentwicklungen in den Blick zu nehmen und durch das Bildungsangebot präventiv zu wirken. Im Folgenden werden beispielhaft einige Phasen thematisiert und Ansatzpunkte für die Planung eines Bildungsangebots aufgezeigt.

7.1.1 Paarbeziehung im Vorfeld der Familiengründung

Die Ehe ist zwar immer noch die meistgelebte Familienform, ihr Anteil an allen Familienformen ist aber seit 1996 um ein Drittel zurückgegangen (BMFSFJ 2012, 14). War die Ehe früher als lebenslange Verbindung und Versorgungsgemeinschaft angelegt und als Institution unhinterfragt, haben sich heute darüber hinaus eine Reihe alternativer Formen des Zusammenlebens von Paaren etabliert. Mit der Gründung nicht-ehelicher Lebensgemeinschaften vollzog sich zugleich ein Prozess der Deinstitutionalisierung (Brückner/Mayer 2005, Jurczyk/Klinkhard 2014, 18). Selbst die Geburt eines Kindes ist nicht mehr an die Ehe gebunden, wenn auch oft Anlass für eine Eheschließung. Die Lebensverläufe von Paaren sind daher nicht mehr traditionell vorgegeben, sondern zeichnen sich durch eine hohe Dynamik und Flexibilität aus, die die Partner dazu zwingt, sich immer wieder ihrer Beziehung zu vergewissern, Entscheidungen auszuhandeln und Absprachen zu treffen. Das betrifft u.a. die Rollenverteilung, das Verhältnis von Beruf und Familienarbeit oder die Freizeitbeschäftigung. Diese Ungebundenheit im Rahmen einer nicht institutionalisierten Beziehung, deren Kehrseite eine hohe Unverbindlichkeit sein kann, geht vielfach mit einem Gefühl der Verunsicherung einher und fordert den Paaren kommunikative Kompetenzen und Konfliktfähigkeit ab (siehe Kapitel 5). „Die Ansprüche an Familie […] steigen, aber auch Liebe und Ehe sowie Ehe und Elternschaft sind immer stärker voneinander entkoppelt, weshalb Aushandlungs- und Verständigungsprozesse“ erforderlich werden

(Ecarius 2018, 376). Aber auch verheiratete Paare mit Kindern sehen sich mit Krisen und Konflikten konfrontiert, die – auch wenn die Zahl der Ehescheidungen seit 2003 mit kleinen Schwankungen rückläufig ist – oft in einer Trennung/Scheidung münden (Grünheid 2013, 8/Statistisches Bundesamt 2018). Manche Paarbeziehung ist diesen Herausforderungen nicht gewachsen und auf Unterstützung von außen angewiesen.

Bodemann (1999, 21; zit. n. Grünheid 2013, 6) stellt in diesem Zusammenhang fest: „Ermutigend an den Erkenntnissen der Forschung der letzten Jahrzehnte ist aber v.a., dass nicht Persönlichkeitsmerkmale (Intelligenz, Alter etc.) oder soziodemographische Variablen (Status, Schichtzugehörigkeit, Einkommen, Bildung, Religionszugehörigkeit etc.) für den Verlauf und Ausgang einer Paarbeziehung ausschlaggebend sind, sondern Kompetenzen. Diese sind erwerbbar, können trainiert und auf- und ausgebaut werden und sind auch zu späteren Zeitpunkten im Leben erlernbar." Durch Familienbildung können Lernprozesse angestoßen und gestaltet werden.

In diesem Zusammenhang sind verschiedene Kommunikationsprogramme für die Familienbildung entwickelt worden, die Paare in den o.a. Prozessen begleiten und stärken sollen. Neben der Wissensvermittlung werden Gesprächsregeln und -techniken erlernt, die u.a. eine konstruktive Konfliktlösung fördern sollen. Im Gegensatz zu Paartherapie und Paarberatung sind diese Ansätze präventiv ausgerichtet (Stephan 2016, 3 f.). Beispielhaft sei hier auf Programme hingewiesen, die von der Katholischen Familienbildung ausgerichtet werden:

- Ein Partnerschaftliches Lernprogramm (EPL)
  Für Paare, die in den ersten Jahren ihre Beziehung (Ehevorbereitung) vertiefen wollen. Das Training vermittelt in sechs Kurseinheiten à 2,5 Stunden grundlegende Gesprächs- und Problemlösefähigkeiten.
- Konstruktive Ehe- und Kommunikation (KEK)
  Für Paare in langjähriger Beziehung, die an einer weiteren Stabilisierung ihrer Partnerschaft Interesse haben. In sieben Kurseinheiten à 2,5 Stunden findet ein erweitertes Gesprächstrai-

ning statt, in dem u.a. die gemeinsame Beziehungsgeschichte in den Blick genommen wird.

- Auffrischungskurs Partnerschaftliches Lernprogramm (APL) Für Paare, die bereits an einem EPL- oder KEK-Programm teilgenommen haben und eine Wiederholung und Vertiefung (zum Thema „Ehe-Familie-Beruf") wünschen (www.epl-kek.de).

Die Programme zielen darauf ab, kommunikative Kompetenzen zu vermitteln, die Paare in die Lage versetzen, im Alltag sachorientiert und respektvoll miteinander zu kommunizieren und in emotional aufgeladenen und konfliktbehafteten Situationen lösungsorientiert zu diskutieren. Oft geht es darum, dass es Paare schaffen, die destruktiven Mechanismen in ihrem Gesprächsverhalten, die immer wieder zu Kränkungen führen, aufzudecken und dem Konflikt die Spitze zu nehmen[42].

Von der Qualität der Partnerbeziehung hängt auch die Qualität der elterlichen Beziehung zum Kind ab. In einer Reihe von Studien konnte nachgewiesen werden, dass vor allem die Vater-Kind-Beziehung davon beeinflusst wird (Fthenakis 2002, 111), wie gut der Vater generell in das Familiensystem integriert ist, d.h. wie stark er in der Binnenwelt der Familie (Haushalt und Kinderbetreuung) präsent ist.

7.1.2 Übergang zur Elternschaft

Der erste Schritt zur Familiengründung ist der *Übergang zur Elternschaft*. Die Geburt eines Kindes, die unter bestimmten Bedingungen meistens von den Eltern als beglückend erlebt wird, geht zugleich mit einschneidenden Veränderungen im Familienalltag und oft mit

42 Die Programme wurden vom Münchner Institut für Forschung und Ausbildung in Kommunikationstherapie für die kirchliche Ehebegleitung entwickelt und evaluiert (https://www.institutkom.de/). Die Kurse im Rahmen der Familienbildung werden von der Arbeitsgemeinschaft für Katholische Familienbildung (AKF) organisiert. Die Kooperation mit den Katholischen Beratungsstellen für Ehe-, Familien- und Lebensfragen gewährleistet eine professionelle Begleitung für Paare in Krisensituationen und eine zusätzliche Stabilisierung durch die Kurse.

psychosozialen Belastungen der Eltern einher. Die Befragten im Rahmen einer Untersuchung des Projekts ALFA (Alles ist Familie – Familie ist alles), einem Landesmodellprojekt vom Ministerium für Soziales, Integration und Gleichstellung des Landes Mecklenburg-Vorpommern, bewerteten den Übergang zur Elternschaft als prägnantes Lebensereignis, das Anpassungsanforderungen im Hinblick auf die Elternrollen und eine Neuorientierung im Alltag erforderlich machten. In dieser Passage des Übergangs zur Elternschaft werden nach Ansicht der Projektgruppe „psychosoziale Regulationsprozesse" zur Bewältigung dieser Anforderungen und teilweise krisenhaften Entwicklungen erforderlich, für die die Familienbildung Lernstrategien bereithalten kann (Müller/Bräutigam/Lentz-Becker 2019, 69 ff.). So stellen sich für die Eltern eine Reihe von Aufgaben. Zunächst gilt es, zu klären, wie die Elternzeit unter Mutter und Vater aufgeteilt wird und welche Auswirkungen die Elternschaft auf das Haushaltseinkommen hat (siehe Kapitel 5.3). Darüber hinaus müssen die Eltern ihre Lebensweise umstellen, da ein Säugling die Aufmerksamkeit und Zuwendung der Eltern braucht, sodass der gesamte Tagesablauf auf die Bedürfnisse des Neugeborenen ausgerichtet ist (siehe Kapitel 6). Immer noch sind es eher die Frauen, die den Part der Kinderbetreuung übernehmen und daher von den geschilderten Umstellungen besonders betroffen sind (Jurczyk/Klinkhardt 2014, 81). Die Verhäuslichung, die zumindest anfänglich mit dem Rückzug aus dem Beruf verbunden ist, bedeutet vielfach den Verzicht auf ein Handlungsfeld, das mit Selbstbestätigung und der Erhöhung des Selbstwertgefühls verbunden ist (Textor 2002, 48; Rupp/Mengel/Smolka 2010, 175). Mit der Hinwendung nach innen nehmen häufig auch die Kontakte nach außen ab, verändert sich das soziale Netzwerk der Familie. Auch das Binnenverhältnis des Paares wird dadurch tangiert, weil die Zeit für die Paarbeziehung in dem Maße abnimmt, wie sie für das Neugeborene bzw. das Kleinkind zunimmt. Hier liegen viele Ursachen für Unzufriedenheit und Streit im Umgang miteinander.

Vor diesem Hintergrund kann Familienbildung sinnvolle Funktionen erfüllen:

1. *Informationsvermittlung:* Sie kann, angeleitet durch Expert*innen, praxisorientiertes und theoriegeleitetes Fachwissen vermitteln und das Alltagswissen der Eltern korrigieren, fachlich fundieren und erweitern.
2. *Erfahrungsaustausch:* Sie kann dazu beitragen, dass Mütter und Väter in Gesprächskreisen die Gelegenheit finden, sich über ihre Erfahrungen und Belastungen auszutauschen, und gemeinsam an Lösungen für eine Verbesserung ihrer häuslichen Situation arbeiten.
3. *Hilfe zur Selbsthilfe:* Aus den geknüpften Kontakten können sich auch neue Netzwerke, ggf. Selbsthilfegruppen bilden. Familienbildung kann daher Netzwerkbildung unterstützen.

Als sinnvoll haben sich grundsätzlich Angebote herausgestellt, die sich bereits im Vorfeld von Elternschaft präventiv mit den o.a. Themen auseinandersetzen. Gute Ansprachemöglichkeiten haben Hebammen, die in Geburtsvorbereitungskursen auf Veränderungen aufmerksam machen, die sich durch die neue Situation der Elternschaft ergeben werden. In diesem Zusammenhang hat sich eine Kooperation mit Familienbildungseinrichtungen als sinnvoll erwiesen, da hier weitere Angebote für junge Eltern zur Auswahl stehen, die über die Beschäftigung mit dem Geburtsvorgang hinaus mit den komplexen sozialen Anforderungen an die Elternschaft bekannt machen. Empfohlen wird, dass solche Kurse von einem Mann und einer Frau geleitet werden. Männliche Teilnehmer erlebten oft, „dass sie beim Frauenthema Geburt zwar als Helfer gefragt sind, hingegen nicht als gleichberechtigte Partner, die von der Geburt und dem Vaterwerden auf andere Weise betroffen sind als Frauen" (Stapelfeld 2000, 31). Die Situation werde anders erlebt, wenn die Kursleitung sowohl die männliche als auch die weibliche Sicht auf das Thema Geburt in die Diskussion einspeisen kann.

Die Familienbildung hält ein breites Spektrum an Kursen zur Unterstützung des Übergangs in die Elternschaft und in die frühkindliche Phase bereit: Kurse zur Geburtsvorbereitung, Eltern-Baby-Kurse, Stillgruppen, Babymassage, Krabbelgruppen. So stellen Angebote für Familien mit Säuglingen und Kleinkindern, Familien mit Vorschulkindern und Schulkindern den größten Anteil des Programms der bayrischen Einrichtungen, bezogen auf die Familienphasen, dar (Rupp/Mengel/Smolka 2010, 94; Neumann/Smolka 2016, 50). Die Angebote, die am intensivsten genutzt werden, beziehen sich somit auf die frühe Familienphase, die aus entwicklungspsychologischer Sicht als eine besonders sensible Phase für die sozioemotionale Entwicklung gilt. Wenn in einem frühen Stadium die elterlichen Erziehungskompetenzen in dem Sinne gestärkt werden, dass die Eltern die Bedürfnisse der Kinder differenziert wahrnehmen, dann werden sie so auch in die Lage versetzt, grundsätzlich sensibel auf die Bedürfnisse des Kindes zu reagieren, Fehlentwicklungen vorzubeugen und ggf. auf mögliche Entwicklungsstörungen und kindliche Verhaltensauffälligkeiten angemessen zu reagieren.

7.1.3 Loslösung der Kinder vom Elternhaus – Eintritt in Bildungsinstitutionen

Mit dem Eintritt des Kindes in die Kindertagesbetreuung und später in die Grundschule sind weitere Zäsuren angesprochen, bei denen Loslösungsprozesse vom Elternhaus eingeleitet werden. Die Loslösung kann sowohl für das Kind als auch für die Eltern mit Gefühlen der Verunsicherung und des Trennungsschmerzes verbunden sein.

Familienbildung kann in diesem Zusammenhang Veranstaltungen durchführen, die Informationen zum Bildungssystem vermitteln, Kriterien für die Beurteilung der Konzepte von Kindertagesstätten und Schulen liefern, Erziehungskompetenzen stärken und über Sinn und Auswirkungen von Bildungspartnerschaft aufklären.

Pädagogische Unterstützung, wie sich Eltern beim ersten Übergang in eine außerfamiliale Institution verhalten können, bietet beispielsweise das Elternbildungsprogramm „KitaStart® Aller Anfang ist leicht?!“ aus Nordrhein-Westfalen an, das auf den Übergang in die Kindertagesstätte vorbereitet. Es trägt der Tatsache Rechnung, dass ein neuer Lebensabschnitt beginnt, das Kind einen neuen Status erhält, die Eltern ihre berufliche Situation ggf. überdenken müssen und der Alltag neu organisiert werden muss. Das Ziel des Programms besteht darin, die Eltern in dieser Übergangszeit insbesondere für die Bedürfnisse der Kinder zu sensibilisieren sowie eigene Sorgen und Ängste zu reflektieren. Eltern lernen die Wirkung der eigenen Haltung auf gelingende Begleitung von Übergängen ihrer Kinder kennen und diese Prozesse für alle Familienmitglieder positiv zu gestalten. Durch den Kurs werden Eltern auf die Abläufe in der Kita vorbereitet, ohne damit den Eingewöhnungsprozess der Kinder in der Verantwortung der Kita vorwegzunehmen. Eltern werden im Kurs ermutigt, ihre Fragen, Probleme, Sorgen und Erwartungen einzubringen. Der Kurs wird in enger Abstimmung mit der Kindertageseinrichtung durchgeführt und soll zudem die Kooperation und Vernetzung von Familienbildung und Elementarbereich intensivieren. Zur Durchführung der Kurse finden gesondert Qualifizierungsmaßnahmen für die Kursleitung statt[43].

Der *Übergang von der Kita in die Grundschule* ist mit vielen Risiken behaftet. Anders als die Kita, die einen stärker familienorientierten Ansatz pflegt, gestaltet sich die Zusammenarbeit mit der Schule weniger intensiv. Folglich erleben die Eltern die Atmosphäre im Kontakt mit der Schule als distanzierter (Pfaller-Rott 2010, 281 ff.). Mit dem Schulbeginn sehen sich die Familienmitglieder mit neuen Anpassungserfordernissen konfrontiert. Das Kind muss sich kognitiv, sprachlich und emotional auf die schulischen Leistungsansprüche, Bewertungen, Disziplin in der Klasse und die Beziehung zu einer Autoritätsperson einstellen. Es gilt, den „Übergangsschock" sowohl für die Eltern als auch für das Kind abzumildern. Zugleich bedeutet die erzieherische Begleitung des Kindes während der Schulzeit, sich mit den eigenen Leistungsansprüchen auseinanderzusetzen und das Kind gemäß seinem intellektuellen, emotionalen und körperlichen Entwicklungsstand adäquat zu fördern.

43 Weitere Informationen auf http://www.kitastart.de (Zugriff 14.12.2019).

Die Stärkung der Erziehungskompetenzen hat sich das Elternbildungsprogramm „Starke Kinder brauchen starke Eltern"® (Honkanen-Schoberth o.J.) vom Deutschen Kinderschutzbund zum Ziel gesetzt. Unter der Überschrift „Wie reagieren wir, wenn das Kind Probleme hat?" wird u.a. das Beispiel „Ich gehe nie wieder in die Schule" vorgestellt. Auf diese Weigerung des Kindes werden sieben typische Reaktionsweisen von Eltern vorgestellt und analysiert: die bestimmende, die interpretierende, ignorierende/resignierende, hinwegtröstende, unkritische, analysierende und verstehende/einfühlsame Reaktionsweise (ebd., 59). Zentral an diesem Ansatz ist die selbstreflexive Auseinandersetzung der Eltern mit ihren Werten, Zielen und ihrem eigenen Erziehungsverhalten. Es wird aufgezeigt, zu welchen Reaktionen beim Kind diese o.a. Verhaltens- und Kommunikationsmuster führen. Schließlich mündet die gemeinsame Reflexionsphase in einer pädagogischen Empfehlung für die Eltern. So wäre die Kombination aus analysierender und einfühlsamer Reaktion für eine vertrauensvolle Beziehung fundamental, denn „sie befreit von dem Druck, irgendeine Lösung direkt aus dem Ärmel schütteln zu müssen. Sie gibt Zeit, die Situation zu analysieren, und ermöglicht dem Kind – mit Unterstützung der nicht verurteilenden, wertenden oder kritisierenden Eltern –, sich auf die Suche nach der Problemlösung zu begeben" (ebd., 64).

Auch der *Übergang auf weiterführende Schulen* ist mit einem steigenden Informationsbedarf der Eltern verbunden, der von der Familienbildung aufgegriffen werden kann. Informationen über das Bildungssystem, spezielle Schulformen und Einrichtungen, Schulkonzepte, das Notensystem oder schulische Curricula geben Orientierung in einer unübersichtlichen Situation.

In diese Zeit fällt auch die Adoleszenz, jene Phase, die mit dem Eintritt der Pubertät beginnt und sich über einen längeren Zeitraum erstreckt, der historisch und kulturell variiert. Diese Entwicklungsphase ist mit Suchprozessen des Jugendlichen im Hinblick auf seine Identitätsentwicklung verknüpft, die sich auf seinen Körper, seine Sexualität, seine sozialen Beziehungen, seinen schulischen und beruflichen Werdegang beziehen. Jugendliche stehen vor der Aufgabe, u. a. ihre körperliche Erscheinung zu akzeptieren, sich mit ihren Geschlechterrollen auseinanderzusetzen, sexuelle und freundschaftliche Beziehungen zu entwickeln, emotionale Unabhängigkeit von den Eltern und anderen Erwachsenen zu gewinnen, sich mit ihrer schulischen Laufbahn und beruflichen Perspektiven auseinanderzusetzen (Fend 2000, 211). Auch wenn ein Ablösungsprozess vom Elternhaus stattfindet, bleibt die Familie ein wichtiger Bezugspunkt für die Jugendlichen. Die Shell-Jugendstudie 2019 kommt zu dem Ergebnis, dass seit 2002 der Anteil Jugendlicher, die ein positives Verhältnis zu den Eltern haben, stetig zunimmt: Vier von zehn der befragten Jugendlichen (42 Prozent) kommen bestens mit ihren Eltern aus, die Hälfte (50 Prozent) kommt trotz gelegentlicher Meinungsverschiedenheiten mit ihnen klar (Wolfert/Quenzel 2020, 135 ff.). Damit sind im Grunde gute Ausgangsvoraussetzungen für den intergenerativen Dialog in der Familie gegeben. Allerdings müssen die Eltern auch in der Lage sein, diese Chance zu nutzen. Auf die Ablösung vom Elternhaus reagieren die Eltern auf unterschiedliche Weise. Auf jeden Fall müssen sie sich mit ihren Gefühlen auseinandersetzen, u. a. um zu verhindern, dass sie nicht ihre Erwartungen unreflektiert auf die Jugendlichen projizieren. Zugleich entzünden sich oft Streitpunkte am Aussehen, der Kleidung, den Haushaltspflichten, Ausgehzeiten, dem Medienkonsum etc. Solche Konfliktfälle kann die Familienbildung als Ausgangspunkt für den Dialog unter den Eltern nehmen. Sie kann dazu beitragen, dass Eltern miteinander ins Gespräch kommen und sehen, dass sie ähnliche Probleme haben, und sie kann dabei unterstützen, Lösungswege – individuell auf den jeweiligen Fall bezogen – zu beschreiten.

7.1.4 Nachelterliche Phase

Für die Eltern beginnt eine neue Lebensphase, sobald das letzte Kind aus dem Elternhaus ausgezogen ist. Wurde das „Empty-Nest-Syndrom" („Leeres-Nest-Syndrom") in der Literatur der 1970er-Jahre vor allem auf die Mütter bezogen, die als Hausfrauen den Auszug ihrer Kinder als besonders einschneidend erlebt hatten, richtet sich der Blick nun auf beide Elternteile, die – wenn sie beide im Beruf stehen – ähnliche Ausgangsvoraussetzungen beim Erleben der Trennung von den Kindern haben, auch wenn sie sie jeweils anders verarbeiten. Manche Mütter, die während des Aufwachsens der Kinder zu Hause geblieben sind, erleben den Auszug als neue Freiheit, die Spielraum für Aktivitäten, Fortbildungen und den Wiedereinstieg in den Beruf gibt. Manche Väter, die während ihrer Berufstätigkeit wenig Zeit für ihre Kinder hatten, nehmen den Auszug als Anlass, um mit Bedauern über die Versäumnisse der Vergangenheit nachzudenken. Die Eltern müssen sich auf diese veränderte Situation einstellen, den Verlust emotional verarbeiten und ggf. die Lücke, die die Kinder hinterlassen haben, füllen. Der Alltag muss neu strukturiert werden, was eine Veränderung der Zeitstruktur, der Rituale zu den Essenszeiten und der Kommunikationsgelegenheiten beinhaltet. Die Eltern sind nun auf sich selbst zurückgeworfen und kommen nicht umhin, sich mit ihrer Paarbeziehung neu auseinanderzusetzen. Auf manche Eltern trifft die Situation des „Empty Nest" nicht zu. Es kann sein, dass die Kinder zu Hause wohnen bleiben oder sich regelmäßig zu Hause aufhalten, bei den Eltern essen oder ihre Freizeit zu Hause verbringen, sodass die räumliche Trennung in dem o.a. Sinn gar nicht gänzlich vollzogen wird. Auch das kann als ein Problem erlebt werden und ein Thema für die Familienbildung sein.

Weitere wichtige Themen der nachelterlichen Phase sind Krankheit, Pflege und Tod der eigenen Eltern. Später gilt es, sich mit dem eigenen Berufsausstieg, ggf. der Großelternrolle und dem Älterwerden auseinanderzusetzen.

7.2 Bildungsangebote für Familien in unterschiedlichen Familienkonstellationen

Wie bereits ausgeführt, beschränkt sich Familie als Lebensform längst nicht mehr auf die klassische Familienform „Vater – Mutter – Kind(-er)“, sondern hat sich im Laufe der Zeit ausdifferenziert: Immer mehr Kinder wachsen bei nur einem Elternteil auf, die Zahl der Kinder von unverheirateten Paaren steigt kontinuierlich, im Zuge von Trennung und Scheidung erleben Kinder heute mehr Übergänge von einer Familienform in die andere, eine zunehmende Zahl von Kindern lebt in Stieffamilien bzw. Patchworkfamilien oder wächst in gleichgeschlechtlichen Lebensgemeinschaften auf (Jurczyk/Klinkhardt 2014, Kapitel 2). Die Familie als Lebensform „bedarf hoher kommunikativer Fähigkeiten und großer Bereitschaft bei allen Beteiligten, immer wieder neue Arrangements auszuhandeln und auszuprobieren“ (Maihofer u. a. 2001, 29). Die Orientierung von Bildungsangeboten an unterschiedlichen Familienkonstellationen bedeutet nicht automatisch, dass gesonderte Veranstaltungen allein für bestimmte Zielgruppen wie Alleinerziehende oder Regenbogenfamilien eingerichtet werden, sondern dass die Lebensbedingungen und thematischen Interessen Raum in entsprechenden Angeboten erhalten sollten, was durchaus auch für Eltern in anderen Familienkonstellationen interessant sein kann.

7.2.1 Trennung/Scheidung und Alleinerziehen

Im Jahr 2018 gab es in Deutschland insgesamt 148.066 Ehescheidungen (Statistisches Bundesamt 2019). Unter der Bezeichnung Scheidung wird in Deutschland die formelle juristische Auflösung einer Ehe verstanden. Im Zeitraum zwischen 1990 und 2018 ist die Zahl der Scheidungen seit dem Jahr 2011 zurückgegangen. Die meisten Scheidungen wurden 2003 registriert (213.975). Die Scheidungsquote sinkt stetig und lag 2018 bei 32,9 Prozent. Die meisten Ehen werden nach einer Ehedauer von 26 Jahren und mehr aufgelöst. Die Zahl der von Ehescheidungen betroffenen minderjährigen Kinder lag im Jahr 2018 bei mehr als 121.300. Meistens bleiben sie bei einem Elternteil wohnen, die somit als Alleinerziehende bezeichnet werden können. Insgesamt waren rund 2,58 Millionen Eltern 2018 in Deutschland alleinerziehend, wovon 2,17 Millionen Mütter und etwa 410.000 Väter waren (Statistisches Bundesamt 2019). Im Vergleich gab es 1996 1,3 Millionen Alleinerziehende und 2012 1,6 Millionen (BMFSFJ 2012). Das heißt, dass immer mehr Kinder eine elterliche Trennung oder Scheidung erleben und bei einem Elternteil leben.

Alleinerziehende, von denen die Mehrheit Frauen sind, verfügen häufig über ein niedriges Einkommen, weil einige wegen ihrer Erziehungsaufgaben nur in Teilzeit erwerbstätig sein können oder ein Einkommen unterhalb des Existenzminimums beziehen (Jurczyk/Klinkhardt 2014, 87). Verstärkt wird dies durch einen Mangel an Betreuungsmöglichkeiten. Die ökonomische Situation ändert sich meistens dann, wenn die Frauen eine neue Ehe oder Partnerschaft eingehen.

Da Ein-Eltern-Familien eine heterogene Gruppe darstellen, ergibt sich daraus ein unterschiedlicher Unterstützungsbedarf. So haben Erziehende, die sich in einer Trennungs- und Scheidungsphase befinden, andere Anliegen als Alleinerziehende, die bereits länger in dieser Lebensform leben.

Für viele Alleinerziehende ist der Kontakt zu Menschen wichtig, die sich in einer ähnlichen Situation befinden. Insofern ist die Einrichtung von Treffpunkten in Familienbildungseinrichtungen oder auch Familienzentren wichtig, die Gelegenheit zum gemeinsamen Austausch, zur Verarbeitung der Trennungserfahrung oder Beratung in Fragen der Erziehung, des Sorgerechts und des Unterhalts geben (Pettinger/Rollik 2005, 111). Gerade Alleinerziehende gaben in der Erhebung des Staatsinstituts für Familienforschung der Universität Bamberg (2008) häufiger an, sich unsicher in Erziehungsfragen zu fühlen, und nennen gleichzeitig weniger Personen, an die sie sich im Bedarfsfall wenden können. Viele Alleinerziehende wünschen sich daher Angebote mit der Möglichkeit des Erfahrungsaustauschs und der Begegnung in Gruppen. Aus solchen Begegnungsprogrammen können sich auch Selbsthilfegruppen von Alleinerziehenden entwickeln, die sich ohne Anleitung treffen und ihre Themen in eigener Regie bearbeiten[44].

7.2.2 Stief- und Patchworkfamilien

Familien, in denen Kinder aus vorhergehenden Partnerschaften leben, werden als Stieffamilien bezeichnet. Wenn sich eine Familie nach erfolgter Trennung in einer anderen Konstellation neu zusammensetzt, wird auch von einer Patchworkfamilie gesprochen. Stieffamilien sind historisch gesehen keine neue Familienform, weil sie zu jeder Zeit existierten. In früheren Zeiten ist die Mehrheit dieser Stieffamilien aufgrund des Todes der Mutter (bei der Geburt des Kindes) entstanden, während sie heute mehrheitlich Resultat von Trennung und Scheidung ist (Jurzcyk/Klinkhardt 2014, 27). „In den heutigen Stieffamilien ersetzt ein Stiefelternteil in den meisten Fällen nicht den (toten) Elternteil, sondern er oder sie agiert zusätzlich zum biologischen Elternteil [...]. Dadurch sind Stieffamilien heutzutage komplexer und somit auch konfliktbelasteter" (Jurczyk/Klinkhardt 2014, 27). Deshalb wird zwischen der

- primären Stieffamilie, in der die Kinder (überwiegend) leben, und der
- sekundären Stieffamilie unterschieden, in der der externe Elternteil lebt.

Aufgrund des wachsenden Trennungs- und Scheidungsrisikos kann angenommen werden, dass der Patchworkfamilie eine zunehmende Bedeutung zukommt, was jedoch nicht empirisch nachgewiesen werden kann[45], weil für Deutschland keine hinreichend langen Zeitreihen existieren. Zugleich bringt die Situation in einer Stieffamilie für

44 Die Evaluation der Familienbildung in Bayern im Jahr 2008 ergab, dass sich Trennung und Scheidung bzw. Partnerschafts- und Ehekonflikte als für die Familienbildung besonders relevante Lebens- und Belastungssituation erwiesen (Rupp/Mengel/Smolka 2010, 96).

45 Zwar werden alle Kinder in der amtlichen Haushaltsstatistik erhoben, jedoch wird keine Unterscheidung zwischen Stief-, Adoptiv- und Pflegekindern vorgenommen, weshalb Stieffamilien nicht identifiziert werden können (Jurczyk/Klinkhardt 2014, 28).

alle Beteiligten neue Herausforderungen mit sich, weil sie mit einer bisher nicht gelebten Erfahrung verbunden ist. Den Familienmitgliedern fällt die Aufgabe zu, untereinander Beziehungen herzustellen, die ein möglichst haltbares Netzwerk begründen sollen. Im Zuge der Konsolidierung dieses Familiengefüges kann eine neue Familiengeschichte generiert werden, die die Bindungen untereinander festigt. Sowohl die Beziehungen der Partner untereinander als auch die Beziehungen zu den Kindern müssen entwickelt und gefestigt werden, nicht selten stehen beide Prozesse in Konkurrenz zueinander (Rupp/Mengel/Smolka 2010, 194) und erfordern sehr viel Zeit.

Deshalb besteht eine wichtige Aufgabe darin, „eine Balance zwischen den Bedürfnissen einer funktionierenden Partnerschaft und den kindlichen Ansprüchen zu finden" (ebd., 195). Diese Aufgabe wird schon dadurch erschwert, dass es keine gesellschaftlich anerkannten Rollendefinitionen und Normen für die Stiefeltern und die Stiefkinder gibt.

Jurczyk und Klinkhardt (2014, 31) weisen auf Befunde aus den USA (Coleman, Ganong und Fine 2000) hin, dass Kinder aus Stieffamilien einem höheren Risiko ausgesetzt seien, emotionale Probleme und Verhaltensauffälligkeiten zu entwickeln. Allerdings seien die Unterschiede zu Kindern, die in Kernfamilien leben, häufig sehr gering. Weiterhin sei unbestritten, dass die durch Scheidung und Trennung verursachten Prozesse in der Familie einen wesentlichen Einfluss auf die eigene Partnerschaftsbiografie haben und die Trennungswahrscheinlichkeit erhöhten. Die Auswirkungen von Trennung und Scheidung auf das Leben der Erwachsenen und der Kinder zeigt, dass alle Beteiligten emotional und sozial gefordert sind, die neue Lebenssituation zu meistern. In diesem Zusammenhang müssen u. a. Beziehungsstrukturen geklärt und Erziehungspraktiken aufeinander abgestimmt werden.

Daraus ergeben sich auch Anknüpfungspunkte für die Familienbildung, die weniger in der Etablierung eines spezifischen Zielgruppenangebots bestehen (dafür ist die Zahl der Betroffenen oft zu gering), sondern vielmehr in der Integration entsprechender Fragen und Themen in bestehende Angebote. Letztlich kann es auch für nicht unmittelbar betroffene Familien sinnvoll sein, sich mit diesen Themen zu beschäftigen, weil die Paare selbst einmal eine Trennung vom Partner durchleben können. Darüber hinaus ergeben sich viele Schnittpunkte in bestehenden Kursen und Gesprächskreisen. So kann ein Angebot wie „Geschwisterbeziehungen stärken" durchaus aus der Sicht unterschiedlicher Familienkonstellationen vielfältig akzentuiert werden.

7.2.3 Regenbogenfamilien

Regenbogenfamilien werden als Familien definiert, in denen die Kinder bei gleichgeschlechtlichen Eltern[46] aufwachsen (Jurczyk/Klinkhardt 2014, 30). Regenbogenfamilien stellen eine zwar gering verbreitete, aber durchaus vielfältige Familienform dar. Darunter sind Adoptiv- und Pflegefamilien ebenso zu finden wie Familien, deren Kind aus einer heterosexuellen Partnerschaft stammt oder mittels Insemination, also der künstlichen Übertragung von Samen, in der lesbischen Beziehung geboren wurde (Bergold/Buschner 2018, 1). Die Datenlage zu gleichgeschlechtlichen Familien wird als unbefriedigend bezeichnet (Rupp/Mengel/Smolka 2010, 201). Im Hinblick auf eingetragene Lebenspartnerschaften unter gleichgeschlechtlichen Paaren gibt es seit 2006 im Mikrozensus entsprechende Daten. Der Mikrozensus für das Jahr 2018 weist rund 130.000 gleichgeschlechtliche Lebensgemeinschaften (davon 76.000 Männer und 54.000 Frauen) aus[47]. Rund 38.000 aller gleichgeschlechtli-

---

46 Inzwischen wurde in wissenschaftliche und gesellschaftspolitische Diskussionen der Begriff „queer" eingeführt, der häufig als Sammelbegriff für Lesben, Schwule, Bisexuelle, trans- und intergeschlechtliche Menschen verwendet wird. In der wissenschaftlichen Diskussion übten die „Queer Studies" vor allem Kritik an festen Identitätszuschreibungen im Bereich der Sexualität und des Geschlechts und zielten auf die Dekonstruktion von Identitäten. Im Mittelpunkt dieser Debatten steht, wie die Konstruktion von Zweigeschlechtlichkeit und Heterosexualität die patriarchalisch geprägten Machtverhältnisse stärkt.

47 „Entscheidend für die Klassifizierung als Lebensgemeinschaft im Mikrozensus – egal ob gleich- oder gemischtgeschlechtlich – ist die Einstufung der Befragten selbst. Eine dahingehende Frage wird seit 1996 gestellt. Ihre Beantwortung war den befragten Personen bis 2016 freigestellt, seit dem

chen Lebensgemeinschaften waren 2018 zugleich eingetragene Lebenspartnerschaften. Seit 2007 hat sich ihre Anzahl fast verdoppelt (von 68.000 auf 130.000)[48]. Im Jahr 2017 lebten 11.000 gleichgeschlechtliche Paare mit Kindern zusammen. Davon entfielen 96 Prozent auf gleichgeschlechtliche Partnerschaften von Frauen. Insgesamt lebten 16.000 Kinder mit einem gleichgeschlechtlichen Elternpaar zusammen. Davon waren 14.000 unter 18 Jahren. An den statistischen Zahlen im Zeitvergleich wird deutlich, dass die Zahl der gleichgeschlechtlichen Paare mit Kindern stetig zugenommen hat.

Auch wenn die Anzahl gleichgeschlechtlicher Paare mit Kindern zugenommen hat, werden diese Familienkonstellationen noch nicht als „selbstverständlich" in der Öffentlichkeit wahrgenommen. Davon zeugen eine Reihe von Vorurteilen und Zuschreibungen, mit denen sich die Forschung auseinandergesetzt hat und die auch von der Familienbildung zu thematisieren sind, will sie einer aufklärenden Rolle gerecht werden. Es gilt, vorurteilsbesetzte, diskriminierende Äußerungen, die ein verzerrtes Bild von Regenbogenfamilien vermitteln, als falsch zu entlarven und zu dekonstruieren. Bergold/Buschner (2018, 4 ff.) fassen einige zentrale Forschungsergebnisse zum Themenbereich Regenbogenfamilien zusammen. Sie stellen fest, dass sich bisherige Forschungen auf die Frage konzentrierten, ob sich Kinder in diesen Familien ähnlich gut entwickeln wie Kinder aus heterosexuellen Kernfamilien. Das Augenmerk war dabei vor allem auf Abweichungen im Sinne defizitärer Entwicklungen gerichtet (Verhaltensprobleme, inadäquates Geschlechtsrollenverhalten, emotionale Defizite, geringer Selbstwert, schlechte Schulleistungen, mangelnde soziale Kompetenzen etc.). Demgegenüber wurden beispielsweise die Stärken von Regenbogenfamilien ignoriert.

Die Studien zeigten – entgegen weitverbreiteter Vorurteile –, dass sich Kinder und Jugendliche aus Regenbogenfamilien genauso

---

Berichtsjahr 2017 besteht Auskunftspflicht" (Statistisches Bundesamt 2018, 54).

48 Der Mikrozensus des Statistischen Bundesamtes erfasst lediglich die Anzahl der gleichgeschlechtlichen Paare mit einem gemeinsamen Haushalt.

häufig mit ihrem biologischen Geschlecht identifizieren und sich ähnlich häufig vom anderen Geschlecht angezogen fühlen wie die Altersgenossen aus heterosexuellen Familien. Weniger eindeutig sind die Befunde zum Geschlechtsrollenverhalten; allerdings kann festgehalten werden, dass die Unterschiede im Geschlechtsrollenverhalten eher gering sind und sich im Normbereich bewegen. Die Fähigkeit zur psychischen Anpassung im Hinblick auf den Abbau von Verhaltensauffälligkeiten, emotionale Probleme und den Aufbau von prosozialem Verhalten ist bei Kindern aus Regenbogenfamilien besser ausgebildet als bei Gleichaltrigen aus heterosexuellen Familien. Viel bedeutender für die Entwicklung der Kinder und Jugendlichen als die sexuelle Orientierung der Eltern sei die *Qualität der familialen Beziehungen.* Dazu gehört die Partnerschaftsqualität der Eltern und deren Konflikthäufigkeit, das Stresserleben in der Rolle als Eltern, die Verbundenheit sowie die emotionale Bindung zwischen Elternteil und Kind (ebd., 5). „Auch die Frage, ob insbesondere Jungen ein männliches Rollenmodell brauchen, um sich psychisch gesund zu entwickeln, kann nach bisherigem Forschungsstand verneint werden.“ Sowohl die Jugendlichen als auch die Mütter sahen im Hinblick auf die psychische Anpassung keine signifikanten Unterschiede zwischen Mädchen und Jungen, die mit oder ohne männliches Geschlechtsrollenmodell aufwachsen.

Verstärkte Aufmerksamkeit sollte den Diskriminierungserfahrungen zukommen, die die Jugendlichen in der Gruppe der Gleichaltrigen erleben. Im Gegensatz zu Kindern aus verschiedengeschlechtlichen Familien wurde ihnen häufiger zugeschrieben, selbst homosexuell zu sein. In Deutschland berichtet fast jeder zweite Jugendliche aus einer Regenbogenfamilie über solche Diskriminierungserfahrungen (ebd.). Als Schutzfaktoren haben sich u. a. die gute Beziehung zu Gleichaltrigen und der Familie und eine emotional sichere Beziehung zu den Eltern erwiesen.

Offenbar sah sich das Bundesministerium für Justiz veranlasst, die Auswirkungen der kindschaftsrechtlichen Regelungen des Lebenspartnerschaftsgesetzes und des Lebenspartnerschaftsüberarbeitungsgesetzes auf die gleichgeschlechtlichen Lebenspartnerschaften mit Kindern untersuchen zu lassen und gab die Studie „Kinder in gleichgeschlechtlichen Lebenspartnerschaften“ (Rupp 2009) in Auftrag[49]. Es ging um die Prüfung eines „Änderungs- oder Ergänzungsbedarfs kindschaftsrechtlicher Regelungen im Hinblick auf die Wahrung des Wohls der Kinder“ (ebd., 281). Ein Befund der Untersuchung ergab, dass lesbische Mütter und schwule Väter sich in ihrer elterlichen Kompetenz kaum von heterosexuellen Eltern unterscheiden. Die Eltern in Regenbogenfamilien haben durchweg eine gute Beziehung zu ihren Kindern, die sich durch Fürsorglichkeit und Zugewandtheit auszeichnet (Rupp 2009, 309). Sie setzen in der Erziehung Grenzen, vermeiden aber harte Sanktionen. Das Familienklima in den untersuchten Familien war durchweg positiv. Sorgen und Nöte wurden offen besprochen, Reibereien über Kleinigkeiten eher vermieden. In der Kinderversorgung engagieren sich beide Elternteile in gleichem Maße. Gleichgeschlechtlich lebende Eltern achten in hohem Maße darauf, dass ihre Kinder in ihrem Umfeld Bezugspersonen vom jeweils anderen Geschlecht haben. Die Persönlichkeitsentwicklung der Kinder und ihre Fähigkeiten im schulischen Bereich werden als altersadäquat beschrieben. Es finden sich keine Anhaltspunkte für die Neigung zu Depressionen (ebd.).

Anknüpfungspunkte für die Familienbildung im Hinblick auf die Ansprache von gleichgeschlechtlichen Paaren bestehen u.a. im Bereich der rechtlichen Information, im Umgang mit Diskriminierung und der Einrichtung von Treffpunkten.

---

49 Rupp/Bergold (2009, 281) führen in einer Zusammenfassung der Ergebnisse ihrer Studie aus, dass bisherigen Untersuchungen über Kinder, die in gleichgeschlechtlichen Partnerschaften in Deutschland leben, sehr kleine Stichproben zugrunde lägen und sie daher nicht repräsentativ seien. Zudem enthielten sie „keine Aussagen zu den Auswirkungen des Lebenspartnerschaftsgesetzes und des Lebenspartnerschaftsüberarbeitungsgesetzes. Daher bieten sie keine gesicherte Grundlage für die Prüfung eines Änderungs- oder Ergänzungsbedarfs kindschaftsrechtlicher Regelungen im Hinblick auf die Wahrung des Wohls der Kinder, die in gleichgeschlechtlichen Lebenspartnerschaften aufwachsen“. Diese Erkenntnislücke sollte durch diese Untersuchung geschlossen werden.

Zwar hat sich die rechtliche Situation und gesellschaftliche Anerkennung von gleichgeschlechtlichen Paaren seit Oktober 2017 (Ehe „für alle") deutlich verbessert, aber dennoch gibt es immer noch rechtliche Benachteiligungen gegenüber heterosexuellen Paaren. Leben zum Beispiel zwei Frauen in einer Ehe oder einer eingetragenen Lebenspartnerschaft und entscheiden sich gemeinsam, eine Familie mit Kindern zu gründen, kann bislang nur die leibliche Mutter die rechtliche Mutterschaft beanspruchen, während ihre Partnerin den oft langwierigen Prozess der Stiefkindadoption durchlaufen muss. Diese Ungleichbehandlung gegenüber heterosexuellen Paaren, bei denen der Ehepartner automatisch zum rechtlichen Vater wird, auch wenn er nicht der leibliche Vater ist, wurde mit der Öffnung der Ehe für gleichgeschlechtliche Paare nicht abgeschafft (Deutscher Bundestag 2018). Insofern besteht hier ein Reformbedarf und aufseiten vieler Paare auch ein Diskussionsbedürfnis. Die Stiefelternsituation erfordert überdies Anstrengungen bei der Beziehungsgestaltung und der Integration des externen Elternteils. Auch der Austausch mit anderen Regenbogenfamilien ist im Sinne eines Empowermentansatzes von Bedeutung, denn er ermöglicht die Erfahrung, mit den Problemen nicht allein dazustehen und nach gemeinsamen Wegen für eine ggf. politische Lösung zu suchen. Die Eltern benötigen auch im Zusammenhang mit den Diskriminierungserfahrungen ihrer Kinder in der Schule Hinweise, wie sie sich am besten gegenüber den Lehrer*innen und anderen Kindern verhalten können.

Eltern-Kind-Kurse, Informationsveranstaltungen, Wochenendseminare und weitere Angebote werden vor allem von Interessenverbänden – oft in Verbindung mit Einrichtungen der Familienbildung – angeboten. Ein wichtiger Aufgabenbereich ist auch die Fortbildung des pädagogischen Personals zum Themenbereich „Regenbogenfamilien". Dabei erscheint es u.a. sinnvoll, eine „queere" Perspektive einzunehmen, die den engen Blick auf Homosexualität ausweitet und auf alle Arten von Sexualität und sexuellem Begehren (wie zum Beispiel Bisexualität, Transgender, intergeschlechtlich) richtet.

Diversity Box – Ein Projekt zur Akzeptanz und Anerkennung sexueller Vielfalt

Träger: Archiv der Jugendkulturen

Das Modellprojekt beschäftigt sich mit der Akzeptanz und Anerkennung sexueller und geschlechtlicher Vielfalt. Über die direkte Begegnung von Jugendlichen mit einem auf sexueller Vielfalt basierenden geschulten Team sollen diskriminierende Handlungsmuster infrage gestellt werden. Zudem sollen Schulungen für Multiplikatoren sowie Infoveranstaltungen für *Eltern* und weitere relevante Akteure stattfinden, um einen nachhaltigen Informations- und Wissenstransfer zu ermöglichen. Ziel ist es, über homosexuellen- und transfeindliche Vorurteile und stereotype Geschlechterrollen aufzuklären und für mehr Sensibilisierung und Wissen bei Jugendlichen und Erwachsenen zu sorgen (Deutscher Bundestag 2018, 10).

7.3 Besondere familiale Lebenslagen und Belastungssituationen

Bei diesem Ansatz wird das Augenmerk auf Angebote gerichtet, die Unterstützung bei psychosozialen Belastungen und Krisen bieten sollen und im Vorfeld von Beratung und Therapie angesiedelt sind. Solche belastenden Situationen treten u.a. im Fall des Todes eines Familienmitglieds, Trennung/Scheidung der Eltern, Geburt eines Kindes mit Behinderung, Erkrankung eines Familienmitglieds, Straffälligkeit von Familienmitgliedern, Demenz und Pflegebedürftigkeit älterer Familienmitglieder auf. Zu besonderen, vielfach Stress erzeugenden Lebenssituationen zählen auch Arbeitslosigkeit, Überschuldung eines Haushalts und Armut.

Familienbildung informiert in diesen Fällen, gibt Hinweise über Beratungsmöglichkeiten oder führt Menschen zusammen, die sich in der gleichen Situation befinden und über ihre Erfahrungen austauschen wollen. In den letzten Jahren wird der frühen Bildung in der Familie eine besondere präventive Bedeutung zugeschrieben.

Insbesondere Familien aus ärmeren Milieus sind Belastungen ausgesetzt, die sich negativ auf die kindliche Entwicklung auswirken können. Armut ist ein mehrdimensionales gesellschaftliches Phänomen, für das es keine einheitliche Definition gibt, aber eine Reihe von charakteristischen Merkmalen wie Einkommensarmut, eingeschränkte Handlungsfreiheit und Bewältigungsstrategien, Unterversorgung und soziale Ausgrenzung. Die Belastungen, die das Aufwachsen in Armut mit sich bringt, können sich auf die Gesundheit, die neurobiologische Entwicklung des Kindes, seine kognitiven Fähigkeiten und sein Sozialverhalten auswirken und somit auch die nachfolgenden Bildungsverläufe beeinträchtigen (Melhuish 2013, 209). Die durchgeführten Schulleistungsstudien (PISA-Studien)[50] kommen zu dem Ergebnis, dass die soziale Herkunft immer noch der entscheidende Faktor ist, der Erfolg oder Misserfolg im Bildungslauf bestimmt. Unterschiedliche Untersuchungen machen darauf aufmerksam, dass zur Verbesserung dieser Situation durchgreifende Veränderungen in den Politikfeldern Soziales, Bildung und Gesundheit erfolgen müssen, um soziale Ausgrenzung zu mindern (Melhuish 2013, 209; Holz 2011, 13 ff.; Meier-Gräwe 2013, 134 ff.). In diesem Zusammenhang sollten auf der Ebene struktureller Armutsprävention gegensteuernde sozialpolitische Maßnahmen eingeleitet werden, während kindbezogene Armutsprävention darauf abzielt, „Kinder und Eltern in ihrer Persönlichkeit und ihrem Handeln zu stärken, zum Beispiel Resilienz zu fördern, damit sie wiederum ihr Kind individuell unterstützen können“ (Holz 2011, 11). Viele Eltern aus benachteiligten Milieus fühlen sich den Anforde-

50 Die PISA-Studien der OECD sind internationale Schulleistungsuntersuchungen, die seit dem Jahr 2000 in dreijährlichem Turnus in den meisten Mitgliedstaaten der OECD und einer zunehmenden Anzahl von Partnerstaaten durchgeführt werden. Sie haben zum Ziel, alltags- und berufsrelevante Kenntnisse und Fähigkeiten Fünfzehnjähriger zu messen (www.oecd.org).

rungen an ihr Erziehungshandeln nicht gewachsen, sind verunsichert und durch die multiplen Belastungen in Beruf und Familie gestresst (Merkle/Wippermann 2008, 32). Sie wünschen sich bei schulischen Problemen ihrer Kinder und in Erziehungsfragen fachliche Unterstützung (Diakonisches Werk u.a. 2011, 41). Daraus ergibt sich ein Ansatzpunkt für eine frühe Förderung in den Familien.

In der Fachliteratur werden verschiedene Arten der Prävention unterschieden, und zwar die *universelle, selektive* und *indizierte* Prävention (Wissenschaftlicher Beirat für Familienfragen 2005, 100 f.).

Universelle Präventionsmaßnahmen setzen vor dem Auftreten problematischer Entwicklungen an. Sie sollen die Erziehungskompetenzen der Eltern stärken, damit es erst gar nicht zu Fehlentwicklungen in der Erziehung kommt. Solche Maßnahmen, etwa in Form von Eltern-Kind-Kursen, überwiegen in der institutionalisierten Familienbildung.

Selektive Präventionsangebote richten sich gezielt an Familien in Risikokonstellationen und sensibilisieren für ein konkretes Erziehungsverhalten, die Bewältigung alltäglicher schwieriger Situationen bis hin zur Erarbeitung einer verbesserten Alltagssituation mit veränderten Strukturen im Familienalltag.

Ansätze zur *indizierten* Prävention haben zum Ziel, das Ausmaß einer bereits bestehenden problematischen Entwicklung zu begrenzen. Der Übergang zu therapeutischen Interventionsansätzen ist fließend. Zu unterscheiden sind ambulante, teilstationäre und stationäre Maßnahmen.

7.3.1 Präventive Funktion von Hausbesuchsprogrammen

Auf der pädagogischen Ebene hat sich die frühe Förderung durch vorschulische Bildungsinstitutionen und Elternbildungsprogramme als besonders wirkungsvoll herausgestellt, weil gerade in den ersten Jahren prägende Entwicklungen ablaufen und beeinflusst werden können. „Studien zufolge sind elternorientierte Programme mit klaren detaillierten Vorgaben für die Umsetzung, wie zum Beispiel das ‚Nurse Family Partnership'-Programm (NFP-Programm) (Olds 2006) am erfolgreichsten. [...] Im Einzelnen führte das Hausbesuchsprogramm zu Verbesserungen der pränatalen mütterlichen Gesundheit, zu weniger Verletzungen der Kinder und zu längeren Abständen zwischen nachfolgenden Geburten. Auch trug es zu einer stärkeren Einbeziehung der Väter, einer höheren Müttererwerbstätigkeit und einer geringeren Abhängigkeit von sozialen Transferleistungen bei. Es verbesserte schließlich die Schulreife der Kinder und hatte bei Teenagern weniger Drogenmissbrauch und Verhaltensauffälligkeiten zur Folge" (Melhuish 2013, 211).

Auch das Hausbesuchsprogramm „Opstapje – Schritt für Schritt", das hier beispielhaft herangezogen wird, ist ein präventives Spiel- und Lernprogramm für Kleinkinder aus sozial benachteiligten Familien, das in der Tradition der Head-Start-Programme aus den USA und des Hippy-Programms aus Israel steht. Das Programm wurde von der Averroès-Stiftung in den Niederlanden entwickelt und durchgeführt. Es ist darauf angelegt, Fehlentwicklungen in sozial benachteiligten Familien, u.a. Familien mit Migrationsgeschichte, gegenzusteuern und die Ressourcen der Familien zu stärken. In Deutschland wurde das Programm so modifiziert, dass es nicht mit dem Kitaeintritt kollidiert. Es ist für Kinder ab 18 Monaten vorgesehen und begleitet sie und ihre Eltern bis zum dritten Lebensjahr und dem Eintritt in die Kindertageseinrichtung. Insgesamt dauert das Programm zwei Jahre. Anfangs werden die Familien wöchentlich, später vierzehntägig für jeweils eine halbe, später eine dreiviertel Stunde besucht. Zusätzlich finden alle zwei Wochen Gruppentreffen in quartiersnahen Räumen statt. Das Programm zeichnet sich durch seine Gehstruktur aus. Semiprofessionelle Kräfte führen die Hausbesuche und Gruppentreffen mit den Müttern durch und unterstützen die Eltern-Kind-Interaktionen, um die Erziehungskompetenzen der Eltern zu verbessern und die kindliche Entwicklung günstig zu beeinflussen. Eine Hausbesucherin[51] begleitet in der Regel zwölf bis fünfzehn Familien, spricht die Termine mit den Eltern ab, ist für die Vorbereitung, Durchführung und Dokumentation der Hausbesuche zuständig, führt mit der Koordinatorin des Projekts regelmäßige Anleitungsgespräche, bereitet die Gruppentreffen mit den Müttern vor und ist verpflichtet, an Fortbildungen zu relevanten pädagogischen Themen teilzunehmen (Sann/Thrum 2005, 36). Die Hausbesucherin hat für die Familie eine Modellfunktion. Sie regt die Eltern zur aktiven Teilnahme an den Spielen der Kinder an und erklärt die Rolle des Spiels für die kindliche Entwicklung. Sie zeigt den Eltern beispielsweise, auf welche Signale des Kindes geachtet werden sollte; wie wichtig aktives Zuhören ist; wie die Initiativen, die vom Kind kommen, unterstützt und wie Kinder zum Explorieren ihres sozialen Umfelds angeregt werden können. Ein solches Programm ist vor allem dann wirkungsvoll, wenn es in ein kommunales Netzwerk unterschiedlicher Einrichtungen (u. a. Familienbildungsstätten) eingebunden ist, die familienunterstützende Maßnahmen anbieten. So können auch besser Präventionsketten für Familien in Risikolagen aufgebaut werden.

Studien zur Wirksamkeit von Frühfördermaßnahmen zeigen, dass die Maßnahmen umso effektiver sind, je früher sie beginnen und je länger sie andauern. Optimal ist, wenn eine Maßnahme im ersten Lebensjahr beginnt und wenn sie mindestens zwei Jahre dauert. Wird der Übergang in die Schule einbezogen, hat dies positive Folgen für die Schullaufbahn des Kindes. Mehrere Stunden tägliche Förderung, die Anleitung und Anregung für Kinder und Eltern bieten, werden empfohlen. Dabei profitieren insbesondere Familien mit mehreren Risikofaktoren (Arbeitslosigkeit, Krankheit, geringes Ausbildungsniveau der Eltern, niedriger sozialer Status) von der

51 Es handelt sich in der Regel um Frauen, deshalb wird im Folgenden die weibliche Form benutzt.

Förderung, weil sie von einem Hausbesuchsprogramm unmittelbar begleitet werden und eine regelmäßige Teilnahme garantiert ist. Deutlich wurde auch, dass die Fördermaßnahmen auf den familiären Hintergrund und die kulturellen Orientierungen der Familie abgestimmt sein müssen. Die Interventionen greifen nämlich nicht, wenn sie mit den kulturellen Orientierungsmustern der Familie kollidieren und von den Eltern nicht akzeptiert werden (zum Beispiel im Hinblick auf die Geschlechterrollen, religiöse Inhalte oder bestimmte Erziehungsziele wie Autonomie) (Sann/Thrum 2005, 13 f.).

Grundsätzlich gilt, dass eine Kombination von home-based[52], also im Umfeld der Familie realisierten Programmen, und center-based, in der Einrichtung durchgeführten Programmen, am wirkungsvollsten ist (Pietsch/Ziesemer/Fröhlich-Gildhoff 2010, 74). Zugleich wird mit Nachdruck unterstrichen, wie wichtig eine offene, an alle Familien gerichtete Werbung und Öffentlichkeitsarbeit ist: „Wenn spezifische Angebote gemacht werden (beispielsweise Elternkurse zur Stärkung der Erziehungskompetenz), ist es wichtig, diese *allen* Eltern anzubieten, damit keine Diskriminierungen entstehen. Solche offenen Angebote sind wirkungsvoller als jene, die nur ‚auffällige' oder ‚schwierige' Familien ansprechen" (Pietsch u.a. 2010, 75).

7.3.2 Das Programm „Elternchance ist Kinderchance"[53]

Vorgeschichte

Das Bundesprogramm „Elternchance ist Kinderchance" (Müller u.a. 2015) stellt einen Ansatz dar, um Eltern in ihrer Rolle als Bildungs-

52 Home-based Programme sind auf den häuslichen Bereich und Lernprozesse in der Familie bezogen (zum Beispiel Hausbesuchsprogramme wie „HIPPY" oder „Opstapje"). Center-based Programme werden in den (Familien-)Bildungsinstitutionen durchgeführt. Sie basieren in der Regel auf einer „Komm-Struktur".

53 Das Profil dieses Programms wurde dem Praxisleitfaden „Interkulturelle Öffnung der Familienbildung" (2019) entnommen. Der Text wurde von Veronika Fischer verfasst.

vermittler für ihre Kinder zu stärken. Es wird in diesem Kapitel ausführlich dargestellt, weil es Befunden aus der Bildungsforschung Rechnung trägt, die die Bedeutung des familiären Kontextes für die kognitive, soziale und emotionale Entwicklung des Kindes betont (Melhuish 2013, 209–222; Tietze u.a. 2005, 50–54). Darüber hinaus wurde das Projekt auf der Grundlage eines methodisch anspruchsvollen Evaluationsdesigns wissenschaftlich begleitet, dessen Forschungsergebnisse für die Familienbildung wichtige Erkenntnisse liefert.

Adressaten

Das Programm richtet sich zunächst an *Fachkräfte der Familienbildung*, die zu Elternbegleitern und Elternbegleiterinnen qualifiziert werden. Nachdem sie die Fortbildung absolviert haben, besteht ihre Aufgabe darin, insbesondere *sozial benachteiligte, „bildungsferne" Familien und Familien aus ressourcenarmen Migrantenmilieus* anzusprechen und zu begleiten. Das Programm adressiert dabei Familien mit Kindern von der Geburt bis zum Ende der Grundschulzeit.

Im Programmbereich „Elternbegleitung Plus" werden 100 *Modellstandorte* gefördert, die neue Zugangswege zu benachteiligten Familien erschließen und Kooperationsstrukturen vor Ort aufbauen sollen.

Ziele

Das Bundesprogramm vertritt auf der Grundlage des § 16 SGB VIII einen präventiven Ansatz, der bereits beim ersten Bildungsort, nämlich der Familie, einsetzt. Durch entsprechend qualifizierte Elternbegleiter*innen, die gelernt haben, niedrigschwellig zu arbeiten, sollen Eltern aus benachteiligten Milieus

- als Interaktions- und Beziehungspartner ihrer Kinder gestärkt werden,
- in ihrem Erziehungsverhalten gefördert,
- bei der Auswahl von Bildungseinrichtungen,
- Bildungsübergängen und
- der Wahrnehmung von Erziehungs- und Bildungspartnerschaften beraten werden (Walper/Stemmler 2013, 23–31).

Aufbau und Methoden des Programms
Das Bundesprogramm umfasste in der Laufzeit von März 2011 bis Dezember 2014 zwei Teile:

1. Die Qualifizierung von Fachkräften in der Familienbildung zu Elternbegleiter*innen und
2. die Förderung der Modellstandorte „Elternbegleitung Plus“.

Zu 1. Qualifizierung zur Elternbegleiterin und zum Elternbegleiter
Die Fortbildung der Fachkräfte erfolgte auf Basis von zwei fachlich geprüften Curricula:

- einem Curriculum der Bundesarbeitsgemeinschaft Familienbildung & Beratung e.V. (AGEF);
- einem Curriculum eines Trägerkonsortiums

Inhalte waren u.a.: Frühe Bildung im familiären Alltag, Bildungswege und Fördermöglichkeiten in den Bundesländern, Dialogische Haltung als Elternbegleiter/in, Wahrnehmungs-, Diagnose- und Beratungskompetenzen, Konzepte aufsuchender Elternarbeit, Unterstützung sozial benachteiligter Familien mit und ohne Migrationshintergrund (Müller u.a. 2015, 39).

Die erworbenen Kenntnisse wurden in unterschiedlichen Formaten und Settings umgesetzt: Bewährte Familienbildungsformate wie Elternkurse oder Gesprächskreise, offene Angebote wie zum Beispiel Elterncafés, Unterstützung bei der Organisation von Haushalt und Familienalltag, Beratung, Gesundheitsprävention und aufsuchende mobile Elternarbeit.

Zu 2. Förderung von Modellstandorten
Die Modellstandorte wurden mit 10.000 Euro pro Standort unterstützt, um in den Sozialräumen vernetzte Angebote zur Unterstützung der Familien aufzubauen. Intendiert war:

- die Weiterentwicklung der sozialraumbezogenen Zusammenarbeit von Trägern der Familienbildung mit Kitas, Schulen und der sozialpädagogischen Familienhilfe,
- Aufbau und Verankerung von Netzwerken vor Ort zur Bildungsbegleitung von Familien, die sowohl center-based ausgerichtet waren als auch aufsuchende Strategien umfassten,

- Erschließung von Zugängen zu bisher schwer erreichbaren Familien und Entwicklung innovativer Angebote,
- Etablierung von Beratungsangeboten zu Bildungsübergängen (Müller u.a. 2015, 39f.).

Zeitrahmen und Standards
Die Träger führten die Qualifizierungskurse parallel und unabhängig voneinander durch. Die Kurse waren modular aufgebaut und umfassten zwischen 84 Unterrichtsstunden (Trägerkonsortium) und 120 Unterrichtsstunden (AGEF) sowie 120 Unterrichtsstunden für Literaturstudium, Reflexions- und Praxisphasen sowie schriftliche Ausarbeitung.

Qualifikation der Kursleitung
Voraussetzung für die Teilnahme an der Qualifizierung war, dass die Fachkräfte über eine entsprechende (sozial- oder frühpädagogische) Grundqualifikation verfügten, haupt- oder nebenamtlich in der Familienbildung beschäftigt waren und in räumlicher Nähe zu einer „Schwerpunkt-Kita Sprache & Integration" oder „Offensive Frühe Chancen" des BMFSFJ tätig waren. Die Elternbegleitung sollte in die bestehende Arbeit integriert werden und nicht als separates zusätzliches Aufgabenfeld gesehen werden.

Ausgewählte Evaluationsergebnisse
Die Evaluation wurde zwischen 2012 und 2014 im Auftrag des Bundesministeriums für Familie, Senioren, Frauen und Jugend (BMFSFJ) vom Deutschen Jugendinstitut e.V. (DJI) in München und von der Friedrich-Alexander-Universität (FAU) Erlangen-Nürnberg durchgeführt. Sie verfolgte zwei übergeordnete Ziele: Zunächst sollten die Umsetzung des Programms im Hinblick auf die erreichten Erfolge geprüft und Empfehlungen zur Verbesserung gegeben werden. Weiterhin sollten Erkenntnisse über die Wirkungen des Programms und die fachlichen Strategien gewonnen werden. Die Studie setzte unterschiedliche Methoden ein, um die Selbstauskünfte von den Elternbegleiter*innen sowie den von ihnen betreu-

ten Eltern einzuholen (zum Beispiel standardisierte Befragungen, qualitative Interviews, Fokusgruppen). Dabei berücksichtigte sie drei Ebenen: die Ebene der Fachkräfte, der Einrichtungen und der Eltern. Weitere Angaben zum methodischen Vorgehen können dem Abschlussbericht der Forschungsgruppe des DJI (Müller u.a. 2015) entnommen werden.

a) Befunde zur Qualifizierung der Elternbegleiterinnen und Elternbegleiter

Bis Ende des Jahres 2014 hatten bundesweit rund 5.500 Fachkräfte die Qualifizierung abgeschlossen und 2.000 weitere Fachkräfte ihr Interesse geäußert, was auf einen hohen Bedarf an Qualifizierung schließen lässt. Knapp 40 Prozent der erreichten Fachkräfte sprachen in ihrem Arbeitsalltag neben Deutsch mindestens eine andere Sprache, insbesondere Englisch, gefolgt von Türkisch und Russisch. An der Qualifizierung nahmen insbesondere ausgebildete Erzieherinnen und Erzieher teil (62 Prozent). Darüber hinaus waren auch Absolvent*innen eines Studiums der Sozialen Arbeit (19 Prozent) und der Erziehungswissenschaft (8 Prozent) vertreten. Über die Hälfte der befragten Fachkräfte war in Kindertagesstätten tätig (51 Prozent). Hauptmotiv der Teilnahme war es, insbesondere die Eltern, die bisher nur schwer erreicht werden konnten, besser in die Arbeit einzubinden. Mehr als 86 Prozent gaben bei der Befragung an, zufrieden bis vollkommen zufrieden mit der Fortbildung zu sein. Insbesondere die hohe Praxisrelevanz für die Zusammenarbeit mit Eltern in Kindertagesstätten und für die Gestaltung von Familienbildungsangeboten wurde gelobt. Wissens- und Kompetenzzuwachs zeigte sich nach Ansicht der Befragten sowohl bei den Kenntnissen über Kommunikationsmodelle und Beratungstechniken als auch bei den fachlichen Kompetenzen in den Bereichen Gesprächskompetenz, Reflexion der Berufsrolle, Empathie, berufliche Selbstwirksamkeit und konstruktive Zusammenarbeit mit Eltern (ebd., 20 f.).

Die qualitativen Interviews ergaben, dass besonders der Aufbau stabiler Erziehungs- und Bildungspartnerschaften für eine erfolgreiche Elternarbeit wesentlich ist. Die Fachkräfte sahen vor allem im Kontakt zu Eltern aus einem anderen herkunftskulturellen bzw. sozial schwachen Milieu Probleme, die Beziehung dauerhaft aufrechtzuerhalten. Zugänge gelangen vor allem durch offene Angebote wie Eltern- und Müttercafés, Elternfrühstück, Eltern-Kind-Kochkurse, Ausflüge und interkulturelle Feste. Insbesondere Fachkräfte aus Familienzentren hatten einen überdurchschnittlich guten Zugang zu diesen Zielgruppen, während Fachkräfte aus Einrichtungen der Familienbildung seltener Kontakte herstellen konnten (ebd., 22). Allerdings konnten im Zeitverlauf nur die Kontakte zu Familien in Einkommensarmut erhöht werden, zu den anderen Gruppen (wie Zugewanderten) nicht.

Elternbegleitung braucht angemessene institutionelle Rahmenbedingungen, um erfolgreich durchgeführt werden zu können. Als hinderlich wurde das geringe Zeitkontingent (75 Prozent) für Elternarbeit gesehen, das in den täglichen Arbeitsabläufen zur Verfügung steht, außerdem die fehlende Finanzierung (57 Prozent) und hohe Arbeitsbelastung (46 Prozent). Je nach Einrichtungsart ergaben sich unterschiedliche Gewichtungen bei der Einschätzung. Fachkräfte, die in Familienbildungsstätten und anderen Einrichtungen der Familienbildung tätig sind, kritisierten vor allem die fehlende Finanzierung (81 Prozent) und den geringen Bekanntheitsgrad der Elternbegleitung im Sozialraum bzw. in der öffentlichen Wahrnehmung (62 Prozent). Insbesondere Fachkräfte, die auf Honorarbasis arbeiten, haben geringe Möglichkeiten, Elemente der Bildungsbegleitung in ihre Arbeit zu integrieren. Der Einbezug der Elternbegleitung in die Team- und Organisationsentwicklung einer Einrichtung und ein vorhandenes Konzept zur Zusammenarbeit mit Eltern, das vom gesamten Team getragen wird, erweisen sich als zielführend für die Weiterentwicklung der Elternarbeit (ebd., 23).

Befunde zu den Modellstandorten „Elternbegleitung Plus"
Bei der Mehrheit der Modellstandorte handelt es sich um Einrichtungen der Familienbildung (52 Prozent), gefolgt von Eltern-Kind-Zentren bzw. Familienzentren (22 Prozent), Kindertagesstätten auf

dem Weg zu Familienzentren (8 Prozent) herkömmliche Kindertagesstätten (4 Prozent) und andere Einrichtungen (15 Prozent). Der Anteil der Einrichtungen (59 Prozent), die angaben, dass in ihrem Umfeld vor allem einkommensarme Familien lebten, war höher als der Anteil der Einrichtungen, in deren Einzugsgebiet zugewanderte Familien und ihre Kinder vermutet wurden (48 Prozent). Am häufigsten wurden in den Einrichtungen Offene Treffs und Gesprächskreise angeboten (69 Prozent der Einrichtungen), etwas weniger Einzelgespräche (61 Prozent), Beratungen (56 Prozent), Vorträge/Informationsabende und feste Kurse (48 Prozent) und Eltern-Kind-Gruppen (44 Prozent). Hausbesuche und Begleitung zu Ämtern fanden seltener statt (33 und 32 Prozent). Meistens wurden verschiedene Angebotsformen kombiniert. Bei der Ansprache der Eltern wurde der Weg über Mundpropaganda am häufigsten gewählt. Der langfristige Aufbau einer vertrauensvollen Beziehung stand bei den meisten Einrichtungen im Mittelpunkt. Die Vernetzung im Sozialraum mit anderen familienunterstützenden Diensten galt als eine zentrale Aufgabe, um Familien auf Dauer effektiv versorgen zu können. Während die Kooperation mit Kitas als erfolgreich eingestuft wurde, schätzten die Befragten die Zusammenarbeit mit Schulen als schwierig ein. Als Gründe wurden die geringere Akzeptanz der Elternarbeit im Schulkontext und das Fehlen einer Kommunikation auf Augenhöhe genannt.

Befunde zu den Eltern

Die Forschungsgruppe führte 1.000 Telefoninterviews mit Eltern durch. Im Durchschnitt verfügten die Eltern über ein Nettoeinkommen von 2.700 Euro, 26 Prozent der Eltern wurden als armutsgefährdet eingeschätzt und drei Viertel der Eltern sagten aus, in Deutschland geboren zu sein.

Die Zusammenarbeit zwischen Eltern und Fachkräften fand mehrheitlich in Kinderbetreuungseinrichtungen statt. Die Elternbegleitung erfolgte laut Aussagen der Eltern vor allem in Informations- und Beratungsgesprächen. Aber auch die anderen oben schon genannten Angebotsformen wurden erwähnt. Die Auswertung der

Aussagen ergibt eine hohe Zufriedenheit der Eltern mit der Arbeit der Elternbegleitung und der aufgebauten Beziehung. Für Eltern, die eine andere Familiensprache als Deutsch sprechen, erwies sich der Kontakt zu einer Fachkraft, die ihre Sprache spricht, als ausgesprochen hilfreich.

Die Evaluation zeigt deutlich, dass die Elternbegleitung die Kontaktaufnahme zu professionellen Ansprechpartnern im Bildungsbereich anbahnt und deren Ansprache erleichtert (ebd., 29). Außerdem nutzten Familien mit Elternbegleitung mehr Angebote zur Förderung und Bildung der Kinder als Familien ohne diese Unterstützung. Dazu gehörten Angebote zur Sprachförderung, zum Erlernen einer Fremdsprache oder zum Erwerb naturwissenschaftlich-technischer Kenntnisse. Zugangsbarrieren wurden ebenfalls identifiziert, u.a. fehlende Angebote in der eigenen Muttersprache, Schwierigkeiten bei der Kinderbetreuung oder zu hohe Kosten.

Außerdem veränderte sich im Zuge der Projektdurchführung das Bildungsverhalten und Bildungsverständnis der Eltern. Der Elternbegleitung gelang es vor allem, Ängste der Eltern vor dem Schuleintritt der Kinder zu reduzieren. Sie lernten, wie sie ihr Kind in der Übergangsphase von der Kita in die Schule unterstützen konnten. Es gelang der Elternbegleitung in vielen Fällen auch, den Bildungsort Familie zu stärken und die Eltern anzuregen, häufiger mit ihren Kindern zu spielen, gemeinsam etwas zu unternehmen oder auch nur, sich öfter Zeit zu nehmen, mit den Kindern zu sprechen. So nahmen sich die Eltern zudem aktiver in ihrer Rolle als Bildungsvermittler wahr. Insbesondere bei armutsgefährdeten Eltern wurde ein Anstieg beim elterlichen Selbstwirksamkeitserleben, angeregt durch die Elternbegleitung, festgestellt (ebd., 31).

Empfehlungen zur Optimierung

Die Evaluation benennt außerdem Möglichkeiten zur Optimierung des Programms:

- Intensivierung einer professionellen Begleitung der Akteure in Form von kollegialen Gesprächen der Elternbegleiter*innen, Supervision, Beratung, Fachtagungen, Diskussionsforen im Internet,

- Behebung von Zeit- und Ressourcenmangel,
- Stärkung der Zusammenarbeit mit Fachkräften der „Frühen Hilfen“ und der Fachberatung für Kindertagesbetreuung,
- bessere Erschließung von Zugängen zu Eltern mit Migrationshintergrund und Vätern,
- Verbesserung der Kooperation mit den Schulen,
- Verstetigung und Verstärkung vernetzter Strukturen im kommunalen Bereich.

7.4 Aufgaben im Familienalltag und im Familienhaushalt

7.4.1 Aufgabenorientierung

Die Bewältigung der Alltagsaufgaben im Familienleben steht beim aufgabenorientierten Ansatz im Vordergrund. Dabei geht es um die Vermittlung von Kompetenzen, die zur Alltagsbewältigung und zur Haushaltsführung unerlässlich sind, wie die Verwaltung der finanziellen Mittel für den Haushalt, die innerfamiliäre Arbeitsteilung, gesunde Ernährung, Kochen, Nähen, Gesundheit/Bewegung/Entspannung, Freizeitgestaltung, Zeitmanagement und Umgang mit Medien/Internet etc. (siehe u.a. Pettinger/Rollik 2005, 57).

Familienbildung widmet sich in diesem Zusammenhang auch den *Problemen*, die den Familienalltag belasten. Auf der Suche nach Lösungen können Eltern motiviert werden, eine entsprechende Bildungsveranstaltung zu besuchen. Beim Umgang mit Geld etwa birgt die Verschuldung für die Betroffenen ein großes Konfliktpotenzial, das in Angeboten gemeinsam mit der Schuldnerberatung vor Ort thematisiert werden kann. Im Hinblick auf den Themenkreis „Gesundheit – Ernährung – Kochen – Bewegung“ bieten falsche Ernährungsgewohnheiten einen Ansatzpunkt, um durch Information, Koch- und Bewegungsangebote Prävention zu leisten. Gerade die Verzahnung von Gesundheitsbildung, praktischer Anleitung beim Kochen und Bewegung ist ein breit angelegter Ansatz, der die Komplexität des Themas sinnvoll abdeckt.

Darüber hinaus gibt es *Querschnittskompetenzen*, die in allen Bereichen des Familienalltags erforderlich sind. Dazu gehören u.a. digitale Kompetenzen, die die Art und Weise, wie sich Menschen Informationen aneignen, miteinander kommunizieren, lernen und arbeiten, grundlegend bestimmen. „Sich in einer digitalisierten Gesellschaft zurechtzufinden, an ihr teilzuhaben und die eigene Biografie zu gestalten wird künftig für jede und jeden Einzelnen auch entscheidend von individuellen digitalen Kompetenzen abhängen (Autorengruppe Bildungsberichterstattung 2020, 231). In dem Maße, wie der Einsatz digitaler Technologien in den privaten Lebensbereichen fortschreitet, stellt sich umso dringlicher die Frage, wie Eltern selber mit Medien umgehen und ihre Kinder auf deren Nutzung vorbereiten können und wie hilfreich Familienbildung dabei sein kann. Digitale Kompetenzen sind in mehrfacher Weise im Familienalltag gefordert:

- um sich Informationen über Bildung und Erziehung im Netz aneignen zu können,
- um selber an digitalen Lernformaten (u. a. der Familienbildung) teilnehmen zu können,
- um die Kinder auf einen sinnvollen, altersgerechten Umgang mit Medien vorzubereiten.

Am Beispiel des Umgangs mit Medien soll im Folgenden die Relevanz von *Medienkompetenz* erläutert werden.

7.4.2 Vermittlung von Medienkompetenz

Da die Familie der erste Ort für die Medienerfahrung von Kindern ist, liegt es nahe, dass Eltern auch von Anfang an die Verantwortung für die Medienerziehung übernehmen. Mit dem Alter der Kinder verändern sich ihre Erfahrungsräume und Bezugspersonen, was auch mit anderen erzieherischen Anforderungen verbunden ist. Kinder richten ihre Wünsche und Bedürfnisse im Sinne des Lernens am Modell oft an der Mediennutzung der Eltern, Großeltern und Geschwister aus. In der Familie geschieht daher – intentional oder en passant – eine frühe Prägung in Sachen Medien.

Medien nehmen zunehmend Einfluss auf den Alltag in Familien. Dazu gehören Printmedien, audiovisuelle Medien wie Radio und Fernsehen, Smartphones, digitale Speichermedien, Computer und das Internet. Inzwischen sind nahezu alle Haushalte mit einem Internetzugang ausgestattet (Neumann/Smolka 2016, 37; KIM-Studie 2018[54]), praktisch alle Haushalte mit Kindern zwischen drei und 19 Jahren verfügen über mindestens ein Mobiltelefon, einen Fernseher und ein Radiogerät, 93 Prozent der Familien besitzen einen Computer oder Laptop, Video/Festplattenrekorder oder DVD-Player sind bei 85 Prozent vorhanden, in sieben von zehn Familien gibt es eine (stationäre oder mobile) Spielkonsole. Tablet-PCs stehen in gut jeder zweiten Familie zur Verfügung (FIM-Studie 2016, 81)[55]. In vielen Haushalten – insbesondere solchen mit Kindern – werden mehrere Geräte genutzt (ebd., 38). Im Alltag der Kinder steht das Fernsehen (95 Prozent) an erster Stelle der regelmäßig ausgeübten Aktivitäten (KIM-Studie 2018, 82). Mit zunehmendem Alter wird das Internet häufiger genutzt. Die Zwölf- bis 13-Jährigen sind fast alle online (ebd., 82). Allerdings gibt es immer noch soziale Disparitäten bei der Nutzung des Internets. Verfügten 2019 nahezu alle einkommensstarken Haushalte über einen Internetzugang, so lag die Internetnutzung bei den einkommensschwachen Haushalten bei 80 Prozent (Autorengruppe Bildungsberichterstattung 2020, 239). Hinsichtlich der Nutzung verschiedener Medien gibt es laut FIM-Studie 2016 (2017, 80) bei etwa der Hälfte der befragten Familienmitglieder Vereinbarungen zwischen Eltern und Kindern, am häufigsten im Hinblick auf die Nutzung von Serien und Filmen

---

54 Die KIM-Studie (Kindheit, Internet, Medien) wurde 2018 bereits zum zwölften Mal durchgeführt und bietet repräsentative Basisdaten zur Mediennutzung von 6- bis 13-jährigen Kindern (1.231 Kinder) sowie deren Haupterziehungspersonen (mpfs 2019, 81).

55 Die Studie trägt den Namen „Familie, Interaktion, Medien“ (FIM-Studie) und wurde 2016 zum zweiten Mal erhoben. Die Grundgesamtheit der „FIM-Studie 2016“ umfasst alle deutschsprachigen Haushalte mit einem Kind oder mehreren Kindern zwischen drei und 19 Jahren in Deutschland. Aus dieser Grundgesamtheit wurde eine repräsentative Quotenstichprobe von 284 Familien befragt. In den Familien wurden alle Mitglieder ab drei Jahren in die Befragung einbezogen. Außerdem wurden Tagebuchaufzeichnungen über den Alltag der Familien berücksichtigt.

und die Dauer und den Inhalt von digitalen Spielen. Es hat sich gezeigt, dass etwa die Hälfte der unter 6-Jährigen nur unter Aufsicht Videos sehen, Fernsehen oder das Internet nutzen darf. Vielen sind Videospiele untersagt. Erst in der Grundschulzeit werden die Regelungen gelockert (Autorengruppe Bildungsberichterstattung 2020, 249).

Der Nutzen von Medien wird unterschiedlich bewertet. „Gut die Hälfte der Eltern steht der Medienentwicklung der letzten Jahre ambivalent gegenüber und sieht sowohl positive wie negative Aspekte für das Familienleben" (FIM-Studie 2016, 83). Medien eröffnen einerseits den Zugang zu neuen Informationen und schaffen eine Grundlage, bereits erworbene Kenntnisse zu korrigieren, zu ergänzen und besser zu verstehen. Außerdem ist die gemeinsame Mediennutzung ein Teil der Familienzeit, bietet Gesprächsstoff und stiftet Gemeinschaftsmomente. Diesem Nutzen stehen andererseits eine Reihe von Risiken gegenüber. Die Fülle und teilweise Widersprüchlichkeit von Informationen führen zur Verunsicherung bei ihrer Selektion, Bewertung und Einordnung. Man weiß oft nicht, welche Information wichtig, richtig und behaltenswert ist. Die übermäßige Nutzung zum Beispiel von Videospielen oder Smartphones, der Konsum nicht altersgerechter oder gegen die Jugendschutzbestimmungen verstoßender Filme oder Videospiele und die Gefahren der Kommunikation der Kinder mit Fremden in Chats oder Online-Communitys sowie das Cybermobbing unter den Jugendlichen sind Herausforderungen, denen sich manche Eltern nicht gewachsen fühlen. Bei der Internetnutzung sind zehn Prozent der Erwachsenen im Netz schon auf Inhalte gestoßen, die „ihrer Meinung nach für Kinder nicht geeignet sind, fünf Prozent hatten Kontakt mit unangenehmen Inhalten und vier Prozent sind mit ängstigenden Inhalten in Berührung gekommen. […] Nur ein Drittel derjenigen Haupterzieher, deren Kinder das Internet nutzen, setzen jedoch eine Art von Jugendschutz-Software, -Schutzfilter oder -App ein" (KIM-Studie 2018, 83).

Es herrscht oft eine gewisse Ratlosigkeit, wie erzieherisch zu handeln ist. Das medienerzieherische Handeln der Eltern wird durch ihre Haltung gegenüber den Medien, ihre Medienaffinität und Bildungsvoraussetzungen bestimmt. So geht ein geringer Bildungsgrad „häufig mit einem unkritischen eigenen Medienumgang der Eltern und geringem medienerzieherischen Engagement einher. Auffällig ist auch, dass Eltern mit niedrigem Bildungsstand weniger besorgt darüber sind, dass Kinder durch Medieninhalte emotional überfordert werden könnten, als Eltern mit höherer Bildung" (Wagner/Gebel/Lampert 2013, 2). Die elterliche *Erziehungsaufgabe* ist daher komplex und bedeutet: „über den eigenen Horizont hinaus die Alltagrelevanz der Medien und die Bedürfnisse der Kinder ernst zu nehmen; den Kindern einen vielfältigen und kritischen Medienumgang zu ermöglichen; Kinder in ihren Medienerfahrungen zu begleiten, aber diese auch in pädagogisch sinnvolle und erwünschte Bahnen zu lenken, d.h. Grenzen zu setzen" (Hoffmann 2013, 71 f.). Familien in Fragen der Medienkenntnis und -nutzung unter Berücksichtigung des Bildungsstands, der Haltung zu Medien und der Medienerfahrung zu stärken, ist daher ein wichtiger Support, damit sie den gesellschaftlichen Anforderungen gerecht werden können. Ein sinnvoller Umgang mit Medien stellt daher auch ein wichtiges Ziel der Familienbildung dar.

Medienkompetenz beinhaltet selbstreflexive Kompetenz, Sachkompetenz, kommunikative Kompetenz und Handlungskompetenz. Unterschieden werden die Wissens-, die Bewertungs- und die Handlungsdimension (Schorb/Wagner 2013). Die Vermittlung von Medienkompetenz umfasst u.a.

a) Medienkunde, die über die Palette der existierenden Medien informiert und die richtige technisch-instrumentelle Bedienung einübt;
b) Selektionskompetenz, die die Familienmitglieder befähigt, differenziert mit Informationen umzugehen und in komplexe Sinnzusammenhänge einzuordnen;
c) Medienkritik, die Medien im Kontext der gesellschaftlichen Entwicklung auf ihre negativen Auswirkungen

auf die Familie hin untersucht und die Mediennutzung im Hinblick auf den Familienalltag und die Erziehung der Kinder kritisch reflektiert;

d) einen aktiven Umgang mit Medien, bei dem zum Beispiel eigene Videos/Podcasts produziert werden.

Angebote der Familienbildung zum Aufbau einer Medienkompetenz können alle o.a. Teilkompetenzen vermitteln oder eine davon in den Mittelpunkt stellen. Da Medienkompetenz über die gesamte Altersspanne der Kinder hinweg und in allen Bereichen des Alltags (Familie, Kita, Schule, außerschulische Einrichtungen) gefragt ist, kann sie auch als Querschnittsaufgabe der Familienbildung angesehen werden. Zu beachten ist, dass Elternbildung an den Ressourcen der Eltern anknüpft und sich zugleich kindorientiert auf die Bedürfnisse nach Unterhaltung und Geselligkeit des Kindes im Freundeskreis bezieht (Wagner/Gebel/Lampert 2013, 10)[56]. Die Verantwortung für die Medienerziehung sollte auf mehrere Schultern verteilt werden (Vater, Mutter, Großeltern etc.). Familienbildungsangebote sind daher nicht nur an die Eltern zu adressieren, sondern sollten andere Akteure im Erziehungsgeschehen einbeziehen und den Austausch unter den Erziehenden anregen. Medienpädagogische Elternbildung hat die Aufgabe, „für Eltern und Fachkräfte sowohl niedrigschwellige Zugänge zu Informationsangeboten zu ermöglichen als auch eine Vernetzung an unterstützenden Strukturen zu forcieren, in denen die Akteure der Pädagogik und Beratung, der Medienangebotsseite sowie der Medienregulierung zusammenarbeiten“ (ebd.). Digitale Lehr- und Lernformate bieten darüber hinaus den Vorteil, die soziale Teilhabe von Menschen zu fördern und Benachteiligungen im Bildungserwerb abzubauen. So können sie zur Inklusion von Menschen mit Behinderungen beitra-

56 Ein gemeinsames Projekt der Familienbildung NRW mit der Landesanstalt für Medien NRW befasst sich mit dem Familienalltag mit Medien (https://www.familieundmedien-nrw.de/).

gen, etwa durch Anpassung der Lernangebote an visuelle, auditive und haptische Bedürfnisse der Betroffenen.

Die Gestaltung medienpädagogischer Angebote setzt eine entsprechende Ausstattung mit informationstechnischen Infrastrukturen, ihre kompetente Wartung, Fortbildungen des Personals und Unterstützungsmöglichkeiten der Lernenden voraus, was bei der Finanzierung der Familienbildung zu berücksichtigen wäre[57]. Auch rechtliche Rahmenbedingungen im Hinblick auf die Datennutzung sind zu klären.

7.5 Zielgruppenorientierung

Seit Anfang der 1970er-Jahre wird über die „Zielgruppenorientierung“ in der Erwachsenenbildung diskutiert (Siebert 1996, 97) und ausgelotet, worin Chancen und Grenzen dieses didaktischen Prinzips bestehen. Der damit verbundene didaktische Ansatz geht auf das Bemühen einer gesellschaftskritisch-reformerischen Erwachsenenbildung zurück, sozial-strukturelle Bildungsbenachteiligung abzubauen. Der Ansatz wird inzwischen sowohl im Bereich der Erwachsenenbildung als auch der Familienbildung zunehmend kritisiert.

7.5.1 Kritische Bemerkungen zum Zielgruppenbegriff

Zielgruppenorientierung beinhaltet nach Schiersmann (1999, 564) die Orientierung an „potentiellen Lernenden, an deren Lebenssituation und deren Interessen an Verwendungszusammenhängen des Gelernten“. Siebert (2000, 93) sieht in einer Zielgruppe ein Konstrukt, eine Klassifikation nach einem herausragenden Merkmal wie Alter, Status, Beeinträchtigung etc.

Als Zielgruppen in der Familienbildung werden häufig Familien mit *Migrationshintergrund* genannt. Diese Einordnung erscheint allerdings unter bestimmten Voraussetzungen als problematisch. Die Heterogenität der zugewanderten Bevölkerung und ihrer Familien

57 Bisher fehlen Daten über die digitale Ausstattung der Familienbildungseinrichtungen.

kommt in einer Pluralität von Lebensauffassungen und Lebensweisen zum Ausdruck, die mit ethno-nationalen Kategorien oder dem Begriff „Migrationshintergrund“ nicht angemessen erfasst werden kann. Vor diesem Hintergrund erscheint es auch problematisch, die gesamte Migrantenpopulation als Zielgruppe anzusehen, da nicht von einer „kollektiven Lebenssituation“ und einem „gemeinsamen Sozialcharakter“ (Siebert 1996, 97) ausgegangen werden kann. Insofern ist Zielgruppe ein „wissenschaftlich problematischer Begriff, weil meist unklar bleibt, wie sich die Personenkonglomerate zur Gruppe konstituieren“ (Faulstich/Zeuner 1999, 108).

Darüber hinaus wurden in der Vergangenheit Migrant*innen häufig als Zielgruppen in „besonderen Lebenslagen“ oder „Problemsituationen“ eingestuft (Schiersmann u.a. 1998, 87). Beispielhaft sei hier der Projektbericht „Innovation in der Familienbildung“ (MGSFF 2004) genannt, der Ausländer-, Übersiedler- und Spätaussiedlerfamilien unter der Rubrik „Personengruppen in besonderen Problemsituationen“ führt. Sicherlich ist Migration mit psychosozialen Belastungen verbunden, insbesondere im Fall von traumatischen Erfahrungen während einer Flucht, jedoch stellen gerade diese Gruppen inzwischen einen relevanten Teil der Bevölkerung dar, der in sich sehr heterogen ist und nicht bloß auf Problemlagen reduziert werden kann.

Migrant*innen stellen also nicht per se eine Zielgruppe dar, weil die Erfahrung, seinen Lebensmittelpunkt im Zuge grenzüberschreitender Wanderung in ein anderes Land zu verlegen, nicht schon eine gemeinsame soziale Situation konstituiert oder einen gemeinsamen Sozialcharakter begründen würde. Migrationserfahrungen werden je nach individuellen Ressourcen und Resilienz (Bildungsvoraussetzungen, materieller Situation, Sozialstatus, soziale Netzwerke etc.) unterschiedlich verarbeitet und münden nicht unbedingt in psychosoziale Belastungssituationen. Die Subsumtion der Angebote für Familien mit Migrationshintergrund unter die Kategorie Angebote für Zielgruppen in „besonderen Lebenslagen“ lässt darüber hinaus auf ein bestimmtes Verständnis von Migration und der durch Migration geprägten Lebenslagen schließen. Man unterstellt im

Kontext mit anderen gesellschaftlichen Gruppen eine eher prekäre, also belastende und schwierige Lebenssituation, deren negative Auswirkungen durch Erwachsenen- oder Familienbildung zu kompensieren sind. So werden eher die Defizite der Zielgruppen in den Blick genommen, statt ihre Ressourcen zu sehen. Außerdem werden Menschen mit Migrationshintergrund lediglich als Sonder- bzw. Randgruppe betrachtet, was einerseits ihrem Anteil an der Gesamtbevölkerung nicht mehr entspricht und andererseits Ignoranz gegenüber gesellschaftlichen Entwicklungen verrät, die zunehmend durch Prozesse der Globalisierung und Migration geprägt sind. Migration wird aber in der oben beschriebenen Sichtweise nicht als normales Phänomen, sondern als Ausnahmesituation interpretiert.

Die Gruppenkonstruktion beim zielgruppenorientierten Ansatz ist daher immer wieder auf stereotype Klassifikationsmuster zu befragen[58]. Allerdings ist auch aus den Fehlern der Vergangenheit gelernt worden, weil Zielgruppen in der Familienbildung mittlerweile nicht mehr nur unter der Rubrik Problemlagen geführt werden, sondern auch unter anderen Gemeinsamkeiten zusammengefasst werden wie zum Beispiel das Interesse am Spracherwerb im Rahmen eines Elternintegrationskurses oder an der Qualifizierung zur Tagespflege. Grundsätzlich sollten die Risiken beim zielgruppenorientierten Ansatz immer bedacht werden, zugleich kann ein solcher Ansatz unter bestimmten Voraussetzungen auch zielführend sein. So liegt es nahe, beispielsweise erwachsene Familienmitglieder, die nicht lesen und schreiben können, für die Zeit ihrer Alphabetisierung in einem Kurs zusammenzufassen, oder Alleinerziehenden, die oft isoliert leben, einen Gesprächskreis anzubieten, in dem sie ihre Trennungs- und Scheidungserfahrungen bearbeiten können. Die angesprochenen Gruppen sollten jedoch nicht auf Dauer auf solche „Spezialkurse“ festgelegt werden, sondern auch Wege aufgezeigt be-

58 So erscheint es auch problematisch, wenn beispielsweise im Berichtswesen der Weiterbildung eines Landes der Erfolg der Familienbildung u. a. daran gemessen werden soll, in welcher Anzahl Kurse für spezielle Zielgruppen angeboten und Familien mit Problemlagen erreicht werden.

kommen, um sich anderweitig weiterzubilden. Insofern sind Zielgruppenangebote oft Brückenangebote in das „reguläre“ Programm und als transitorische Veranstaltungsformen zu verstehen.

7.5.2 Väter in der Familienbildung

Die Geschichte der Familienbildung hat deutlich werden lassen, dass ein Wandel der Institution angesichts einer über hundertjährigen Tradition als Frauen- und Mütterbildung nur schrittweise gelingen kann. Es bedarf eben nicht punktueller Veränderungen, sondern einer Institutionen- und Organisationsentwicklung, die u.a. durch einen Wandel gesellschaftlicher Strukturen, der öffentlichen Wahrnehmung von Geschlechtergerechtigkeit und einen Politikwechsel beispielsweise in der Familienpolitik flankiert wird. Es gilt, die institutionellen Strukturen, die Leitbilder der Organisation, die Organisationskulturen, die Haltung und das Selbstverständnis der Mitarbeitenden, die Personalstruktur, die Adressatenansprache und die Themen- sowie Angebotspalette neu aufzustellen. Inwieweit es letztendlich gelingt, das Thema der Geschlechtergerechtigkeit und der Ansprache von Vätern in der Familienbildung zu verankern, muss bundesweit noch erforscht werden.

Familienbildung ist auf die sich verändernden Rollenvorstellungen und Familienleitbilder mit verschiedenen Innovationsprojekten und Veranstaltungsformaten eingegangen. In einzelnen Bundesländern wie Nordrhein-Westfalen und Baden-Württemberg entstanden Projekte, die darauf abzielten, die Teilhabe von Vätern in der Familienbildung zu erhöhen.

So setzten sich die Landesarbeitsgemeinschaften der Familienbildung in Nordrhein-Westfalen 2010 im Rahmen eines Modellprojekts mit der Frage auseinander, warum trotz eines veränderten Vaterbildes in der Gesellschaft Väter immer noch unterrepräsentiert sind in der Familienbildung. Trotz vieler brauchbarer Einzelerfolge führen Väter als Teilnehmer immer noch ein randständiges Dasein in der Familienbildung. Ausgehend von einer ersten Bestandsaufnahme zur Väterarbeit im Rahmen der Strukturen der Familienbildung in Nordrhein-Westfalen (MGSFF NRW 2004) wurden eine landesweite Webpräsenz für Väter-Themen installiert (www.vaeter-nrw.de), die Netzwerkarbeit mit Familienzentren unterstützt und ein Leitfaden für die Praxis veröffentlicht (MfKJKS NRW/LAG NRW 2011, 8). Der Praxisleitfaden empfiehlt u. a., am biografischen Orientierungsbedarf von Vätern im Familienzyklus anzusetzen und hier die Transitionen[59] des Vaterseins besonders in den Blick zu nehmen. Es geht auch darum, aufzuzeigen, wie Väter ihre Partnerschafts- und Erziehungskompetenzen individuell entfalten können, wobei ein Vaterbild zugrunde liegt, das sich – orientiert am Milieuansatz von Sinus Sociovision (2007) – durch eine Vielfalt unterschiedlicher Vaterschaftsvorstellungen auszeichnet. Den faktischen Hürden im Zugang zur Familienbildung werden Lösungsansätze gegenübergestellt, die praxisorientiert attraktive Settings und Angebotsformen für die Familienbildung vorschlagen.

Darüber hinaus werden die Strukturen der Familienbildungseinrichtungen (Leitbild, Personal-Angebots- und Organisationsstruktur) daraufhin befragt, ob sie für die Ansprache und Gewinnung von Vätern förderlich sind (ebd., 8 ff.).

Das Projekt „Väter in der Familienbildung“, das von 2015 bis 2017 in Baden-Württemberg vom Volkshochschulverband Baden-Württemberg e. V. und der Evangelischen Landesarbeitsgemeinschaft der Familien-Bildungsstätten in Württemberg (LEF) durchgeführt worden ist, sah sich durch die weitgehende Abwesenheit der Väter in der Familienbildung dazu veranlasst, nach neuen Formen der Adressatenansprache, Themen, Angebotsformen und anderen Settings der Zusammenarbeit mit Vätern zu suchen. Das Projekt wurde an sechs Standorten durchgeführt, gerahmt durch zwei Fachtage zum Thema „Väter in der Familienbildung“, Projektgruppensitzungen, Fortbildungen, einer Studienreise, Exkursion und einem Workshop. Ein wichtiges Anliegen des Projekts bestand darin, die

59 Mit Transitionen sind nach Definition des Verfassers Übergänge gemeint, in denen die Identität des Vaters neu definiert wird, er seine Umgebung unter einer veränderten Sicht wahrnimmt und emotionale Unsicherheit empfindet.

unterschiedlichen regionalen Gegebenheiten angemessen zu berücksichtigen. Die Themencluster „Struktur und Organisation einer Einrichtung", „Zielgruppen" sowie „lebensbiografische Übergänge" lieferten Vorlagen und Richtlinien zur Schaffung von Rahmenbedingungen in den Einrichtungen mit dem Ziel einer Verstetigung des Programmangebots (VHS/LEF 2017, 22 f.).

Beide Projekte listen auch Gelingensbedingungen für die Väterarbeit auf (ebd., 22), die im Folgenden durch Vorschläge aus anderen Quellen der Fachliteratur ergänzt werden:

Organisation und Leitbild

- Hohe ausdrückliche Wertschätzung der Väterbildung im gesamten Trägerverband,
- vielseitige genderbewusste Konzepte und Leitlinien für milieusensible und ressourcenorientierte Väterbildung.

Adressatenansprache und Partizipation

- Väter bei der Adressatenansprache bewusst in Bildern und Texten adressieren (Schäfer 2007), Informationen zu den Angeboten über technisch gut gemachte Präsentationen im Internet und über soziale Medien verbreiten,
- Fokusgruppen mit Vätern zur Ermittlung von Interessen und Wünschen bzgl. Bildungsangeboten einrichten,
- Online-Befragungsplattform für Väter zur Erhebung von Teilnahmeinteressen mit anschließenden Treffen zur Rückmeldung,
- Sicht der Väter auf Erwerbsarbeit, Familie und Erziehung einbeziehen,
- künftige Väter und Erstväter so früh wie möglich ansprechen (schon bei der Geburtsvorbereitung),
- aufsuchende Formen der Väterarbeit, die die Väter dort ansprechen, wo sie sich bereits aufhalten, wie bei Geburtsvorbereitungskursen (Schäfer 2007),
- Beteiligung der Väter an Gremien der Einrichtung.

Orte und Angebote

- Attraktive Orte mit angemessener Ausstattung,
- thematisch ansprechende, am Alltag der Väter orientierte Angebote,
- passende Zeiten (zum Beispiel an Wochenenden und abends),
- präventive Angebote,
- niedrigschwellige, an Erlebnis und Spiel orientierte Schnupperangebote und Outdoor-Veranstaltungen (zum Beispiel Paddelwochenenden, Zelten, Klettern, Aikido, handwerkliche Tätigkeiten) (Schäfer 2007),
- Väterangebote in Kooperation mit Betrieben (siehe Projekt „Väter und Karriere“ in Nordrhein-Westfalen/www.vaeter-und-karriere.de, innerbetriebliche Veranstaltungen von „Väter e.V. Hamburg“).

Personal

- ausreichend qualifiziertes Personal, mehr männliche Fachkräfte,
- Team-Teaching von männlichen und weiblichen Pädagog*innen,
- Aus-, Fort- und Weiterbildung für Väterarbeit, Fachaustausch.

Vernetzung

- Institutionsübergreifende Vernetzung (mit Hebammen, Kitas, Beratungseinrichtungen, Grundschulen, Vereinen, Kinderarztpraxen etc.),
- interdisziplinäre Herangehensweise,
- regelmäßige Treffen zum Informationsaustausch und zur Vermeidung von Überangeboten in bestimmten Bereichen.

Evaluation und Dokumentation

- Dokumentation der Erfolge und Rückschritte bei der Implementation der Väterbildung,
- externe und/oder interne Evaluation der Väterbildung.

7.6 Qualitätskriterien zur Beurteilung von Elternbildungsprogrammen

Im vorangegangenen Textabschnitt wurden die Rolle von Eltern im Erziehungsalltag in der Familie behandelt und Schlüsse gezogen, welche Erfordernisse sich daraus für die elterlichen Erziehungs- und Beziehungskompetenzen ergeben. In diesem Zusammenhang wurden bereits exemplarisch Elternkurskonzepte vorgestellt, die Eltern in bestimmten Phasen des Familienzyklus im Hinblick auf die Entwicklungsförderung der Kinder und in bestimmten Belastungssituationen unterstützen sollen. Von besonderem Interesse waren für die Forschung vor allem frühe Interventionsprogramme, deren Effekte für die kindliche Entwicklung und die schulischen Bildungserfolge näher untersucht worden sind. In diesem Zusammenhang wurden auch familienorientierte Projekte zur Förderung des Bildungserfolgs in Migrantenfamilien untersucht (Friedrich/Siegert 2009; Friedrich/Smolka 2012).

Die Anzahl der Elternkurskonzepte ist inzwischen kaum überschaubar, es gibt nur wenige Ansätze zu ihrer Klassifikation und Bewertung (Tschöpe-Scheffler 2005; Friedrich/Smolka 2012). Außerdem scheint es angebracht, sie genauer auf bestimmte Qualitätskriterien hin zu überprüfen. Auch hier stellt es sich als Problem heraus, dass nicht jeder Kurs wissenschaftlich evaluiert worden ist. Es wird vor allem ein Mangel an methodisch anspruchsvollen Längsschnittuntersuchungen beklagt, in deren Rahmen auch die langfristigen Wirkungen familienzentrierter Projekte gemessen werden könnten (Lösel u.a. 2006, 141; Friedrich/Siegert 2009, 62). Lösel u.a. (2006, 141 ff.) kamen in einer Metaevaluation deutscher Projekte u.a. zu folgenden Befunden:

- Im Durchschnitt zeigten sich nach Durchführung der Projekte bei Eltern und Kindern moderate, aber relevante Wirkungen.
- Die Wirkungen der Programme ließen mit der Zeit zwar nach, erhalten blieben allerdings signifikante Effekte.
- Größere Effekte zeigten sich bei Programmen, die sowohl Eltern als auch Kinder einbezogen haben. Solche multimodalen Ansätze wirken deshalb nachhaltiger, weil sie auch das Verhalten der Eltern im häuslichen Umfeld beeinflussen.

- Gezielte Präventionsansätze erscheinen erfolgversprechender als universelle.
- Programme, in denen zusammen mit den Eltern ein anderes Erziehungsverhalten praktisch eingeübt wird, sichern den Transfer in den Familienalltag eher als rein theoretisch vermitteltes Wissen.
- Das Programm ist am wirksamsten, je intensiver es ist.

Tschöpe-Scheffler (2005, 288 ff.) schlägt vor, an Elternkurskonzepte „Qualitätsanfragen" zu stellen, was zum Beispiel im Rahmen der Bildungsplanung von einer Familienbildungseinrichtung hilfreich sein kann. Sie formuliert Fragen nach:

1. der Transparenz der theoretischen Grundlagen des Kurses;
2. empirischen Wirksamkeitsstudien;
3. wirksamen Methoden und Inhalten zur Erweiterung und Veränderung von Alltagskonzepten der Eltern;
4. der Förderung positiver Selbstwirksamkeitserfahrungen und Erziehungsautorität der Eltern;
5. Empowerment-Ansätzen des Konzepts;
6. der Subjektstellung des Kindes;
7. der Qualifizierung der Kursleitenden;
8. der Niederschwelligkeit der Angebote;
9. Unterstützung von Netzwerken und Nachbarschaftshilfen – Lebensraumorientierung;
10. zusätzlichen Angeboten außerhalb der Kurszeit.

Diese Qualitätsanfragen stellen in gewisser Weise eine Leitlinie für die Auswahl, Planung und Durchführung eines Elternkursangebots dar. Zunächst einmal erscheint es wichtig, zu klären, ob der ausgewählte Kurs ein empirisch abgesichertes Konzept hat, das dem aktuellen Forschungsstand entspricht, und ob seine Bezugstheorie im Programm transparent gemacht wird, damit nachvollziehbar ist, warum welche Ziele, Inhalte und Methoden für die Umsetzung des Programms ausgewählt worden sind. Die Frage nach empirischen Wirksamkeitsstudien sollte ebenfalls gestellt werden, auch wenn wir wissen, dass es nur wenige Elternbildungsprogramme gibt, die überhaupt evaluiert worden sind. Dennoch bietet eine wissenschaftlich evaluierte Maßnahme, deren Methoden offengelegt worden sind, mehr Anhaltspunkte für eine systematische und wirkungsvolle Umsetzung als solche, die nicht wissenschaftlich begleitet wurden.

Die wichtigste Voraussetzung dafür, dass ein Elternseminar tatsächlich eine Veränderung der Erziehungsvorstellungen und -praktiken der Eltern bewirkt, ist zunächst die Bereitschaft bei den Betroffenen, etwas verändern zu wollen, eigene Erziehungskonzepte auf den Prüfstand zu stellen und die Überzeugung, Probleme durch eigene Anstrengungen überwinden zu können. Das kann nicht erzwungen werden, sodass die Freiwilligkeit der Teilnahme unabdingbar ist. Darüber hinaus sollte die Gruppenleitung, die im Arbeits- und Interaktionsgeschehen eine zentrale Position einnimmt, ein Rollenmodell und eine Sachautorität darstellen, der die Eltern Vertrauen und Respekt entgegenbringen. Ein Kurs kann unter diesen Voraussetzungen bestimmte Inhalte, Methoden und Rahmenbedingungen vorsehen, die die o.a. Veränderungsprozesse unterstützen:

- das Konzept sieht gruppenpädagogische Methoden vor, die u.a. für eine angstfreie Atmosphäre sorgen sollen, in der auch heikle Themen angesprochen werden können;
- die Inhalte zeichnen sich durch Alltagsnähe aus (etwa Fallbeispiele) und sind daher auch leichter auf den Erziehungsalltag der Eltern übertragbar;
- die Inhalte werden durch Übungen im Seminar vertieft, Erziehungssituationen simuliert, neue Optionen diskutiert, eigene Verhaltensweisen selbstkritisch reflektiert, Anleitungen zum Transfer in den Erziehungsalltag gegeben;
- das Seminar gibt Gelegenheit zum Erfahrungsaustausch mit anderen Eltern, wodurch ein Perspektivwechsel begünstigt wird;
- die Einhaltung der Ziele wird durch unterschiedliche Feedback-Methoden kontrolliert.

Der Elternkurs sollte Eltern neue Erfahrungen vermitteln, wie sie im Umgang mit den Kindern als Erziehungsautorität anerkannt werden können. So kann zum Beispiel einfühlsames Zuhören, die Formulierung von Ich-Botschaften oder auch die Einführung von Regeln im alltäglichen Miteinander zu einem entspannteren Umgang mit den Kindern führen und die Eltern im richtigen Erziehungsverhalten bestätigen. Dies führt letztendlich zu einer positiven Selbstwerterfahrung bei den Eltern und zur Stärkung ihrer Erziehungskompetenz. In diesem Zusammenhang sollte auch geprüft werden, ob sich das Konzept an den Leitlinien und Prinzipien der Kinderrechtskonvention der UN orientiert, die die Würde und Subjektstellung des Kindes garantieren, womit u.a. das Recht des Kindes auf eine gewaltfreie Erziehung gemeint ist.

Letztlich sollte ein Elternkurs den in der Sozialen Arbeit bekannten Empowerment-Ansatz beinhalten. Empowerment im Sinne von „Selbstbefähigung und Selbstbemächtigung, Stärkung von Eigenmacht, Autonomie und Selbstverfügung“ (Herriger 2010, 20) bedeutet im Hinblick auf ein Elternkurskonzept, dass Eltern u. a. befähigt werden,

- aus einer Vielzahl von Erziehungsoptionen begründet und eigenverantwortlich eine Möglichkeit auszuwählen;
- sich belastenden Erziehungsproblemen aktiv zu stellen, sie nicht zu verdrängen und unter Ausschöpfung der eigenen Ressourcen nach Lösungswegen zu suchen;
- selbstkritisch mit eigenen Fehlern und Schwächen umzugehen und kritische Maßstäbe an erzieherische Alltagsroutinen anzulegen;
- sich aktiv Zugang zu Informationen, Dienstleistungen und Support im Erziehungsbereich zu erschließen und zu nutzen;
- eigene Netzwerke aufzubauen;
- Rechte auf Teilhabe und Mitwirkung einzufordern.

Um die Selbstständigkeit der Eltern zu fördern, haben sich zusätzliche Materialien bewährt, die außerhalb der Kurszeiten durchgearbeitet oder zu Rate gezogen werden können (wie Leitfäden für die Eltern, Bücher, Videos).

Für eine pädagogisch angemessene Durchführung eines Elternkursangebots muss gewährleistet sein, dass diejenigen, die einen Kurs leiten, neben einer entsprechenden pädagogischen Grundlagenqualifikation auch in den speziellen Methoden des jeweiligen Elternkurskonzepts ausgebildet worden sind.

Letztlich stellt sich die Frage, ob die Erreichbarkeit der Adressat und die Zugänglichkeit eines Elternkurses sichergestellt sind. Im Rahmen der wissenschaftlichen Begleitung von Elternkursprojekten hat sich herausgestellt, dass Angebote bestimmte Kriterien erfüllen müssen, um für möglichst viele – auch Eltern mit geringen Ressourcen – zugänglich zu sein. So stellt sich zum Beispiel die Frage, wie für die Angebote geworben werden soll (siehe Kapitel 8.2), inwieweit sie im bekannten Sozialraum der adressierten Eltern angesiedelt werden sollen, wie sie methodisch aufgebaut sind (aktivitäts- und erlebnisorientiert), ob lebensweltbezogene Themen im Mittelpunkt stehen und der Kurs für die Eltern auch finanzierbar ist.

7.7 Veranstaltungsformen, -orte und organisatorische Rahmenbedingungen

Familienbildung findet in Kurz- und Langzeitveranstaltungen statt, wobei schon seit längerer Zeit ein Trend zu kürzeren Veranstaltungen besteht. So ist einer ifb-Elternbefragung zufolge eine der beliebtesten Angebotsformen der Vortrag (Neumann/Smolka 2016, 61). Als Veranstaltungsformen können zum Beispiel Einzelveranstaltungen wie Informationsveranstaltungen/Vorträge, Eltern-Kind-Gruppen, Elterngruppen, Kurse (zum Beispiel Erziehungskurse, Paarkurse, Elternintegrationskurse), offene Treffpunkte (zum Beispiel Elterncafé, Stammtisch) und Wochenendangebote genannt werden. Insgesamt erwarten die Anbieter der Familienbildung von den Eltern, dass sie selbst aktiv werden und im Internet oder im Programmheft die Veranstaltungen auswählen, die für sie interessant sind. Aus finanziellen und personellen Gründen werden aufsuchende Formen der Adressatenansprache seltener durchgeführt. Insofern dominiert in der institutionellen Familienbildung eher eine „Kommstruktur“, was beispielsweise die Evaluation der Familienbildung in Bayern ergab (Rupp/Mengel/Smolka 2010, 99).

Die Erhebungen zur Familienbildung in Bayern befassten sich auch mit den Veranstaltungsorten. Demnach fand 38,7 Prozent der genutzten Angebote – den Angaben der Befragten zufolge – in Hebammenpraxen und 19,3 Prozent in (Geburts-)Kliniken statt, was auf die hohe Verbreitung von Kursen zur Geburtsvor- und -nachbereitung zurückzuführen ist. Knapp jedes vierte Angebot wurde in Räumen einer Pfarr- oder Kirchengemeinde besucht und jeweils 12,6 Prozent in Kitas und Schulen. Dann folgen Einrichtungen der Erwachsenenbildung, Mütter- und Familienzentren sowie Familienbildungsstätten (Neumann/Smolka 2016, 52). Die Nutzung der Veranstaltungsorte differiert auch nach städtischen und ländlichen Räumen. So gibt es Familienbildungsstätten eher in den Städten als auf dem Land. Darüber hinaus ist anzunehmen, dass es – je nach Bundesland – Unterschiede in der Raumnutzung gibt.

Fragen und Aufgaben zu Kapitel 7

Woran orientiert sich die Programmplanung in der Familienbildung?

In welcher Phase der familiären Entwicklung nutzen die Eltern am häufigsten Familienbildungsangebote?

Formulieren Sie einen Ankündigungstext für einen Eltern-Baby-Kurs (Titel, Adressaten, Ziele, mögliche Themen, Termine und organisatorische Rahmenbedingungen).

Recherchieren Sie im Internet und suchen Sie in Programmen von Familienbildungseinrichtungen Angebotstitel der Familienbildung, die sich auf die nachelterliche Phase beziehen.

Welche Bildungsangebote ergeben sich aus unterschiedlichen Familienkonstellationen?

Worin besteht die elterliche Erziehungsaufgabe im Hinblick auf Mediennutzung und welche Rolle kann die Familienbildung in diesem Zusammenhang erfüllen?

Warum ist die Arbeit mit Vätern nicht unbedingt gleichzusetzen mit „Väterarbeit"?

Listen Sie Gelingensbedingungen für die Väterarbeit auf.

Erläutern Sie am Beispiel eines Hausbesuchsprogramms, welche Vorteile damit verbunden sind.

Nennen Sie Ziele, Adressaten, Methoden, Programmbausteine und Effekte des Bundesprogramms „Elternchance ist Kinderchance".

Versetzen Sie sich in die Rolle einer hauptamtlich beschäftigten pädagogischen Fachkraft im Bereich der Familienbildung, die ein Elternbildungsprogramm einsetzen will: Von welchen Maßstäben lassen Sie sich bei der Auswahl leiten?

8. Informationsquellen, Adressatenansprache und Erreichbarkeit

Die Adressatenforschung als Teil der Erwachsenen- und Familienbildungsforschung befasst sich u.a. mit der Frage, wie Eltern und Familien für Bildungsangebote angesprochen werden können, über welche Wege der Informationsvermittlung sie am besten erreichbar sind und welche Rahmenbedingungen eine Kontaktaufnahme begünstigen (wie zum Beispiel die Sozialraumorientierung von Angeboten oder die Integration der Elternbildung in Bildungsinstitutionen der Kinder). Von Interesse sind auch die Interessen, Erwartungen, Motive und Barrieren hinsichtlich einer Teilnahme an Familienbildungsangeboten.

8.1 Informationskanäle der Eltern

Die institutionelle Familienbildung ist für Eltern nicht unbedingt die erste Anlaufstelle, um sich über Erziehungsfragen und Themen des Familienlebens zu informieren und auszutauschen. Auf die Frage, an welche Personen oder Einrichtungen sie sich bei Erziehungsfragen und Familienthemen wenden, kamen die Autorinnen der „dritten ifb-Elternbefragung zur Familienbildung" in Bayern (Neumann/Smolka 2016, 28) zu dem Ergebnis, dass die Ansprechpersonen am häufigsten aus der Familie, Verwandtschaft und dem Freundeskreis kommen, an vierter und fünfter Stelle werden Lehrkräfte, Erzieher*innen und Ärzt*innen genannt. „Einrichtungen wie Mütterzentren, Familienstützpunkte[60] oder Mehrgenerationenhäuser[61]

---

60 Familienstützpunkte in Bayern sind Kontakt- und Anlaufstellen, die konkrete Angebote der Eltern- und Familienbildung in einer Kommune vorhalten und mit anderen sozialen Einrichtungen vernetzt sind. Sie bieten für die unterschiedlichen Bedürfnisse der Familien geeignete, passgenaue Hilfen an und sind an bestehende Einrichtungen vor Ort, zum Beispiel an Mütterzentren, Mehrgenerationenhäuser, aber auch an Kindertageseinrichtungen angegliedert (www.stmas.bayern.de).

61 Mehrgenerationenhäuser sind offene Begegnungsorte für Menschen jeden Alters mit unterschiedlicher Herkunft oder kulturellem Hintergrund.

wurden selten erwähnt, wobei anzumerken ist, dass diese auch nur von Eltern genannt werden können, für welche diese Einrichtungen in erreichbarer Nähe liegen" (ebd.). Es kann angenommen werden, dass die Angebote der Einrichtungen der Familienbildung nicht bei allen Eltern bekannt sind bzw. nicht automatisch in Betracht gezogen werden, um sich über Erziehungs- und Familienfragen zu informieren. Stattdessen greifen Eltern auf eine Reihe von Medien zur Informationsbeschaffung zurück:

a) Digitale Medien (insbesondere Internet)
b) Printmedien (Eltern- und Erziehungsratgeber in Buchform, gedruckte Informationsbroschüren von Einrichtungen und Behörden, Elternbriefe etc.)
c) Audiovisuelle Medien (zum Beispiel Fernsehen, Radio)

Je nach Bildungsvoraussetzungen, Lesegewohnheiten und Weiterbildungsverhalten werden diese Informationskanäle unterschiedlich genutzt. Das Internet stellt inzwischen eines der beliebtesten Informationsmedien dar, um sich Informationen über Familien- und Erziehungsfragen zu beschaffen (Neumann/Smolka 2016, 32). Erst danach folgen Eltern- und Erziehungsratgeber in Buchform, gedruckte Informationsbroschüren, Elternbriefe und Zeitschriften. Fernseh- und Radiosendungen nehmen – laut der Befragung in Bayern (ebd., 33) – eine marginale Rolle ein, wenn es um die Informationsbeschaffung in Fragen von Familie und Erziehung geht.

Die Anbieter institutioneller Familienbildung müssen auf jeden Fall Werbung und Öffentlichkeitsarbeit gezielt einsetzen, um Zugänge zu den Adressaten zu erschließen und Bildungsinteressen zu wecken. Bei Eltern, die bereits Einrichtungen der Familienbildung besuchen, gehören gedruckte Informationen (Flyer, Programmhefte, Plakate) zu den beliebtesten Medien, zumal sie bei regelmäßiger Anwesenheit in der Einrichtung leicht beschafft werden können. Darüber hinaus werden die gedruckten Informationen in Kitas, Kinderarztpraxen, Musikschulen oder anderen Stellen, wo sich Eltern mit Kindern aufhalten, ausgelegt. Zunehmend werden auch mediale Kanäle wie zum Beispiel (lokale) Internetseiten oder digitale Veranstaltungskalender genutzt, um sich Informationen über Angebote der

Familienbildung zu beschaffen. Außerdem machen Einrichtungen der Familienbildung im Rahmen unterschiedlicher Formate von Öffentlichkeitsarbeit (Kampagnen, Feste im Quartier, Eltern- und Familienmobil, Ausstellungen, Kinderkleidungs- und Spielzeugbörsen) auf sich aufmerksam. Eltern, die mit Familienbildung bisher wenig Berührung hatten, benötigen oft eine persönliche Ansprache (Neumann/Smolka 2016, 63). Insbesondere bei Eltern aus ressourcenarmen Milieus haben sich Face-to-Face-Kontakte und andere niedrigschwellige Formen der Ansprache als zielführend erwiesen, um bestehende Zugangsbarrieren zur Familienbildung zu überwinden.

8.2 Erreichbarkeit von benachteiligten Eltern

Bremer u.a. (2015, 17f.) thematisieren im Hinblick auf die Zugangsbarrieren die „doppelte Bildungsinstanz“, d.h. sowohl die Ferne von Eltern aus ressourcenarmen Milieus zu den Einrichtungen als auch die Distanz der Institutionen zu den Adressaten. Die Gründe für Zugangsbarrieren zur Familienbildung können nach drei Aspekten unterschieden werden:

a) Belastende Lebenslagen (wie Schichtarbeit, unsichere Bleibeperspektive, Leben im Übergangswohnheim, geringes Einkommen);
b) subjektive Hemmschwellen (niedrige/fehlende Bildungsabschlüsse, Sprach- und Kommunikationsbarrieren, psychosoziale Belastungen etc.) und
c) institutionelle Barrieren (überwiegend schriftsprachliche Werbung, fehlende muttersprachliche Kontaktpersonen, Bürokratie, fehlende interkulturelle Kompetenz des Personals etc.) (Fischer/Krumpholz/Schmitz 2007, S. 50f; Sacher 2012, S. 310; Gaitanides 2011, 323ff; Bremer/Kleemann-Göhring/Wagner 2013).

Die Leitungen von Einrichtungen der Familienbildung berichteten (Fischer u.a. 2007, 50 f.)[62] im Rahmen einer landesweiten Evaluati-

62 Es liegen bis zum jetzigen Zeitpunkt keine aktualisierten Daten vor. Deshalb wird in diesem Zusammenhang auf die damalige Evaluation zurückgegriffen.

on der Familienbildung in Nordrhein-Westfalen, die sich dem Thema der „interkulturellen Öffnung der Familienbildung" widmete, von Hemmschwellen der Eltern mit Migrationshintergrund und Zugangsbarrieren der Einrichtungen. Alle drei oben genannten Gründe werden von den Befragten genannt:

Zu a) 38,5 Prozent argumentierten, dass sich Migrant*innen mit *niedrigem Einkommen und geringen Bildungsvoraussetzungen* ähnlich verhielten wie Deutsche ohne Migrationshintergrund mit vergleichbaren Voraussetzungen, die ebenfalls seltener in den Weiterbildungsangeboten vertreten seien. Der Sozialstatus, insbesondere die Bildungsvoraussetzungen, seien demnach der hauptsächliche Grund für die geringe Beteiligung an der Familienbildung.

Zu b) Von 38,5 Prozent der befragten Leiter*innen bzw. hauptamtlichen pädagogischen Mitarbeiter*innen wurde *Unkenntnis des deutschen Weiterbildungssystems* als Grund angegeben, warum Migrant*innen die Einrichtungen der Weiterbildung bzw. der Familienbildung nicht besuchten. Die Mehrzahl der Zugewanderten kenne Einrichtungen der Eltern- und Familienbildung nicht, u.a. weil es im Herkunftsland kein vergleichbares Erwachsenenbildungssystem gebe und weil die Einrichtungen in der „Migrantenszene" meistens nicht bekannt seien. 30,7 Prozent machten *Sprachbarrieren* als Hemmschwelle für den Besuch von Weiterbildungsveranstaltungen verantwortlich. Umgekehrt sei aber auch nicht immer die Bereitschaft da, Deutsch zu lernen. Beispielhaft sei hier die Äußerung einer türkischen Erzieherin und Leiterin von Mütter-Gesprächskreisen genannt, die zahlreiche Kontakte zur türkischen Community im Stadtteil unterhält, wo sie in einer Kindertagesstätte beschäftigt ist. Sie meinte, die Mütter hätten vielfach keine Motivation, einen Deutschkurs zu besuchen. „Die Mütter schicken zwar ihre Kinder zu Deutschkursen oder nachmittags zum Logopäden, besuchen aber selber oft keinen Sprachkurs. Da sie keine Perspektive haben und wenig Kontakt zu Deutschen, ist die Motivation, Deutsch zu lernen, eher gering. Es müsste vermittelt werden, wie wichtig sie in der Vorbildfunktion der Deutschlernenden sind" (Interview 4/5). 30,7 Prozent der Befragten führen die Weiterbildungsabstinenz auf das *Ver-*

ständnis der Eltern hinsichtlich *ihrer Elternrolle und Erziehung* zurück. Sie meinten, die Eltern sähen keinen Grund, Eltern- und Familienbildungsangebote anzunehmen (zum Beispiel Eltern-Kind-Gruppen), da „es ziemlich unüblich ist, mit Kindern in dem Alter überhaupt etwas zu machen, außer sie abzugeben in Einrichtungen“ (Interview 1). Die Eltern sähen keinen Sinn in der Eltern- und Familienbildung, weil sie kein Bewusstsein von ihrem eigenen Erziehungsauftrag hätten. Die türkische Bevölkerung erwarte „von den Institutionen sehr viel. Also ganz einfach, sie haben Kinder und schicken sie in den Kindergarten und sagen, die Erzieherinnen sollen das machen und die Schule. Und dann geht es weiter. Aber so ist das nicht. Dieser Erziehungsauftrag von den Eltern ist nicht klar, dieses, das ist mein Kind, da muss ich etwas machen, also den Boden bereiten für die Erziehung, die Bildung ... das ist bei denen nicht klar. Sie wollen schon, aber es ist ihnen nicht klar: Wem gehört diese Aufgabe, mir oder den Institutionen? Da ist dann auch hier eine Unsicherheit, weil sie hier leben und weil sie denken, in Deutschland ist alles so geklärt. Mein Kind wird irgendwann etwas werden. Also eigene Aufgaben nehmen sie sehr, sehr zurück“ (türkische Kursleitung in Interview 4/5).

Zu c) Bei den Gründen, die sich auf die *Einrichtungen* beziehen, machten 61,5 Prozent der Befragten vor allem ein fehlendes Konzept interkultureller Öffnung für die schlechte Erreichbarkeit der Adressaten verantwortlich. Passgenaue Angebote, die die Lernvoraussetzungen der Eltern berücksichtigen, fehlten weitgehend. Insbesondere Frauen ohne Deutschkenntnisse seien primär durch muttersprachliche Angebote mit entsprechenden Kursleiterinnen anzusprechen. Herkömmliche Wege der Zielgruppenansprache (Programmheft, Flugblätter, Zeitungsanzeigen etc.) erreichen Personen mit Migrationshintergrund oft nicht. „Und ich glaube, dass wir oft die Kanäle nicht finden, um überhaupt an Migranten heranzukommen“ (Interview 1). Andere Hemmnisse seien lange Wege, fehlende Räume in den Stadtteilen mit hohem Migrantenanteil und fehlende Multiplikatoren. Darüber hinaus wird die *kirchliche Trägerschaft* (15 Prozent) als eine mögliche Barriere für Zugewanderte mit einer anderen als der christlichen Konfession genannt (Fischer u.a. 2007, 50 f.).

Dass die Adressatenansprache und Einbindung von Eltern mit Migrationshintergrund aus ressourcenarmen Milieus besonders schwierig ist und nicht nur ein deutsches Phänomen darstellt, verdeutlicht die vergleichende Untersuchung von Janet Boddy et al. (2009), die für alle fünf untersuchten Länder (Dänemark, Frankreich, Deutschland, Italien und die Niederlande) feststellt: „All five countries had encountered difficulties with engaging particular groups of parents, including fathers and parents from socio-economically disadvantaged and minority ethnic communities“ (Boddy et al. 2009, 3).

Untersuchungen über *Zugangsbarrieren* im Bereich der Sozialen Dienste (Gaitanides 2011, 323 ff.) und Familienbildungseinrichtungen (Fischer 2007, 50 f.) kommen zu dem Ergebnis, dass statt der üblichen Kommstrukturen aufsuchende Strukturen geschaffen werden müssen. Bei der Ansprache von Eltern aus ressourcenarmen Milieus haben sich sogenannte Multiplikatorenprogramme bewährt, die Brückenpersonen einsetzen, um Zugang zu den Zielgruppen zu erhalten.

8.3 Face-to-Face-Kontakte

In einer Expertise für das Bundesamt für Migration und Flüchtlinge haben Ruth Michalek und Anna Laros (2008) Multiplikatorenmodelle (wie zum Beispiel „FemmesTische“, „HIPPY“, „Rucksack“ oder „Elternlotsen“) untersucht, die mit Brückenpersonen arbeiten und sich gerade im Hinblick auf die Ansprache von benachteiligten Familien als nützlich erwiesen haben. 86 Prozent der Teilnehmenden der untersuchten Programme stammten aus „der Unterschicht bzw. der unteren Mittelschicht“ (Michalek/Laros 2008, 28), sodass mit diesen Ansätzen vor allem „bildungsferne“ Personen erreicht wurden. Radmila Blickenstorfer benennt eine Reihe von Kompetenzen, die Brückenpersonen für die Migrationsarbeit mitbringen sollten: Bilingualität, ein Bewusstsein für die Heterogenität der Zielgruppen, Kenntnis über die Lebenssituation und Familienkultur im jeweiligen Milieu und Kenntnisse des Bildungssystems sowie außerschulischer Einrichtungen. Um als Vertrauensperson anerkannt zu werden, sind außerdem Empathie und Verschwiegenheit unabdingbar (Blickenstorfer 2009, 72).

Als erfolgreich hat sich beispielsweise die aufsuchende Arbeit von Multiplikator*innen im Rahmen von Hausbesuchsprogrammen (siehe Kapitel 7.3) bzw. Mischformen von home-based- und center-based-Programmen gezeigt. Dadurch können bildungsferne Gruppen eingebunden werden, die mit reinen center-based-Programmen nicht erreicht werden. Die Multiplikatoren stellen eine Brücke zwischen den Familien und den Institutionen dar und ermöglichen so die Ansprache und Einbindung der Zielgruppen (siehe auch Münz/Heisig 2011, 338; Pietsch/Ziesemer/Fröhlich-Gildhoff 2010, 74; Rummel/Naves 2005, 11).

Zu ähnlichen Ergebnissen kommen wissenschaftliche Untersuchungen zur Rolle von Elternbegleiter*innen, die im Rahmen des Bundesprogramms „Elternchance ist Kinderchance" (Müller et al. 2016) und des kommunalen Projekts „Brücke" in Gelsenkirchen (Fischer 2012, 35) eingesetzt worden sind. Bei dem Projekt „Brücke" handelt es sich um die Fortbildung von zweisprachigen Elternbegleiterinnen, die als Multiplikatorinnen in neun Grundschulen in Gelsenkirchen ausgebildet wurden. Das Ziel des Projekts bestand darin, Elternbegleiterinnen zur Leitung von Gesprächskreisen zu befähigen, um Eltern zu motivieren, sich aktiv am Schulleben zu beteiligen. Zugleich sollten die Eigenpotenziale der Elternbegleiterinnen gestärkt und Methoden zur Unterstützung der Eltern bei der Förderung schulischer Lernprozesse der Kinder vermittelt werden (ebd.).

In beiden Projekten konnte die Kooperation mit den jeweiligen Bildungsinstitutionen (Kita, Grundschule) verbessert werden, was mit einem höheren Interesse der Eltern an Mitbestimmung und Mitgestaltung in der Einrichtung einherging (ebd.; Müller et al. 2016). In der Stärkung der Elternrolle als Interessenvertretung in den Einrichtungen liegt eine wichtige Schnittstelle zur politischen Bildung. Im Sinne politischer Bildung gelingt dieser Ansatz dann, wenn Eltern im Mitwirkungsprozess eine Chance sehen, ihren eigenen Zielen – wie Bildungsgerechtigkeit und optimale Förderung ihrer Kinder – näher zu kommen.

8.4 Gutscheine

Die Vergabe von Gutscheinen hat sich im Rahmen des Landesprogramms STÄRKE in Baden-Württemberg ebenfalls als „Türöffner" für die Familienbildung erwiesen (Faas/Landhäußer/Treptow 2017). Alle Eltern mit einem neugeborenen Kind bekamen ab September 2008 einen Gutschein im Wert von 40 € (ebd., 56 f.). Die statistische Auswertung der Abrechnungsbögen der Jugendämter zeigt, dass die Zahl der eingelösten Gutscheine zwischen 2009 und 2011 deutlich und signifikant gestiegen ist: Von 14.624 (2009) über 23.520 (2010) zu 26.492 (2011). Von der Vergabe der Gutscheine ging ein starker Impuls für die Inanspruchnahme von Familienbildungsveranstaltungen im Rahmen des Programms „STÄRKE" in Baden-Württemberg aus, weil dadurch erst die Aufmerksamkeit der Eltern auf die Familienbildung gelenkt wurde. 23 Prozent der Eltern gaben an, dass sie ohne den Gutschein nicht auf die Kursangebote aufmerksam geworden wäre und 33 Prozent gingen davon aus, dass sie ohne die finanzielle Unterstützung durch die Gutscheine nicht an dem Angebot teilgenommen hätten (ebd., 121). Das korrespondiert mit der Aussage von 30 Prozent der Mitarbeitenden, dass sich im Kontext von STÄRKE die Teilnehmendenstruktur verändert habe. „Einzelne Veranstalter berichten von einer vermehrten Teilnahme von jüngeren Müttern, Eltern mit Migrationshintergrund, alleinerziehenden Eltern sowie Eltern mit niedrigem sozioökonomischen Status" (ebd., 121). In diesem Zusammenhang wird zu bedenken gegeben, dass die Vergabe eines Gutscheins allein nicht ausreicht, Familien auch tatsächlich zum Besuch einer Veranstaltung zu bewegen. Manche Familien brauchen darüber hinaus auch eine Beratung, was man mit dem Gutschein machen kann und welche Angebote zur Verfügung stehen.

Aus anderen Bundesländern ist auch Kritik an der Gutscheinvergabe laut geworden. In Nordrhein-Westfalen haben die Landesarbeitsgemeinschaften der Familienbildung diese Idee bei der Durchführung des Programms „Elternstart“ verworfen. Hintergrund war der Gedanke, eher Gehstrukturangebote in Familienzentren, Stadtteilzentren, im Krankenhaus etc. anzubieten und dafür pro Angebot eine Pauschale zu erhalten. Dadurch sollten die Einrichtungen finanzielle Planungssicherheit erhalten, um solche Angebote, die als Brücke in die Familienbildung gedacht waren, zu konzipieren und an den genannten Orten vorzuhalten. Gutscheine – so die Kritik – böten der Familienbildung keinen finanziell planbaren Rahmen. Diese eher personengebundene Maßnahme würde nicht dazu führen, dass sich Strukturen verändern. Um Zugangsbarrieren abzubauen, wird das Programm „Elternstart“ kostenlos für die Eltern angeboten.

8.5 Offene Treffs

Offene Treffs wurden erstmalig im Rahmen des Landesprogramms STÄRKE in Baden-Württemberg evaluiert (Faas u.a. 2017). Der Evaluation der Offenen Treffs wird eine Definition des BMBF zugrunde gelegt, die durch einige in der Fachliteratur recherchierte Definitionsmerkmale ergänzt wird. Offene Angebote ermöglichen demnach „alltägliche, selbstverständliche Begegnungen zwischen Menschen“ (BMFSFJ 2008, 18) unter Einbezug von Bildung und Informationen (ebd., 58). Offenheit wird im Sinne von Thiersch (2002, 217) nicht als Strukturlosigkeit verstanden, sondern als „strukturierte Offenheit“. Im Hinblick auf die *Zeitstruktur* zeichnen sich die Treffs durch eine gleitende Anfangszeit und ein offenes Ende aus. Meistens sind bestimmte Zeitspannen, möglichst abgestimmt auf die Bedürfnisse der Besucher*innen, vorgegeben. Das wöchentliche Angebot sollte mindestens zwei Stunden umfassen (ebd., 59). In der Regel werden keine spezifischen Zielgruppen, sondern allgemein Familien als *Adressaten* angesprochen. Es gibt sowohl *selbst organisierte Treffs* als auch von pädagogischen Fachkräften *angeleitete* Angebote. Meistens wird bei Offenen Treffs keine *Teilnahmegebühr* – höchstens ein geringer Unkostenbeitrag – erhoben. Die *Gruppenbildung* erfolgt in der Regel als informeller Prozess durch spontane ungezwungene Kontakte. Auch die *Themen* entwickeln sich im Zuge von Gruppenprozessen und sind meistens nicht vorgegeben. Offene Angebote können vor diesem Hintergrund unterschiedliche Grade von Offenheit aufweisen. Die Teilnahme wird hier nicht an bestimmte Bedingungen geknüpft (wie zum Beispiel Teilnahmegebühren, regelmäßige Teilnahme). Offenheit beinhaltet auch, dass die Themen und Inhalte prozessorientiert aus Gruppendiskussionen generiert werden, was auch eine entsprechend offene, empathische und akzeptierende Haltung der Gruppenleitung voraussetzt.

Das Projektteam sieht aufgrund der genannten Charakteristika der Offenen Treffs eine Chance, Eltern niedrigschwellig an längerfristig ausgerichtete Familienbildungskurse heranzuführen. Der Offene Treff wäre in diesem Sinne ein Einstiegsangebot für die weiterführende stärker formalisierte Bildungsarbeit (ebd., 143). Ein Ergebnis der Evaluation war, dass das bisherige Programm der Familienbildungsstätten die wenigsten als offen konzipierten Angebote aufwies. Offenbar gibt es einen Zusammenhang zwischen den unterschiedlichen Formen offener Angebote und den erreichten Adressaten. Die Treffs der Familienbildungsstätten sprechen überproportional alleinerziehende Eltern und Familien in einer Trennungs- und Scheidungssituation an. Familien mit Migrationshintergrund besuchten überproportional häufig Treffs von Kindertageseinrichtungen. In der Kooperation mit Kindertageseinrichtungen und Familienzentren können auch die sozialräumlichen Ressourcen dieser Einrichtungen genutzt werden und zugleich die Personengruppen angesprochen werden, die die Familienbildung bisher schlechter erreicht (wie zum Beispiel Eltern mit Migrationshintergrund). Im Rahmen von STÄRKE 2014 gelingt es, das Angebot der Offenen Treffs auszubauen. So gibt die Hälfte der befragten Anbieter an, seit 2014 mindestens einen neuen Offenen Treff eingerichtet zu haben.

Was die Gestaltung der Offenen Treffs angeht, wird den Teilnehmenden ein hoher Handlungsspielraum eingeräumt, außerdem gelingt es, auf andere Familienbildungsangebote hinzuweisen und Eltern auch für stärker formalisierte Programme zu gewinnen. Was die Bemühungen zur Gewinnung von Teilnehmenden anderer Sprachen als Deutsch angeht, so wird in diesem Punkt eher auf einen Mangel hingewiesen, nämlich dass in den Offenen Treffs „seltener unterschiedliche Sprachen gesprochen bzw. Informationsmaterialien in unterschiedlichen Sprachen ausgelegt" werden (ebd.), was insbesondere für Neuzugewanderte eine Barriere darstellen kann. Dennoch gelingt es offenbar, Familien mit Migrationshintergrund zu erreichen. Personen, die eine andere Erstsprache als Deutsch sprechen, wurden mit 25,6 Prozent im Vergleich zu anderen Personen häufiger erreicht: Alleinerziehende (11 Prozent), Familien mit Anspruch auf soziale Leistungen (16 Prozent), „Personen mit eher geringer Schulbildung (15 Prozent)". Einiges spreche dafür, dass Offene Treffs für Menschen mit einer anderen Erstsprache als Deutsch dann zugänglicher sind, wenn sie für die Angesprochenen räumlich gut erreichbar sind, bessere Mitgestaltungsmöglichkeiten bestehen und die Zielgruppe eher homogen ist. Die Einrichtung von Offenen Treffs scheitert oft an den Finanzierungsmodalitäten, wie sie zum Beispiel durch das Weiterbildungsgesetz in Nordrhein-Westfalen geregelt sind, das Unterrichtsstunden und Teilnehmertage fördert, nicht aber offene, relativ unverbindliche Begegnungen. Die Einrichtungen der Familienbildung in Nordrhein-Westfalen gehen davon aus, dass den offenen Angebotsformaten künftig eine erhebliche Bedeutung zukommen wird. Sie haben daher ein großes Interesse an diesem Veranstaltungsformat, weil sie u.a. die Chancen eines Brückenangebots in die reguläre Familienbildung sehen (Prognos AG/Müller-Giebler u.a. 2019).

8.6 Verlagerung der Elternbildung in die Bildungsinstitutionen der Kinder

Es hat sich auch gezeigt, dass sich die Institution als solche verändern muss und enge institutionelle Grenzen überschritten werden müssen, um Zugangsbarrieren abzubauen. Eine erfolgreiche Einbindung von Familien aus ressourcenarmen Milieus gelingt dann, wenn Familienbildung beispielsweise in die Sozialräume der Familien und die Bildungsorte der Kinder verlagert wird (siehe auch Kapitel 9 in diesem Buch). Das erfordert sowohl Kompetenzen im Bereich

„sozialraumorientierter Arbeit“ als auch in der *„Netzwerkarbeit“* (siehe Kapitel 9). Entsprechende Konzepte existieren beispielsweise im Rahmen der Familienzentren in Nordrhein-Westfalen, die sich als integrierte Bildungswelten für die ganze Familie verstehen. Ansätze, die Eltern- und Familienbildung in Grundschulen zu integrieren und curricular auf die Themen der Grundschule abzustimmen, werden beispielsweise von den Berliner Volkshochschulen (2009) oder auch von den Landesarbeitsgemeinschaften der Eltern- und Familienbildung in Nordrhein-Westfalen erprobt (LAG 2014/Fischer 2012). Viele Familienzentren schaffen niedrigschwellige Zugänge zur Familienbildung durch Offene Treffs, die flexibel an die Bedürfnisse und Zeitrhythmen der Besucher*innen angepasst werden, die Teilnahme nicht an Zugangsvoraussetzungen knüpfen, meistens kostenfrei sind und prozessorientiert auf Themen, die vor Ort relevant sind, eingehen (siehe oben).

8.7 Sozialraumorientierung und Begegnungen im Stadtteil

Familienbildungsstätten und andere Einrichtungen mit familienunterstützenden Angeboten sind häufig Anlaufstellen für Rat suchende Eltern. Es gibt inzwischen viele Familienbildungsstätten, die bewusst dezentral arbeiten, um im Quartier u.a. zum Aufbau sozialer Netzwerke beizutragen. Es gilt, sozialräumliche Ressourcen zur Entwicklung von Unterstützungssystemen im Quartier zu nutzen. Gerade in Stadtteilen mit besonderem Erneuerungsbedarf und einem anregungsarmen, wenig unterstützenden Sozialraum hat sich der Aufbau einer sozialen Infrastruktur zur Beratung und Bildung von Familien als sinnvoll erwiesen, um bei der Bewältigung von belastenden Lebensereignissen zu helfen (Meier-Gräwe 2013, 134 f.). So kann eine finanziell, personell und räumlich gut ausgestattete Familienbildungsstätte neben Bildungs- und Beratungsangeboten auch den nachbarschaftlichen Kontakt zu Angehörigen unterschiedlicher Milieus anbahnen. Manche Familienbildungsformate – wie zum Beispiel das Angebot FUN – Familie und Nachbarschaft – sind darauf ausgelegt, nach einer didaktisch angeleiteten Phase die Teilnehmenden zur Bildung einer Selbsthilfegruppe im Quartier zu veranlassen. So soll ein nachhaltiger Prozess eingeleitet werden, der den Eltern auch nach Beendigung des offiziellen Programms ein Netzwerk zum Erfahrungsaustausch und zur gegenseitigen Unterstützung bietet (Brixius/Koerner/Piltmann 2005, 145; Tschöpe-Scheffler/Wirtz 2008, 167).

> Die Abkürzung FUN beinhaltet „Familie und Nachbarschaft". Es handelt sich um ein präventives Programm, das die Erziehungs- und Mitwirkungskompetenzen von Familien stärken und soziale Beziehungen unter den Eltern festigen soll. Insbesondere soll die Beteiligung von sozial benachteiligten Familien erreicht werden. Methodisch sieht das Programm verschiedene Phasen vor: Anfangsritual, Kooperations- und Kommunikationsspiele, gemeinsames Essen, Zweiergespräch zwischen Eltern, Elternzeit/parallel dazu Kinderzeit, Spiel zu zweit zwischen einem Elternteil und einem Kind, das Überraschungsspiel und Abschlussritual. FUN vernetzt die Arbeit der Bildungsinstitutionen wie Kita und Schule mit der Arbeit familienorientierter Dienste. An die Programmphase schließt sich eine in der Regel durch die Familienbildung begleitete Selbstorganisationsphase an (Brixius/Koerner/Piltmann 2005, 137–159).

An diesem Beispiel wird deutlich, wie neben dem Einbezug des sozialräumlichen Umfelds auch eine Aktivierung der nahräumlichen Ressourcen der Bewohner*innen stattfindet, womit ein zentrales Prinzip sozialraumorientierter Sozialer Arbeit angesprochen ist. „In der Haltung der Ressourcenorientierung geht es darum, […] Informationen über das soziale Netz der Adressat(inn)en zu erhalten und dem Aufbau und der Aktivierung natürlicher Unterstützungssysteme […] Vorrang vor professionellen Hilfen zu geben" (Hamberger 2006, 110). Prinzipien der Sozialraumorientierung gewinnen auch für die Familienbildung an Gewicht. Dazu gehören neben der o.a.

Ressourcenorientierung und der Förderung der Selbsthilfe die konsequente Orientierung am Willen und den Interessen der Wohnbevölkerung, aktivierende Arbeit, Einbezug der materiellen Struktur des Quartiers, ein zielgruppen- und bereichsübergreifender Ansatz sowie Kooperation und Abstimmung der professionellen Ressourcen (Hinte 2002, 92).

Es gilt allerdings, alle familienunterstützenden Leistungen – wovon die Familienbildung nur eine darstellt – in einer Kommune zusammenzuführen und zu koordinieren, womit die Jugendämter im Rahmen der neuen Steuerung seit den 1990er-Jahren zunehmend beschäftigt waren. So sind im Zuge des Umbaus von Jugendamtsstrukturen zum Beispiel quartiersbezogene Interventionsteams aufgebaut, Sozialraumbudgets eingeführt und bezirksbezogene Angebotsstrukturen installiert worden (Kessl/Reutlinger 2018, 1596). Allerdings wurde der Familienbildung vonseiten des Jugendamts eine eher untergeordnete Rolle zugeschrieben (siehe Kapitel 9).

Neben dem städtischen Raum mit einer Vielzahl an familienbezogenen Angeboten gibt es ländliche Gemeinden, die im Hinblick auf Angebote der Familienbildung vor gänzlich andere Herausforderungen gestellt sind, die teilweise strukturbedingt sind (lange Anfahrtswege aufgrund spärlich vertretener Familienbildungseinrichtungen, schlechte Verkehrsverbindungen, demografische Entwicklung): „Die Angebotspalette ist zumeist schmaler und häufiger fehlen im ländlichen Raum auch wohnortnahe, öffentlich zugängliche Möglichkeiten der Begegnung und des Austauschs für Mütter und Väter, an denen eventuell auch die Familienbildung ‚andocken' könnte" (Rupp/Mengel/Smolka 2010, 229). Sozialraumorientierte Settings, die sich am städtischen Raum orientieren, sind deshalb gar nicht oder nur eingeschränkt übertragbar auf ländliche Räume. So schlägt der Deutsche Verein für öffentliche und private Fürsorge in seinen Empfehlungen für Familienbildung im ländlich strukturschwachen Raum (2009) vor, Familienbildungsangebote an häufig frequentierten Orten im Sozialraum durchzuführen, etwa kommerziell genutzten Orten wie Gaststätten und Geschäften, in Arbeitsstätten und Betrieben oder Vereinen. Auch mobile Formen der Familienbildung mit Kleinbussen, die die Dörfer aufsuchen, sind denkbar.

Familienbildungseinrichtungen sind auch Foren des interkulturellen Dialogs. Angesichts zunehmender Wertekonflikte (im Zusammenhang mit der Rolle der Frau, dem sogenannten „Kopftuchstreit" oder dem Thema der „arrangierten" Ehen) ist es umso dringlicher, Raum für Begegnung und Gespräche zu schaffen, um Familien unterschiedlicher soziokultureller Herkunft einander näherzubringen. Begegnungsprogramme können sich auf die wissenschaftliche Erkenntnis stützen, dass Vorurteile unter bestimmten Voraussetzungen durch Kontakte abgebaut werden können (u.a. Pettigrew/Tropp 2006). „Daten der Langzeitstudie Gruppenbezogene Menschenfeindlichkeit 2011 belegen den positiven Einfluss von Kontakt auf die Einstellung zu Asylsuchenden" (Küpper/Zick 2016, 27).

Fragen und Aufgaben zu Kapitel 8

Nennen Sie Informationskanäle, über die Eltern von Angeboten der Familienbildung erfahren. Sind alle Informationskanäle gleichermaßen für alle Eltern geeignet? Begründen Sie dies.

Was wird unter der „doppelten Bildungsdistanz" verstanden?

Nennen Sie Zugangsbarrieren zur Familienbildung.

Wie erreichen Einrichtungen der Familienbildung auch benachteiligte Eltern?

---

9. Kooperation und Vernetzung

Mit der Komplexität von Lebenssituationen und Bedürfnislagen von Familien wachsen auch die Anforderungen an familienbezogene Dienste. Es genügt meistens nicht mehr, nur ein spezialisiertes Angebot für Familien vorzusehen, um bedarfsgerecht zu handeln. Einrichtungen müssen miteinander kooperieren, ihre Leistungen koordinieren und miteinander verzahnen. „Kooperation und Netzwerkbildung wird nicht zuletzt auch deshalb notwendig, da die Hilfen nach der Logik des KJHG sich durch Lebensweltorientierung kennzeichnen sollen, was nur funktioniert, wenn sie sozialräumlich ausgehandelt und organisiert werden" (Dahme 2000, 58). Kooperation und Vernetzung bedingen einander, stellen aber vielfach auch unterschiedliche Grade von Zusammenarbeit dar. Kooperation spielt sich zwischen mindestens zwei Akteuren ab und beinhaltet ein zweckgerichtetes Zusammenwirken im Hinblick auf gemeinschaftliche Ziele, das zu festgelegten Bedingungen zu erfolgen hat (von Kardoff 1998, 210).

Vernetzung geht darüber hinaus und beinhaltet die Schaffung einrichtungsübergreifender Strukturen (zum Beispiel in Form eines Runden Tisches, Arbeitskreises oder einer Stadtteilkonferenz). „‚Vernetzen' bedeutet nicht nur ein äußerliches Kontakthalten zwischen den Mitarbeitern verschiedener Dienste und Einrichtungen oder das Schaffen eines äußerlichen Organisationszusammenhangs ohne eine (häufig spannungsreiche) inhaltlich-fachliche Zusammenarbeit. ‚Vernetzen' bedeutet ein Ineinandergreifen verschiedener Arbeitsformen, ein Herstellen gegenseitiger auf gemeinsamen Problemverständnissen aufbauender Verbindlichkeit" (Merchel 1989, 18, zit. in Bullinger/Nowak 1998, 150). Die Bandbreite möglicher Organisationsformen reicht von informellen Netzwerken bis hin zu relativ dauerhaften Kooperationen von Trägerverbünden. Netzwerke stellen in der Regel ein freiwilliges Bündnis von Einzelpersonen, Gruppen oder Organisationen dar, die als gleichberechtigte Partner miteinander kooperieren. Sie zeichnen sich meistens durch einen eher losen Zusammenschluss der Beteiligten aus und weisen einen geringen Grad an formalen Organisationsstrukturen auf, sodass es keinen rechtlichen Rahmen gibt, der dem Netzwerk eine verbindliche Organisationsform gibt, wie etwa bei einem Verband, Verein oder einer GmbH. Das Netzwerk beruht dann allein auf der Selbstverpflichtung der jeweiligen Akteure bzw. der hinter ihnen stehenden Organisationen.

Vernetzung impliziert, dass die beteiligten Organisationen autonom handeln können und ihre unterschiedlichen Potenziale in einen arbeitsteiligen Prozess einbringen. Wichtig für eine zielführende Zusammenarbeit sind auch ein gemeinsames konzeptionelles Grundverständnis über Ziele und Strategien der Zusammenarbeit und gegenseitiges Vertrauen. Im Zuge der Netzwerkarbeit müssen mögliche Spannungen und Konflikte ausgeglichen und gemeinsames Vorgehen ausgehandelt werden. Insofern hat Netzwerkarbeit auch immer Vor- und Nachteile:

Im Rahmen einer Selbstevaluation des „Netzwerks Interkulturelles Lernen“[63] in Oberhausen, einem Zusammenschluss von unterschiedlichen Organisationen (u.a. den örtlichen Familienbildungseinrichtungen) zur Weiterentwicklung interkultureller Bildungsarbeit, ging man der Frage nach, welchen Nutzen das Netzwerk für die Beteiligten habe, und kam zu folgendem Ergebnis:

- Den Einrichtungen ist eine Weiterentwicklung des Angebotsspektrums im Bereich der interkulturellen Erwachsenenbildung gelungen,
- neue, bisher schlecht erreichbare Zielgruppen wurden für die Einrichtung gewonnen,

63 Das „Netzwerk Interkulturelles Lernen“ existiert seit 1994 in Oberhausen. Es hat sich als ein flexibles Instrument zur Durchsetzung und Verbreitung interkultureller Erwachsenenbildung sowie zur Qualifizierung, gegenseitigen Beratung, kollegialen Supervision und Kooperation bewährt. Inzwischen arbeiten verschiedene Mitglieder des Netzwerks auch in den Gremien zur Entwicklung des städtischen Integrationskonzepts mit. Insofern hat sich das Netzwerk auch als Fachinstanz für migrationspolitische Fragen profiliert.

- Werbung und Öffentlichkeitsarbeit konnten intensiviert werden,
- die Einsicht in die Notwendigkeit interkulturellen Lernens hat sich mehr und mehr auch bei den Trägern der Einrichtungen durchgesetzt,
- die Kooperationsbeziehungen unter den Netzwerkmitgliedern wurden intensiviert:
  - Absprachen getroffen,
  - Doppelplanungen vermieden,
  - Angebote koordiniert,
  - Ressourcen getauscht und gebündelt, sodass Synergieeffekte erzielt werden konnten,
  - die Teilnahme an Fortbildung und Supervision wurde erhöht,
  - die Fachlichkeit der Netzwerkmitglieder wurde auf ein höheres Niveau gehoben und die Qualität der Arbeit verbessert (Fischer 2014, 464–466).

Wie jedes andere soziale Gebilde ist auch ein Netzwerk störanfällig. Wo Menschen aufeinandertreffen, deren Interessen nicht in Vereinbarung zu bringen sind, gefährden Konflikte das Gleichgewicht der Beziehungen und die Kohärenz der Gruppe. Außerdem kann von außen Druck auf ein Netzwerk ausgeübt werden, beispielsweise von einzelnen Trägern, der Stadtverwaltung, der Öffentlichkeit etc., was schnell zu Belastungen für die Zusammenarbeit führen kann. Neben der entlastenden Wirkung des Netzwerks kommen auf die Netzwerkmitglieder zusätzliche Arbeitsbelastungen zu wie die Termine der Netzwerkkonferenzen, Fortbildungen, Evaluationssitzungen, organisatorische Arbeiten. Es besteht zudem die Gefahr, dass die Koordinatorenfunktion durch Profilierungsbestrebungen von Einzelnen missbraucht wird oder dass einzelne Personen alle Arbeiten auf sich konzentrieren, die Arbeit zu stark prägen und die Gruppe von sich abhängig machen. Darüber hinaus kann es auch zu Ungleichgewichten in der Beteiligung an Aktivitäten des Netzwerks kommen, wenn das Netzwerk im Zuge von größeren Projekten in eine aktive Kerngruppe und fluktuierende, eher passive Randschichten zerfällt. Solche Störungen müssen kommuniziert werden und bei den Sitzungen des Netzwerks möglichst dann, wenn sie bemerkt werden, auch thematisiert und auf mögliche Lösungswege befragt werden. Die Heterogenität der Gruppe kann sich sowohl positiv als auch negativ auf die Entwicklung des Netzwerks auswirken. Wenn die Interessen, Vorerfahrungen und Tätigkeiten zu unterschiedlich sind, kann die Arbeitsweise und Konsensfähigkeit der Gruppe behindert werden. Wenn die unterschiedlichen Ressourcen der Beteiligten produktiv in den Arbeitsprozess eingebracht werden, profitiert das gesamte Netzwerk. Entsprechend wichtig ist das Selbstverständnis des Netzwerks als ein Arbeitsbündnis mit einem gemeinsamen Profil, das sich aber durchaus darüber im Klaren ist, dass die Unterschiede und Besonderheiten der Einrichtungen nach außen hin nicht verschwimmen dürfen. Die einzelnen Träger müssen in der Öffentlichkeit mit ihren besonderen Leistungen und Schwerpunkten wahrnehmbar sein.

9.1 Netzwerkarbeit auf kommunaler Ebene

Die Vernetzung der Familienbildung mit Kitas, Familienzentren, Schulen, der Jugendhilfe und anderen Akteuren findet im kommunalen Raum statt und hat die Erreichbarkeit von Familien, insbesondere aus ärmeren Milieus, verbessert. In den Konzepten einer Reihe von Eltern- und Familienbildungsprogrammen wird die Kooperation auf kommunaler Ebene bewusst und systematisch einbezogen. Akteure aus kommunalen Einrichtungen (wie zum Beispiel der Jugendhilfe, des Schulamtes, Gesundheitsamtes, der Sozialdienste, der Drogenberatung, des Psychologischen Dienstes) werden zwecks Information und Beratung in Veranstaltungen der Familienbildung eingeladen und wirken so aktiv an der Gestaltung von Familienbildungsangeboten mit. Umgekehrt arbeiten Akteure aus der Familienbildung auch in kommunalen Arbeitszusammenhängen mit.

Aufgrund der Angebotsvielfalt in der Familienbildung und der heterogenen Trägerlandschaft ist eine koordinierende Instanz erforderlich, die eine Übersicht über die Fülle der Veranstaltungen hat, ein Überangebot bzw. Angebotslücken in bestimmten Stadtteilen und für bestimmte Adressaten vermeiden hilft, die kommunale Finanzierung steuert und Abstimmungen des Programms unter den Trägern moderiert. Für diese Rolle kommen die öffentlichen Jugendhilfeträger in Betracht, die im Rahmen der Jugendhilfeplanung u.a. dafür Sorge zu tragen haben, dass das Veranstaltungsangebot rechtzeitig und ausreichend zur Verfügung steht (§ 17, Abs. 1, Nr. 2 SGB I bzw. § 79, Abs. 2, Nr. 2 KJHG i.V.m. § 2, Abs. 2, Nr. 2 und § 16, Abs. 2, Nr. 1). Laut einer bundesweiten Online-Befragung der Jugendamtsleitungen findet eine Absprache zwischen Jugendämtern und Trägern der Familienbildung nur in der Hälfte der Jugendamtsbezirke statt (BMFSFJ 2017, 10), was wohl auch auf den Stellenwert zurückzuführen ist, die der Familienbildung im Rahmen des Leistungsportfolios des Jugendamtes zugeschrieben wird. Für etwa die Hälfte der Jugendämter hat die Familienbildung eine „mittlere", für ca. 24 Prozent eine „geringe" Bedeutung (ebd., 5). Es gibt daher noch einen erheblichen Handlungsbedarf, was die Vernetzungsaktivitäten des Jugendamtes im Hinblick auf Einrichtungen der Familienbildung mit anderen familienunterstützenden Angeboten angeht.

Inzwischen haben sich, initiiert durch das Bundesministerium für Familie, Senioren, Frauen und Jugend, sogenannte „Lokale Bündnissen für Familie" etabliert, in denen auch Familienbildungseinrichtungen vertreten sind[64]. Diese Bündnisse sind Netzwerke, in denen Akteure u.a. aus den Bereichen Kommune, Politik, Zivilgesellschaft, Bildung, Wirtschaft und Verwaltung zusammenarbeiten. Schwerpunktthemen sind der strategische Ausbau von familienfreundlichen Lebens- und Arbeitsbedingungen vor Ort sowie die Organisation von Kinderbetreuungsangeboten (Ferien-/Randzeiten-/Notfallbetreuung). Kontaktstelle ist ein Servicebüro, das aus Bundesmitteln finanziert wird. Auch in diesem Zusammenhang stellt sich wieder die Frage, wie solche und andere Netzwerke auf kommunaler Ebene von einer Instanz koordiniert werden, um Synergieeffekte erzeugen zu können.

64 Näheres unter www.lokale-buendnisse-fuer-familie.de und https://www.lokale-buendnisse-fuer-familie.de/zahlen-und-fakten.html.

Aus der Einsicht, dass Kooperation und Vernetzung für die Einrichtungen und darüber vermittelt auch für die Unterstützung der Familien positive Effekte haben, sind neue institutionelle Strukturen wie die Familienzentren oder einrichtungsübergreifende Netzwerke entstanden, in denen Familienbildung einen Teilbereich darstellt.

9.2 Implementierung von Familienbildung in Kitas und Familienzentren

Inzwischen gehört die Netzwerkarbeit zum Standardrepertoire professionellen Handelns im frühkindlichen Bereich. „Aufgrund der negativen Folgen einer versäulten Bearbeitung von kindlichen Bildungsbedarfen [...] erscheint nur ein interinstitutionell abgestimmtes System von Bildung, Erziehung und Betreuung geeignet, um multiple individuelle Herausforderungen in einem Lebenszusammenhang unter Überwindung separierter Zuständigkeiten zu bewältigen" (Fischer/Huth 2013, 429). In vielen Eltern- und Familienbildungsprogrammen wird die Implementierung der Familienbildung in vorschulischen Einrichtungen empfohlen, weil sie einen niedrigschwelligen Zugang der Eltern zum Programm gewährleisten. Insbesondere Kitas, Familienzentren und Eltern-Kind-Zentren werden in einer bundesweiten Online-Befragung von Jugendamtsleitungen als optimaler Zugangsweg bezeichnet (BMFSFJ 2017, 7; siehe auch Jugend- und Familienministerkonferenz 2016). Auch die Bielefelder Evaluation der Elternedukationsprogramme (2006 bis 2009) unter Leitung von Klaus Hurrelmann, die sich den Fragen von „Elternbildung und Elternpartizipation in Settings" widmete, kam für alle ausgewerteten Projekte zu dem Ergebnis, dass die Anbindung von Präventionsprogrammen an Settings wie Schule, Kita oder Jugendhilfe für die Erreichbarkeit von schwer erreichbaren Gruppen, zu denen auch ärmere Familien mit Migrationshintergrund zählen, erfolgreich ist (Hartung/Kluwe/Sahrai 2010, 569).

Während Kitas vorrangig Orte der Bildung, Erziehung und Betreuung der Kinder sind, können in Familienzentren oder vergleichbaren Einrichtungen „bislang fragmentierte und getrennt voneinander existierende Strukturen" „vernetzt, unter einem Dach gebündelt oder aus einer Hand bereitgestellt werden" (BMFSFJ 2012, 81). Zu den zentralen Effekten der Familienzentren zählt im Hinblick auf die Eltern, dass soziale Isolation überwunden, Begegnungen initiiert, Selbstvertrauen gestärkt, Beratungs- und Unterstützungsangebote genutzt, Erziehungskompetenzen aufgebaut, Selbsthilfekräfte gefördert und die Partizipation der Eltern ermöglicht wurden (Gesemann/Schwarze/Nentwig-Gesemann 2015, 32). Die Bundesländer sind im Aufbau und der Entwicklung von Familienzentren unterschiedlich weit fortgeschritten (Gesemann/Schwarze/Nentwig-Gesemann 2015, siehe tabellarische Übersicht 36–38), räumen der Familienbildung allerdings durchgängig einen wichtigen Platz ein. So wird im Abschlussbericht der Evaluation der Familienzentren in Nordrhein-Westfalen der „hohe Stellenwert" der Zusammenarbeit zwischen Familienzentren und Familienbildung betont. Gut 80 Prozent der befragten Jugendamtsvertreter*innen attestieren den Familienzentren einen hohen oder sehr hohen Nutzen in Bezug auf die niederschwellige Zugänglichkeit von Angeboten der Familienbildung (Stöbe-Blossey u.a. 2019, 16). Im Großen und Ganzen wird die Kooperation in Nordrhein-Westfalen als positiv beschrieben. Allerdings gibt es auch hier manchmal Meinungsverschiedenheiten etwa im Hinblick auf die Dauer von Angeboten. Einige Familienzentren legen in erster Linie Wert auf kurzfristig abrufbare Angebote. In dem Zusammenhang wünschen sich einige Vertreter*innen der Familienbildung „eine stärkere Werttschätzung ihrer inhaltlichen Kompetenz für die Angebotsgestaltung und nehmen auf dem Gebiet der Familienbildung große Unterschiede in der Qualität der einzelnen Familienzentren wahr" (ebd.).

Erfolgreich bei der Umsetzung von Familienbildungsprogrammen – so die Ergebnisse der Evaluation des Landesprogramms „Berliner Familienzentren" (Gesemann/Schwarze/Nentwig-Gesemann 2015, 32) – seien vor allem die Einrichtungen, die bereits längere Erfahrungen mit der Familienbildung und einen besseren Zugang zu den Familien haben. Oft fänden die kontaktierten Familien nicht von alleine den Weg ins Familienzentrum, sodass Hausbesuche und manchmal auch die Begleitung der Eltern in die Einrichtung nötig sind (ebd.), was mit einem hohen finanziellen und personellen Aufwand verbunden ist. Für diese Fälle wird die Zusammenarbeit mit Multiplikatoren empfohlen, wie zum Beispiel Stadtteil- und Kiezmüttern, die Brücken zu bestimmten Nutzergruppen bauen können (ebd., 126). Hier werden die Befunde aus anderen Programmen bestätigt, die in Kapitel 7 bereits dargestellt worden sind.

Gerade die umfangreichen Vernetzungsaktivitäten und die sogenannten Overheadkosten könnten nicht durch die Teilnahmebeiträge refinanziert werden, zumal sie durch hauptamtliches Personal zu leisten seien (ebd., 12). In Nordrhein-Westfalen besteht für die Familienbildungsstätten zwar die Möglichkeit, eine zusätzliche Landesförderung für Kooperationsvorhaben mit Familienzentren abzurufen, jedoch wird diese von den Einrichtungen und Trägern als schwierig in der Abwicklung beschrieben (Stöbe-Blossey u.a. 2019, 17). Darüber hinaus wird im Hinblick auf Kitas und Grundschulen zu bedenken gegeben, dass die Implementierung von Programmen der Elternbildung oft auf extrem schwierige Bedingungen stoße, weil Schulen und Kitas zeitgleich oft tiefgreifende Umstrukturierungen bewältigen müssten (zum Beispiel Umwandlung in Ganztagsschulen oder in Familienzentren) (Hartung/Kluwe/Sahrai 2010, 573).

9.3 Kooperation der Familienbildung mit Grundschulen

Ähnlich wie bei den Kitas ist eine Kooperation von Familienbildungsstätten und Grundschulen im Hinblick auf die Erreichbarkeit von Eltern aus ressourcenarmen Milieus von Vorteil. Elternbildung im Bildungsort Schule kann, unmittelbar anknüpfend an Erfahrungen der Eltern mit den schulischen Leistungen der Kinder, zeit- und realitätsnah Probleme, Anliegen, Interessen und Konflikte bearbeiten. Eltern äußern vielfach den Wunsch, nicht nur Informationen über die Leistungen und Lernfortschritte der Kinder zu erhalten, sondern auch über Fragen der kindlichen Entwicklung, des Bildungssystems, der Schullaufbahnen, Gewalt- und Suchtprävention aufgeklärt zu werden (Sacher 2012, 305; Hartung/Kluwe/Sahrai

2010, 563). Durch die Kooperation mit der Familienbildung kann Schule entlastet werden, da sie in der Regel weder personelle noch finanzielle Ressourcen hat, um Eltern- und Familienbildung in eigener Regie durchzuführen. Die Schule kann zugleich von der Qualität profitieren, die durch langjährige Erprobung von Eltern- und Familienbildungsprogrammen in Einrichtungen der Familienbildung sichergestellt wurde. Pädagogische Fachkräfte der Familienbildung verfügen über Erfahrungen im Umgang mit Erwachsenen und können didaktische Konzeptionen, die das Lernen erwachsenengerecht unterstützen, zur Anwendung bringen (Die Landesarbeitsgemeinschaften d. F. NRW 2012; Fischer, 2012, 40). Zugleich bietet die Ganztagsschule konzeptionell und zeitlich die Rahmenbedingungen, um lernbezogene Beteiligungsformen für die Eltern umzusetzen (SVR 2014b 7).

Familienbildung kann bereits beim *Übergang* von der Kita in die Schule eine sinnvolle Rolle erfüllen. Eltern vor und in der Grundschule durch Bildungsveranstaltungen zu unterstützen, macht besonders Sinn, weil der Grundschule eine wichtige Brückenfunktion zukommt: So nimmt sie einerseits die Kinder aus der Kita auf und führt sie als erste und verpflichtende Schule an schulische Leistungsanforderungen heran. Andererseits werden hier die Weichen für den Übergang in die Sekundarstufe gestellt. Ihr kommt daher eine zentrale Scharnier- und Selektionsfunktion zu. Der Übergang von der Kita in die Grundschule ist allerdings mit vielen Risiken behaftet. Der familienorientierte Ansatz im Kindergarten wird beispielsweise von vielen Migranteneltern positiver erlebt als die Atmosphäre an der Grundschule (Pfaller-Rott 2010, 281 ff.). Insofern gilt es, besondere Anstrengungen zu unternehmen, um den „Übergangsschock“ so gut wie möglich abzufedern. Auch in diesem Zusammenhang kann die Kooperation mit Familienbildung hilfreich sein. Sie kann beispielsweise durch Einrichtung von Elterngesprächskreisen dazu beitragen, dass Eltern ihre Kinder psychisch gut auf die Übergangssituation vorbereiten. Darüber hinaus kann sie Eltern bei der eigenen Rollendefinition im Hinblick auf die Bildungspartnerschaft mit der neuen Institution helfen, was aufgrund des unterschiedlichen Rollenverständnisses der Eltern im Hinblick auf die Zuständigkeit für die Lernprozesse der Kinder sinnvoll ist (Leyendecker 2008, 95 f.; 2011, 245).

Pfaller-Rott (2010, 281 ff.) stellte in ihrer Untersuchung fest, dass insbesondere Eltern mit Migrationshintergrund, die einen eher niedrigen sozioökonomischen Status haben, Schwierigkeiten bei der Kooperation mit Schule artikulieren. Dabei behindert die defizitorientierte Sicht mancher Lehrer*innen die Kommunikation, die oft erst dann Kontakt zu den Eltern aufnähmen, wenn die schulischen Leistungen der Kinder nachließen oder Verhaltensauffälligkeiten den Unterricht erschwerten (Sacher 2012, 303, 305). Auch wenn diese Probleme schulintern zu lösen sind (Fortbildung, Supervision, kollegiale Intervision etc.) und Familienbildung solche Defizite nicht kompensieren kann, könnte sie durch Elternbildung dennoch einen Beitrag zum Aufbau eines anderen Verhältnisses der Eltern zur Schule leisten. Erleichternd käme in diesem Fall hinzu, dass Fachkräfte der Familienbildung im schulischen Raum weitgehend neutrale Bezugspersonen darstellen, die unbelastet von Notenstress und Leistungsdruck eine Partnerschaft auf Augenhöhe herstellen können.

9.4 Vernetzungsbeispiel Migrantenorganisationen

Als Beispiel für bürgerschaftliches Engagement in der Familienbildung sei auf das Elternnetzwerk NRW verwiesen[65]. Das Elternnetzwerk NRW ist ein Zusammenschluss von inzwischen mehr als 300 Migrantenorganisationen und verschiedenen Organisationen im Bereich der Elternarbeit (www.elternnetzwerk-nrw.de). Elternvereine sind vor allem als Reaktion auf schulische Benachteiligtenlagen von Kindern und Jugendlichen aus Familien mit Migrationshintergrund entstanden. Die betroffenen Eltern sahen die Interessen ihrer Kinder im Hinblick auf eine angemessene Förderung im Bildungssystem (vor allem im sprachlichen und kulturellen Bereich) nicht

65 Das Elternnetzwerk NRW wurde – im Unterschied zu anderen Migrantennetzwerken – von Fischer/Krumpholz/Schmitz und Patocs (2007a) wissenschaftlich begleitet und evaluiert und wird deshalb an dieser Stelle exemplarisch herangezogen.

eingelöst und haben sich als Selbsthilfeverbund und zwecks einer gemeinsamen Interessenvertretung zusammengeschlossen.

Der Aufbau eines Netzwerks und schließlich die Etablierung als landesweiter Verband 2007 bedeuteten sowohl einen Machtzuwachs nach außen als auch eine Stärkung (Empowerment) der Selbsthilfekräfte nach innen. Im Hinblick auf ein gemeinsames Ziel wurden Kräfte gebündelt und Ressourcen zusammengeführt, sodass man wechselseitig von dem Wissen, den Fähigkeiten und Fertigkeiten der anderen profitieren konnte. Gerade den Elternfortbildungen im Netzwerk kommt hierbei eine besondere Rolle zu, weil sie dazu beigetragen haben, das Selbstbewusstsein der Eltern und ihre Erziehungskompetenz zu stärken, ihre Kenntnisse über das Bildungssystem und die Bildungspolitik zu vertiefen und ihre Rolle als Interessenvertretung zu klären (Fischer/Krumpholz/Schmitz 2011, 458–472). Inzwischen wird das Netzwerk auch als bildungspolitischer Akteur wahrgenommen, um Stellungnahmen zu wichtigen Themen der Bildungspolitik gebeten und mit Bildungsprojekten beauftragt.

Eine Expertise des Sachverständigenrats für Integration und Migration (SVR 2014a) empfiehlt den Bildungsinstitutionen eine enge Zusammenarbeit mit Migrantenorganisationen, weil sie eher in der Lage sind, Angehörige ihrer Community zu erreichen. Wichtig ist allerdings in diesem Zusammenhang, dass die Beteiligten ein partnerschaftliches Verhältnis pflegen, in dem beide Parteien voneinander profitieren können (Hunger/Metzger 2011) und keine die andere für ihre Zwecke instrumentalisiert.

Fragen und Aufgaben zu Kapitel 9

Welche Vorteile bzw. Nachteile bietet die Vernetzung von Einrichtungen?

Welche Aufgaben können Familienbildungseinrichtungen in der Kooperation mit Kindertageseinrichtungen erfüllen?

Welche Rolle sollten die Jugendämter in den Kommunen im Hinblick auf familienunterstützende Leistungen verschiedener Träger spielen?

10. Professionalisierung und Professionalität in der Familienbildung

Neben einer gesicherten Finanzierung ist die Weiterentwicklung institutioneller Strukturen auch vom Grad der Professionalisierung abhängig. In wissenschaftlichen Texten zur Familienbildung fehlt bisher eine allgemeine Theoriedebatte zum Themenbereich „Profession – Professionalisierung – Professionalität“, stattdessen wurden eher spezielle Fragen zum Qualitätsmanagement, zur Weiterentwicklung von Tätigkeitsprofilen und zu professionellen Kompetenzen des pädagogischen Personals angeschnitten (Zieske 2017; Schiersmann/Thiel 1999, 104 ff.). Da die Familienbildung im Hinblick auf ihr pädagogisches und wissenschaftliches Selbstverständnis sowohl in der Sozialarbeit/Sozialpädagogik als auch in der Erwachsenenbildung/Weiterbildung (EW/WB) verankert ist, soll im Folgenden – neben Bezügen zur professionssoziologischen Diskussion – auf die professionstheoretischen Debatten in beiden Wissenschaftsdisziplinen rekurriert werden.

10.1 Der fachliche Diskurs zu den Begriffen Professionalisierung und Professionalität

Angeregt durch die US-amerikanische Professionalisierungsdiskussion wurde die Professionalisierungsfrage in der Sozialen Arbeit Ende der 1960er-Jahre im bundesdeutschen Diskurs aufgegriffen. Sie bezog sich schwerpunktmäßig auf das Berufsbild, den Status der Sozialarbeiter*innen/Sozialpädagog*innen und die Chancen einer wissenschaftlichen Fundierung der Ausbildung. Es hat sich mittlerweile eine eigenständige Professionsforschung in der Sozialarbeit/Sozialpädagogik etabliert (Dewe/Otto 2018, 1191).

Parallel dazu entwickelt sich auch in der Erwachsenenbildung/Weiterbildung seit den 1960er-Jahren ein Professions- und Professionalisierungsdiskurs. Inzwischen geht man von drei zentralen theoretischen Ausrichtungen von Professionalisierung aus, und zwar dass Professionalisierung

- eine Folgewirkung von Verwissenschaftlichung aller Tätigkeitsbereiche im Feld der Erwachsenen- und Weiterbildung sei und zu ihrer Profilbildung beitrage;
- auf eine gesellschaftliche Positionsgewinnung zur Sicherung von Interpretationseinfluss für bestimmte Handlungsfelder abziele;
- mit beruflicher Kompetenz auf wissenschaftlicher Basis verbunden sei, die in ethische Verpflichtungen gegenüber ihrer Klientel eingebunden sei, um den Ansprüchen von Trägern und Märkten aufgabenspezifische Standards entgegenzusetzen (Gieseke 2018, 1053).

Der klassische, normativ ausgerichtete und merkmalsorientierte Professionsbegriff, den die soziologische Literatur traditionell für akademische Berufe reserviert hat, wurde von den beiden Wissenschaftsdisziplinen mit der Zeit aufgegeben. Nach dem klassischen Professionsverständnis zeichneten sich Professionen durch folgende Merkmale aus:

- „selbst generiertes wissenschaftliches Sonderwissen, spezielle Fachterminologie (Definitionsmacht für die Berufsausbildung),
- lang andauernde theoretisch fundierte Ausbildungsgänge auf akademischem Niveau (Berechtigung zur Berufsausübung gekoppelt an Examen und Titel),
- berufsständische Normen (code of ethics) und gesetzliche Beschränkung des Eigeninteresses,
- exklusives Monopol für die Handlungskompetenz, Monopolisierung von Zuständigkeiten,
- Tätigkeiten mit gemeinnützigen Funktionen von grundlegender Bedeutung (Gemeinwohlorientierung als berufsständische „Ideologie“),
- hohe Autonomie in der Berufsausübung, Selbstkontrolle der Arbeitsbedingungen (selbst generierte Standards der Leistungsbewertung und deren Kontrolle),
- Ablehnung einer Laienkontrolle, Interessenvertretung durch Berufsverbände,
- Definition der Anforderungen und Zugangswege“ (Kalkowski 2010, 2).

Dieser Professionsbegriff, der sein Vorbild vor allem in den sogenannten freien Berufen von Ärzten und Juristen fand, bezieht sich auf fachlich qualifizierte, autonome Akteure, die den Marktzutritt für ihren Bereich kontrollieren und ihre Ausbildungsformen und -inhalte selber definieren, deren Leistungen mit hohem Prestige und Einkommen durch die Gesellschaft belohnt werden und von denen eine berufsethische Selbstverpflichtung erwartet wird. Dieser Professionsbegriff ließ sich nicht auf die Tätigkeiten in den Bereichen der Sozialarbeit/Sozialpädagogik und der Erwachsenen-/Weiterbildung (Helsper/Tippelt 2011) übertragen.

So konstatiert Dewe (2018, 1195) für die Soziale Arbeit, dass sich seit einigen Jahren eine neue Professionalisierungsdiskussion abzeichne, „die nicht mehr die sozialen Schwierigkeiten der Verberuflichung, sondern die Strukturprobleme sozialpädagogischen Handelns ins Zentrum der Aufmerksamkeit rückt“. Das zentrale Thema sei nun die *Qualität der Zuständigkeit* und keineswegs die vermeintliche oder tatsächliche *Exklusivität der Zuständigkeit*. Die neue Professionalisierungsdebatte lasse die legitimations- und standespolitische Auseinandersetzung hinter sich. Dewe plädiert auch dafür, die Schwerpunktthemen zur Effektivierung und Rationalisierung sozialpädagogischer Prozesse zu verlassen, die die Debatte überlagert hätten.

Im Zuge dieser neuen Professionalisierungsdiskussion ist inzwischen auch die Rede von wissensbasierter Arbeit (Kalkowski 2010, 2 f.), bei der die Berufsgruppe über formales Wissen verfügt, das durch abstrakte Konzepte oder Theorien bestimmt wird, sowie über fachliche Kenntnisse und spezifische berufspraktisch erworbene Fähigkeiten. Dieses Kompetenzbündel versetze die Berufsgruppe in die Lage, Arbeitsaufgaben zu erledigen, die hinsichtlich ihrer Anforderungsstruktur ergebnisoffen und diffus definiert sind. Oft liegen nur die Ziele fest und die Umsetzung sei von den Akteuren zu bewerkstelligen. Vorgehens- und Verfahrensweisen seien nicht festgelegt und nicht standardisierbar. Die Ausführenden verfügen dabei über gewisse Entscheidungs- und Ermessensspielräume.

Dewe (2018, 1195) unterstreicht in diesem Zusammenhang, dass die Wissensgesellschaft dem Einzelnen erweiterte Handlungsmöglichkeiten bietet und damit auf einen *reflexiven Handlungstypus* im Kontext professioneller Aktion abzielt. Auch Gieseke (2018, 1059) verweist für Tätigkeiten in der Erwachsenenbildung auf die Bedeutsamkeit „reflexiver professioneller Kompetenz“: „Gerade diese Fähigkeit des auf den Einzelfall bezogenen, vor wissenschaftlichem Hintergrund im Interesse des jeweiligen Menschen situativen Handelns als verantwortungsvolles Handeln sichernde Kompetenz wird in Zukunft hoch bezahlt werden“.

Professionalisierung bezeichnet nach Heidenreich (1999, 4) den Prozess, „in dem die Berufsausbildung und die Weiterentwicklung der professionellen Wissensbasis systematisiert und institutionalisiert werden und bestimmte Tätigkeitsfelder für Angehörige eines Berufs reserviert werden“. Im Zuge des Professionalisierungsprozesses kristallisieren sich spezifizierte fachliche Kriterien und Standards und eine bestimmte Wissensbasis heraus, über die nur Personen mit einer entsprechenden Ausbildung verfügen. Dies macht dann die *Professionalität* dieser Person aus. *Professionalität*, ein Begriff, der von Tietgens in den 1980er-Jahren in die Erwachsenen- und Weiterbildung eingeführt worden ist, beschreibt kompetentes pädagogisches Handeln als Fähigkeit, „unter einer Leitaufgabe auf hohem wissenschaftlichen Niveau komplexe Lehr- und Lernanforderungen und Strukturbildungsanforderungen“ zu analysieren, zu konzeptionieren, zu begleiten und entsprechende Konzepte zu evaluieren, wobei der lernende Mensch im Mittelpunkt steht (Gieseke 2018, 1054). Professionalität ist dabei kein „Zustand“, der erreicht werden kann, sondern eine immer wieder neu herzustellende situative Leistung (ebd.). Ähnlich formulieren Dewe und Otto (2018, 1211) für die Soziale Arbeit, dass es professionstheoretisch nicht bloß eine Form richtigen Handelns gibt. In der Sozialen Arbeit sei erfolgreiches Handeln „an das Vermögen gebunden, Wissen fallspezifisch und in je besonderen Kontexten zu mobilisieren, zu generieren und differente Wissensinhalte und Wissensformen relational aufeinander zu beziehen“. Es gelte, in Interaktionen mit den Adressaten eine Verständigung zu erzielen und zu klären, was aus Sicht der Adressaten „eine angemessene Unterstützung ihrer Lebensinteressen“ sein könnte (ebd.).

Pöllauer (2014, 16) verdeutlicht am Beispiel der Bildungsberatung, dass Bildungsberater*innen die Anliegen und Probleme der Ratsuchenden nicht lösen, sondern allenfalls Unterstützung bei der Lösung ihrer Probleme bieten können. Damit habe sich der Professionalisierungsbegriff letztendlich vom ursprünglichen Anspruch der Entwicklung zur Profession auf den Bereich der *Professionalität* im Handeln der Ausübenden verlagert. Es gehe in diesem Fall um die Frage, was der oder die Beratende für das Beratungshandeln braucht, also welche Kompetenzen und Ressourcen erforderlich seien (ebd.).

Diese Wende hin zum Professionalitätsbegriff wird auch von der Autorengruppe wb-personalmonitor konstatiert: „Die Professionalisierung der Weiterbildung im Sinne einer Verberuflichung des Tätigkeitsfeldes mit systematischen Wissensbeständen, geregelten Ausbildungswegen, beruflicher Autonomie, einem Berufsethos, einer klaren Distinktion zwischen ‚Professionellen‘ und ‚Laien‘, einer gesellschaftlichen Lizenz und entsprechendem Berufsprestige wurde zunehmend als unrealistisch eingeschätzt. Stattdessen richtet sich der Blick auf die Professionalität erwachsenenpädagogischen Handelns“ (Autorengruppe wb-personalmonitor, 17).

10.2 Das Personal in der Familienbildung

Familienbildungsstätten verfügen in der Regel über Vollzeitstellen für Leitungspersonal und hauptamtlich tätige pädagogische Mitarbeitende (HPM). An größeren Familienbildungsstätten sind die Arbeitsfelder der HPM in Fachbereiche aufgeteilt. Hinzu kommen eine oder mehrere Vollzeitstellen für Verwaltungskräfte im Sekretariat sowie honorarbeschäftigte Fachkräfte.

In der Regel werden nur Personen beschäftigt, die für die familienpädagogische Arbeit durch Ausbildung und Praxis qualifiziert sind (Sozialarbeiter*innen/Sozialpädagog*innen mit staatlicher Anerkennung, Diplom-Pädagog*innen, Diplom-Psycholog*innen, sonstige Fachkräfte mit gleichwertiger Ausbildung. Dies können zum Beispiel sein: Lehrer*innen, Heilpädagog*innen etc., sonstige Personen mit geeigneter Ausbildung und besonderen Sprachkenntnissen). Darüber hinaus kommen Honorarbeschäftigte aus unterschiedlichen Berufsfeldern zum Einsatz, die für die familienbildnerischen Aufgaben geeignet sind, wie Musik-, Tanz-, Kunst-, Medienpädagog*innen, Fachkräfte der Geburtshilfe, Hebammen, Kinderkrankenschwestern oder Fachkräfte im Gesundheitsbereich (Ernährungswissenschaft, Entspannung).

Ähnlich wie es Gieseke für die Erwachsenenbildung/Weiterbildung resümiert (2018, 1060), liegen bundesweit auch für die Familienbildung keine Daten und Statistiken vor, die einen Überblick über die Zahl der Leitenden, der Planenden, der Lehrenden und der Verwaltung geben. In den Statistiken der Kinder- und Jugendhilfe des Statistischen Bundesamtes (Destatis 2020) werden u. a. Daten zur Anzahl der Einrichtungen der Eltern- und Familienbildung (2018: 538 Einrichtungen), Anzahl der öffentlichen (68) und freien Träger (470), zum Umfang der Einrichtungen mit hauptberuflichem Personal (489 Einrichtungen von 538), zu den in den Einrichtungen tätigen Personen (2.422) und zur Zahl der Vollzeitstellen (1.229) gegeben. Differenzierte Daten zum Verhältnis von Haupt-, Neben- und Ehrenamt in der Familienbildung und zur Qualifikation des Personals sind nicht zu finden, lediglich einige Landesstatistiken weisen solche Daten aus[66].

Auch Länder- oder Trägerstatistiken sind spärlich und geben überdies nur ausschnitthaft Daten zur Personalsituation wieder. Allein die Volkshochschulen, die jedoch nur einen geringen Anteil an Familienbildungsangeboten aufweisen, erheben Daten über das Personal (Gieseke 2018, 1061). Darüber hinaus gibt es die Weiterbildungsstatistik im Verbund, die seit 2007 zu den Regelaufgaben am Deutschen Institut für Erwachsenenbildung – Leibniz-Zentrum für Lebenslanges Lernen e. V. (DIE) gehört, an der drei bundesweit arbeitende Verbände beteiligt sind: der Bundesarbeitskreis Arbeit und Leben e. V. (BAK AL), die Deutsche Evangelische Arbeitsgemeinschaft für Erwachsenenbildung e. V. (DEAE), die Katholische Erwachsenenbil-

66 Unter dem Link https://www.supportstelle-weiterbildung.nrw.de/cms/upload/PDF/Datenreport_Weiterbildung_NRW_-_Berichtsjahr_2018_NEU.pdf (Zugriff: 16.10.2020) finden sich zumindest ein paar Angaben auf Nordrhein-Westfalen bezogen.

dung Deutschland – Bundesarbeitsgemeinschaft e.V. (KEB). Außerdem wird die Statistik des Deutschen Volkshochschul-Verbands (DVV) einbezogen. Da sowohl unter dem Dach der katholischen als auch der evangelischen Erwachsenenbildung Familienbildungsstätten organisiert sind (Horn u.a., 12 f.), gehen auf diesem Weg auch Daten zur Personalsituation in der Familienbildung ein, diese werden aber nicht gesondert ausgewiesen. Das Gleiche gilt für den wb-personalmonitor, der im Rahmen eines Forschungsverbunds des Instituts für Berufs- und Wirtschaftspädagogik (IBW) an der Universität Duisburg-Essen, des DIE und des Bundesinstituts für Berufsbildung (BIBB) erstellt wird (Autorengruppe wb-personalmonitor 2016).

Besonderes Kennzeichen der Personalstruktur in der Familienbildung – was generell für die gesamte Erwachsenenbildung gilt (Horn u.a. 2017, 8 f.) – ist der überwiegende Anteil an nebenberuflich Tätigen und Honorarkräften gegenüber dem hauptberuflichen Personal (Pettinger/Rollik 2008, 136).

Im Datenreport Weiterbildung NRW (Berichtsjahr 2018) wird das Personal in der gemeinwohlorientierten Weiterbildung des Landes Nordrhein-Westfalen nach Einrichtungstypen differenziert. Es wurden 109 anerkannte Einrichtungen der Familienbildung untersucht. Das Personal lässt sich aufschlüsseln in 109 Leitungspersonen, 374 hauptamtliche pädagogische Fachkräfte, 221 Personen in der Verwaltung, 81 Personen Wirtschaftspersonal, 35 sonstiges Personal, 16.950 neben-/freiberuflich Mitarbeitende/Honorarkräfte und 1.873 ehrenamtlich tätige Personen. Bei den hauptamtlichen Stellen ist ein bestimmter Anteil befristet oder als Teilzeitstelle ausgewiesen. Das Verhältnis von hauptberuflichen pädagogischen Mitarbeitenden (einschließlich Leitungen) zu neben-freiberuflich Mitarbeitenden/Honorarkräften beträgt 1:28,44 (Kleemann-Göhring 2019, 20).

Um einen stabilen Kern an hauptberuflichem Personal gruppiert sich eine große Gruppe teilweise fluktuierender freiberuflicher Lehrkräfte, welche häufig nur einer, manchmal auch mehreren Nebentätigkeiten nachgehen, die einige zu einer neuen Form von Hauptberuflichkeit, oft auf prekärem Niveau, arrangiert haben (Autorengruppe wb-personalmonitor 2016, 15). Als ein weiteres herausragendes Merkmal der Erwachsenenbildung und Weiterbildung werden die sehr heterogenen und nicht selten atypischen Erwerbsformen des Personals und insbesondere der Lehrenden bezeichnet. Auch das trifft in gleicher Weise auf die Familienbildung zu. Außerdem machte die Studie der Wirtschafts- und Sozialforschung 2005 deutlich, dass die Einkommen des Weiterbildungspersonals unterdurchschnittlich ausfallen. Insbesondere die haupterwerbstätigen Honorarkräfte gehören zu den Geringverdienern. „In dieser Gruppe von Erwerbstätigen […] kumulieren sich die Risiken unsicherer Erwerbsformen, geringer Einkommen und zusätzlicher Ausgaben für die selbst zu tragende Sozial- und Gesundheitsversicherung" (Autorengruppe wb-personalmonitor 2016, 15).

Schiersmann/Thiel (1999, 104) stellten für die Spanne zwischen den 1970er- und 1990er-Jahren eine beachtliche Erhöhung des Qualifikationsniveaus des Personals der Familienbildung fest. Während in der Untersuchung von Wahl (1973, 29 f.) ca. 10 Prozent der Leitungen eine universitäre Ausbildung nachweisen konnten, hatten zum Zeitpunkt der Untersuchung von Schiersmann und Thiel bereits 49 Prozent der Leitungen einen Universitätsabschluss und 40 Prozent einen Fachhochschulabschluss. Seit 1990 wurde fast jede Leitungsstelle (94 Prozent) mit Hochschulabsolvent*innen besetzt (Schiersmann/Thiel 1999, 104). Rosenbladt/Thebis (2004, 5) kamen in ihrer Studie zur beruflichen und sozialen Lage von Lehrenden in der Weiterbildung zu dem Befund, dass das pädagogische Personal in der Weiterbildung gut ausgebildet sei. 73 Prozent der Lehrenden könnten einen akademischen Abschluss vorweisen, weitere 26 Prozent verfügten über einen beruflichen Abschluss. Die Mehrheit sei auch pädagogisch qualifiziert, fast drei Viertel habe ein einschlägiges Studium oder eine spezifische Fortbildung absolviert.

Im Hinblick auf die Tätigkeitsprofile der Leitungen von Familienbildungseinrichtungen ergab sich seit Anfang der 1990er-Jahre eine zunehmende Konzentration auf planend-organisationsbezogene Aufgaben bzw. Tätigkeiten, die mit der betriebswirtschaftlichen Sicherung und Profilierung der Einrichtung in der Öffentlichkeit zusammenhängen. Eine Evaluation der Familienbildung in Nordrhein-Westfalen (Juncke/Müller-Giebeler u.a. 2019) kommt in ihrem Zwischenbericht zu dem Ergebnis, dass ein hoher Qualifikationsbedarf beim hauptamtlichen Personal vor allem im Bereich der Akquise von Fördermitteln und beim Fundraising gesehen wird, was zugleich ein Hinweis auf die Probleme bei der Finanzierung der Familienbildungsstätten ist. So werden die personellen Kapazitäten im hauptamtlichen Bereich vor allem durch Tätigkeiten im betriebswirtschaftlichen Bereich gebunden und somit dem pädagogischen Bereich entzogen.

Die Zwischenergebnisse der Evaluation aus Nordrhein-Westfalen (ebd.) verdeutlichen darüber hinaus, dass es offensichtlich Probleme bei der Rekrutierung von Honorarkräften gibt. Das Leistungsangebot vieler Familienbildungsstätten sei bereits jetzt durch fehlendes Personal eingeschränkt. Die Konkurrenz um qualifiziertes Personal stellt sich für die Familienbildung als schwierig heraus, was auch an den – im Vergleich zu anderen Weiterbildungsträgern – niedrigeren Honoraren zu liegen scheint. Man geht daher davon aus, dass sich zukünftig die Personalsituation in allen Bereichen der Einrichtungen (auch im Verwaltungsbereich) verschlechtern wird (Juncke/Müller-Giebeler u.a. 2019, 8).

Für das Berufsfeld Erwachsenenbildung – einschließlich der Familienbildung – gibt es bislang keine standardisierte, verbindliche Qualifizierung, auch keine Rahmenvereinbarungen oder Regelungen über Mindestanforderungen (Kraft 2018, 1120).

Im Bereich der Hochschulen/Fachhochschulen wird inzwischen im Rahmen von einigen Bachelor-Studiengängen der Kindheitspädagogik auch der thematische Schwerpunkt „Familienbildung" angeboten. Im universitären Bereich finden sich Studiengänge zur Erwachsenenbildung/Weiterbildung mit unterschiedlichen inhaltlichen Schwerpunktsetzungen.

Am Schluss dieses Kapitels stellt sich die Frage, was denn nun Indikatoren für eine Weiterentwicklung der Professionalität im Bereich der Familienbildung sind. Zu nennen sind:

- der Aufbau von Bachelor-Studiengängen zu Themen der Kindheitspädagogik und Familienbildung;
- die zunehmende Beschäftigung von Mitarbeitenden mit wissenschaftlichen Abschlüssen von Universitäten und Fachhochschulen/Hochschulen (u.a. in den Fächern Erziehungswissenschaft, Sozialarbeit/Sozialpädagogik, Kindheitspädagogik);
- die zunehmende Ausdifferenzierung der hauptamtlichen Personalstruktur in Leitungs-/Managementtätigkeiten, pädagogische und dispositive Tätigkeiten und Verwaltungstätigkeiten;
- Fortbildungen für haupt-, nebenamtlich und ehrenamtlich Beschäftigte sowie Honorarkräfte in der Familienbildung;
- Zusatzausbildungen des hauptamtlichen Personals in Management, Beratung/Therapie, Supervision und Didaktik der Erwachsenenbildung;
- die Einrichtung von Angeboten zur Supervision;
- einrichtungsübergreifende Zusammenschlüsse auf kommunaler, Landes- und Bundesebene zwecks Absprachen bei der Bildungsplanung, Lobbyarbeit, Interessenvertretung;
- Etablierung von Innovationsprojekten mit zum Teil wissenschaftlicher Begleitung zur Weiterentwicklung der Familienbildung;
- überregionale Veranstaltungen und Konferenzen zur fachlichen Diskussion und zum Selbstverständnis der Familienbildung.

Fragen und Aufgaben zu Kapitel 10

Welche Bedeutungsunterschiede bestehen zwischen den Begriffen „Professionalisierung" und „Professionalität"?

Wodurch zeichnet sich die Personalstruktur in der Familienbildung aus?

Nennen Sie Tätigkeitsfelder einer hauptamtlich tätigen pädagogischen Fachkraft in der Familienbildung.

---

11. Familienbildung im Spannungsfeld zwischen gesellschaftlichem Auftrag und unzureichender Förderung

Familienbildung stützt sich – wie bereits in Kapitel 3 erwähnt – in der Regel auf ein zweigleisiges Fördersystem, einerseits auf eine Förderung nach dem KJHG, andererseits – wenn entsprechend geregelt – auf eine Finanzierung nach den jeweiligen Landesgesetzen der Weiterbildung. Eine wichtige Einnahmequelle sind die Teilnahmebeiträge[67] (Schiersmann/Thiel 1999, 107; für Nordrhein-Westfalen Kleemann-Göhring 2019, 33). Hinzu kommen finanzielle Mittel aus länderspezifischen Förderprogrammen, kommunale Zuschüsse, Zuschüsse der Träger, projektbezogene Mittel (etwa von Stiftungen, EU-Fördertöpfen, Bund) sowie in geringerem Maße Mittel aus Sponsoring, Spenden und Werbung.

Nachdem der Fachausschuss III (Familienförderung, Familienpolitik) des Deutschen Vereins für öffentliche und private Fürsorge bereits 1996 die Schwachstellen der Förderung der Familienbildung durch das KJHG (§ 16) aufgedeckt hat (siehe Kapitel 3), meldet sich Rudolf Pettinger 2006 mit einem kritischen Artikel zu Wort. Daraus geht hervor, dass sich substanziell an den beschriebenen Defiziten wenig geändert hat (siehe Kapitel 3). Zwar sei 1990 mit dem Kinder- und Jugendhilfegesetz (SGB VIII) eine weitere rechtliche Grundlage für die Förderung von Familienbildung geschaffen worden, doch habe dies nicht zu einer wesentlichen Verbesserung der Situation der Familienbildung geführt: Für eine Förderung nach dem Weiterbildungsgesetz und Kinder- und Jugendhilfegesetz (Doppelförderung) fehlten bislang Lösungen; die Ausführungsbestimmungen zur zentralen Grundlage der Familienbildung (§ 16 SGB VIII) fehlten vielfach noch wie auch entsprechende Aussagen in der verbindlichen Jugendhilfeplanung (§ 80 SGB VIII); zudem bestehe auf eine Förderung nach dem KJHG kein individueller Rechtsanspruch. Familienbildung werde deshalb nachrangig behan-

67 Aktuelle bundesweite Studien zu diesem Thema liegen nicht vor.

delt gegenüber solchen Leistungen, für die ein rechtlicher Anspruch geltend gemacht werden kann (Pettinger 2006, 232). Diese Kritikpunkte sind weiterhin aktuell.

Die Rahmenbedingungen für die Finanzierung der Familienbildung sind prinzipiell zu verbessern: Der in der Vergangenheit deutlich zurückgegangene Anteil der Landesmittel am Haushaltsvolumen der Familienbildungsstätten müsste angehoben; die sinkende Beteiligung einiger Landkreise und Kommunen an der Finanzierung zurückgenommen, Programme zeitlich entfristet und die Eigenbeteiligung der Träger gesteigert werden.

Die Förderung der Familienbildung stellt sich in vielerlei Hinsicht als ein *Flickenteppich* verschiedener Projekte und Maßnahmen dar, die in eine Regelfinanzierung überführt werden müssten, wenn sie von nachhaltiger Wirkung sein sollen. An einigen Beispielen lässt sich zeigen, wie durch die Förderung von bestimmten Angeboten (zum Beispiel Offene Treffs), die Einführung von Anreizen (wie Bildungsgutscheine), Zuschüsse für Kooperationen (zum Beispiel Familienbildung in Familienzentren), Subventionen für niedrigschwellige Maßnahmen oder die Finanzierung von Innovationsprojekten Wachstumsimpulse gesetzt werden. Diese vielfältigen Bildungsformate und Maßnahmen müssten flexibel in die Regelförderung einbezogen und die Mittelzuwendungen dementsprechend angehoben werden.

Um Angebote der Familienbildung, insbesondere für *benachteiligte Familien*, von konjunkturellen Schwankungen der Haushaltslage unabhängiger zu machen, ist eine Integration der Familienbildung in die örtlichen Jugendhilfepläne erforderlich, was noch nicht in ausreichendem Maße geschehen ist. Sozialraumorientierung, Kinderbetreuung, Offene Treffs und aufsuchende Bildungsarbeit sind außerdem mit der Förderlogik vieler Weiterbildungsgesetze der Länder, die sich an Unterrichtsstunden und Teilnehmertagen orientiert, nicht vereinbar. Die zum Abbau von Hemmschwellen beim Zugang zu Angeboten der Familienbildung benötigten Elternbegleiter*innen und der Einsatz sozialraumorientierter Strategien werden bisher durch die WBG-Förderung der meisten Länder nicht abgedeckt. Auch die im Durchschnitt niedrigeren Teilnahmezahlen bei Veranstaltungen für benachteiligte Familien, die unter der vorgeschriebenen Mindestteilnahmezahl liegen, müssen in der Regel über zusätzliche Mittel finanziert werden (von Stiftungen, Projektgelder etc.), die nicht auf Dauer gesichert sind. Der Rückgriff auf Teilnahmegebühren kommt bei Veranstaltungen, die sich u.a. an Familien mit geringem Einkommen richten, nicht infrage. Nordrhein-Westfalen sieht hier zum Beispiel neben der WBG-Förderung „Zuschüsse zur Sicherung des Zugangs von sozial benachteiligten Familien und Kindern zu Angeboten anerkannter Einrichtungen der Familienbildung" (Runderlass MGFFI 2006) vor, die als zusätzliche Mittel zum Ausgleich für Gebührenausfall und für Kinderbetreuung beantragt werden können[68].

Schließlich müssten die Förderbedingungen der Familienbildung über die gesetzliche Grundausstattung mit Fachpersonal hinaus zur Qualitätssicherung auch sozialversicherungspflichtige Beschäftigungsverhältnisse für Kurs- und Seminarleiter*innen bzw. eine vergleichbare Vergütung für neben- und freiberuflich Tätige ermöglichen.

Wie sich zeigen ließ, ist die Finanzierung der Familienbildung im Hinblick auf den Umfang und die Quellen der finanziellen Mittel nicht verlässlich gesichert. Die Finanzierungsstrukturen zeichnen sich durch Heterogenität und Fragilität aus. Zuwendungen werden häufig gekürzt und verhindern eine langfristige Planbarkeit des Bildungsangebots. Angesichts der in diesem Buch skizzierten gesellschaftlichen Herausforderungen steht der Grad der Institutionali-

68 Ein wissenschaftliches Gutachten im Auftrag des Ministeriums für Kultur und Wissenschaft (MKW) in Nordrhein-Westfalen schlägt nun vor, das Engagement der Träger – u.a. auch in dem oben genannten Bereich – mit einer Innovationspauschale als Zuschlag zur WBG-Grundfinanzierung in Höhe von zum Beispiel 5 Prozent des Haushaltsansatzes für die WBG-Förderung zu unterstützen (Bogumil/Gehne 2019, 39). Es bleibt abzuwarten, wie sich die verschiedenen Akteure der Familienbildung und der Politik dazu positionieren und ob dieser Vorschlag als ausreichend bewertet wird.

sierung, der sich auch in einer verlässlichen Finanzierungsstruktur niederschlagen muss, in offensichtlichem Widerspruch zu den notwendigen pädagogischen Unterstützungsleistungen für die Familien.

Fragen zu Kapitel 11

Wie beurteilen Sie die Finanzierungsstrukturen der Familienbildung?

Welcher Handlungsbedarf besteht im Hinblick auf Veränderungen der Förderungspolitik?

---

12. Fazit

In einer Gesamtschau lassen sich die in diesem Buch entwickelten Sichtweisen auf Familienbildung nochmals unter dem Aspekt der institutionellen Entwicklung bündeln.

Unterschieden werden folgende Themenschwerpunkte:

- Gesetzliche Verankerung und Einrichtungsentwicklung
- Institutionengeschichte unter dem Gesichtspunkt „Wandel der Geschlechterverhältnisse"
- Präventionscharakter der Familienbildung
- Institutionelle Öffnung der Familienbildung und Gestaltung von Diversität
- Entgrenzung und Profilbildung

Gesetzliche Verankerung und Einrichtungsentwicklung

Es gab im Laufe der Geschichte der Familienbildung unterschiedliche *Institutionalisierungsschübe*, die sowohl auf das KJHG als auch auf die Weiterbildungsgesetzgebung in einigen Bundesländern zurückzuführen sind. Dennoch war die Verankerung in den Gesetzen nicht gleichbedeutend mit einer entsprechenden finanziellen Förderung der institutionellen Strukturen. Immer noch ist die Familienbildung im § 16 SGB VIII als Sollbestimmung vorgesehen. Familienbildung wird unter dem Landesrechtsvorbehalt „im Rahmen der verfügbaren Haushaltsmittel nach pflichtgemäßem Ermessen" (§ 74, Abs. 3) gefördert, sodass sie bei der finanziellen Förderung eher nachrangig behandelt wird, wenn die Mittel knapp sind. Die Sicherstellung eines bedarfsorientierten Angebots ist bisher nicht gegeben. Familienbildung hat aus Sicht vieler Jugendämter eher eine nachgeordnete Stellung (BMFSFJ 2017, 5). Die bereits Mitte der 1990er-Jahre erhobene Forderung nach einer stärkeren institutionellen Verankerung der Familienbildung in der Jugendhilfe und ihren Gremien wurde bisher in den meisten Kommunen nicht eingelöst (BMFSFJ 1996/Deutscher Verein 1995/2007). Die bedeutsame Rolle, die der Familienbildung seitens Wissenschaft und Politik für die Stärkung der elterlichen Kompetenzen und der daraus resultierenden Förderung der kindlichen Entwicklung zugeschrieben wird, steht im Widerspruch zu dem mangelnden institutionellen Ausbau, der nur schwach ausgebildeten hauptamtlichen Beschäftigungsstruktur sowie den niedrigen Honoraren für die Nebenamtlichen in den Einrichtungen. Wie im vorangegangenen Kapitel gezeigt wurde, bestehen strukturelle Defizite beim Ausbau der Familienbildung. Was die Zahl von Neugründungen betrifft, gab es einen Zuwachs an Familienbildungsstätten zwischen 1998 und 2006 für die östlichen Bundesländer, die einen Aufholbedarf in diesem Bereich hatten (Fuchs-Rechlin 2011, 1). Einerseits ist die Zahl der Familienbildungseinrichtungen im gesamten Bundesgebiet im Laufe der Zeit gestiegen – von 352 im Jahr 1998 auf 538 im Jahr 2018 (Destatis 2020, 54), wobei davon auszugehen ist, dass die Zahl der Einrichtungen, die neben ihrem Regelangebot Familienbildung anbieten bzw. die nicht in der Jugendhilfestatistik erfasst werden, höher ist (Fuchs-Rechlin 2011, 3)[69]. Andererseits ist die Zahl der in den Einrichtungen der Eltern- und Familienbildung hauptamtlich „tätigen Personen" nicht gestiegen, wenn man die Daten von 1998 (2.713 Personen) mit dem Jahr 2018 vergleicht (2.422 Personen). In dieser Zeitspanne schwankten die Beschäftigungszahlen, überstiegen aber nicht mehr die Zahl von 1998.

Auch die Erwartungen, die in den 1970er-Jahren mit der Weiterbildungsgesetzgebung verbunden waren, die Weiterbildung zur sogenannten vierten Säule des Bildungssystems auszubauen (Bund-Länder-Kommission für Bildungsplanung und Forschungsförderung 1973), konnten nicht erfüllt werden. Das betrifft die Familienbildung, die ja nicht in allen Weiterbildungsgesetzen der Länder

69 Die KJH-Statistik bildet die Familienbildungslandschaft nur unzureichend ab. Eine Ursache sieht Fuchs-Rechlin (2011) darin, dass die Eltern- und Familienbildung im Spannungsfeld zwischen Jugendhilfe und Erwachsenenbildung liegt, was sich auch in den Finanzierungsmodalitäten nach dem KJHG und den länderspezifisch ausgerichteten Weiterbildungsgesetzen niederschlägt. Einen Ausweg sieht Fuchs-Rechlin in einer anderen statistischen Erfassung, die die Bildungsangebote berücksichtigt.

verankert wurde, in noch stärkerem Maße als die übrige Weiterbildung.

Institutionengeschichte unter dem Gesichtspunkt Wandel der Geschlechterverhältnisse

In der Institutionengeschichte der Familienbildung spiegelt sich wie in keinem anderen Bildungsbereich der Wandel, aber auch das Beharrungsvermögen der Geschlechterrollen wider. So kommt im Begriff der „Mütterschule", wie sie 1917 von Luise Lampert gegründet wurde, das bürgerliche Sozialmodell zum Ausdruck, das dem Mann die Ernährerrolle und der Frau die Rollen der Hausfrau und Erzieherin zuschreibt, in die sie nicht spontan, sondern nur durch Bildung hineinwachsen konnte. Die Betonung der Mütterlichkeit führte in der Folgezeit zu ideologischen Überhöhungen, etwa einem Verständnis der Mutter in einer dienenden Funktion gegenüber dem „Volk" in der Weimarer Zeit oder einer instrumentellen Sicht auf die Mutter als Reproduktionsinstanz für die arische Rasse im Nationalsozialismus. Auch in den 1950er-Jahren ist die Mütterschule noch auf die Bildung von Frauen konzentriert, was sich in den Aufgabenbereichen der Mütterschulen widerspiegelt.

Bis in die Mitte der 1960er-Jahre steht die „Mütter- bzw. Frauenbildung" im Mittelpunkt, erst danach setzt ein Umdenken ein und findet auch in der Namensgebung der „Familienbildungseinrichtung" seinen Niederschlag. Das zeigt, dass die Ideen der Emanzipation der Frau und Gleichberechtigung der Geschlechter, die im Kontext der Frauen- und Studentenbewegung der 1960er-Jahre entstanden sind, erst zeitverzögert in die Bildungsinstitutionen einsickern.

In der Folgezeit öffnet sich die Familienbildung gedanklich zwar auch für die Väter, erreicht aber nur eine Minderheit mit ihren Angeboten. Familienbildung bleibt sowohl im Hinblick auf ihre Teilnehmenden als auch auf ihr Personal weitgehend weiblich. In dem Übergewicht der Frauen als Teilnehmerinnen der Familienbildung spiegelt sich die gesellschaftliche Realität der Rollenverteilung in der Familie wider, die auch für die 1990er-Jahre gilt: „Erwerbstätige Ehefrauen wenden für die Betreuung ihres Nachwuchses unter sechs Jahren […] mehr als doppelt so viel Zeit auf wie erwerbstätige Männer, nichterwerbstätige Ehefrauen […] sogar mehr als das Dreifache“ auf (zit. in Beck-Gernsheim 1998, 88).

In dem Maße, wie sich Väter durch Elternzeiten stärker im familiären Leben und Erziehungsalltag engagieren, wächst auch das Bedürfnis nach Bildung und Kompetenzerwerb in Erziehungsfragen. Die Väterarbeit spielt in diesem Rahmen eine Brückenfunktion, weil sie Hemmschwellen zur Familienbildung, die sich immer noch durch weiblich Dominanz auszeichnet, abbauen hilft und Vätern Gelegenheit gibt, ihre Rolle und Position in der Familie zu überdenken.

Eine zukunftsorientierte Familienbildung bietet Müttern und Vätern gemeinsame Diskussions- und Experimentierfelder an, in denen sie die Geschlechterrollen in ihrer Beziehung reflektieren und neue Wege für ein partnerschaftliches Miteinander eruieren können.

Präventionscharakter der Familienbildung

Ein Thema, das die Institutionengeschichte der Familienbildung wie ein roter Faden durchzieht, ist der Gedanke der Prävention, der auch in § 16 SGB VIII unterstrichen wird. Alle Familien sollen grundsätzlich darin gestärkt werden, ihre Erziehungsverantwortung zum Wohl ihres Kindes besser wahrnehmen zu können, womit die universelle Prävention als zentraler Gedanke der Familienbildung benannt wird. Elternbildung soll dazu beitragen, Erziehungshaltungen und -verhalten aufzubauen, die die Entfaltung kindlicher Entwicklungspotenziale fördern. Wissen zu den Entwicklungsphasen des Kindes, Kenntnisse über eine gewisse Bandbreite an Entwicklungsabweichungen oder Medienkompetenz zu vermitteln, stellen nur einige wichtige Ziele dar. Dadurch sollen Risiken, die bei den Eltern zu Erziehungsschwierigkeiten und bei den Kindern zu Entwicklungsproblemen führen können, vermieden werden. Eine Reihe von Elternbildungsprogrammen baut auf den wissenschaftlichen Erkenntnissen der Eltern-Kind-Forschung auf und dient der Stärkung der elterlichen Erziehungs- und Beziehungskompetenzen. Als Adressaten solcher Angebote kommen einige Elterngruppen in besonderer Weise in Betracht: Zukünftige Eltern, die sich auf die neuen Herausforderungen vorbereiten wollen; junge Eltern, die Unterstützung benötigen, um sich in ihre neuen Rollen einzufinden, und Eltern, die zu spezifischen Problemen der Erziehung ihrer Kinder Klärungsbedarf haben.

Immer wieder hat sich im Laufe der Institutionengeschichte gezeigt, wie wichtig gerade eine bildungsmäßige Unterstützung von Familien ist, die über wenig Ressourcen zu ihrer Lebenshaltung verfügen oder in Not geraten sind. Gerade die Kriegsfolgen sowohl des Ersten als auch Zweiten Weltkrieges bewegen die Protagonistinnen der Mütterschulen und führen zu Überlegungen, wie durch Bildung eine Unterstützung der Mütter in Fragen der Geburt eines Kindes, der Säuglingspflege und Kindererziehung erfolgen kann.

Die 1980er-Jahre stehen u.a. im Zeichen von Diskussionen der „Teilnehmer- und Zielgruppenorientierung". Es gilt, auch die Familien aus ärmeren Milieus zu erreichen, die alleine den Weg in die Einrichtungen nicht schaffen. Dazu gehört auch ein Teil der Familien mit Migrationshintergrund, die u.a. mit speziellen Angeboten zum Spracherwerb oder Informationen zum deutschen Bildungssystem angesprochen werden. Konzepte einer sozialraumorientierten Bildungsarbeit, Offene Treffs, Vernetzung mit anderen Bildungsinstitutionen und der Einsatz von Multiplikatoren sollen zur Öffnung der Familienbildung beitragen.

Auch die Bundesregierung hat zwischen 2011 und 2014 mit dem Programm „Elternchance ist Kinderchance" ein bildungspolitisches Signal gesetzt, wie wichtig die Stärkung elterlicher Kompetenzen für die kindliche Entwicklung ist. So ließ man sich von den Erkenntnissen der Bildungsforschung leiten, dass der Bildungsstand der Eltern in hohem Maße über die zukünftigen Bildungs- und Berufskarrieren der Kinder entscheidet (PISA, vgl. Klieme 2010). Vor diesem Hintergrund liegt es nahe, Eltern in ihren Bemühungen zur Förderung ihrer Kinder zu stärken und die Kooperation zwischen Elternhaus und anderen Bildungsorten zu intensivieren. Zu diesem Zweck werden Fachkräfte fortgebildet, die die Rolle der Elternbegleitung übernehmen sollen. Eine solche Projektarbeit kann allerdings nachhaltig nur Früchte tragen, wenn sie in die Strukturen der institutionalisierten Familienbildung integriert wird.

Institutionelle Öffnung der Familienbildung und Gestaltung von Diversität

Wie kein anderes gesellschaftliches Phänomen haben Migrationsprozesse und die damit einhergehende Ausdifferenzierung der Gesellschaft in Gruppen unterschiedlicher soziokultureller Herkunft die Gesellschaft verändert und die Bildungsinstitutionen – so auch die Familienbildung – vor neue Herausforderungen gestellt. Es gilt, die Einrichtungen auf allen Ebenen der Organisationsentwicklung diversitätsgerecht auszurichten, d.h. auf den Ebenen der Leitbildentwicklung, Programmausrichtung, Werbung/Öffentlichkeitsarbeit, Qualifizierung des haupt-, nebenberuflichen und ehrenamtlichen Personals, Zusammensetzung des Teams, des Sozialraums und der kommunalen Netzwerkarbeit. Aus der Kritik des Konzepts der Interkulturellen Öffnung, das vor allem auf Adressaten mit Migrationshintergrund fokussiert war, entwickelte sich ein umfassendes Konzept der Organisationsentwicklung, das alle in den Blick nimmt, deren Teilhabe an Familienbildung eingeschränkt ist. Auch wenn diese Entwicklung noch am Anfang steht, verspricht ein Diversity-Konzept, sowohl Vielfalt anzuerkennen, soziale Ungleichheit und Diskriminierung abzubauen als auch Empowermentstrategien zu verfolgen. Familien sollen demnach gestärkt werden, ihre Belange selbstständig zu regeln, Lösungen für Probleme zu finden und ihre Interessen im öffentlichen Raum durchzusetzen.

Insofern hat der migrationsbedingte Wandel der Gesellschaft auch in der Familienbildung Diskussionen zur institutionellen Öffnung angestoßen, die weit über migrationsspezifische Problemlagen hinausgehen und das Thema der Bildungsgerechtigkeit generell anschneiden.

Entgrenzung und Profilbildung
In der Einrichtungslandschaft der Familienbildung lassen sich gegensätzliche Strömungen verorten. Während Familienbildung von manchen Trägern zurückgefahren wird und Einrichtungen aus Kostengründen zusammengelegt werden, finden gleichzeitig vermehrt Angebote der Familienbildung außerhalb der klassischen Institutionen zum Beispiel in Kitas, Familienzentren und Grundschulen statt. Manche dieser Angebote werden im Rahmen von befristeten Projekten durchgeführt, die nach Ablauf der Bewilligungsfrist eingestellt werden, ohne dass sie in Regelstrukturen überführt worden sind. So werden Angebote – unter dem Motto, Familienbildung dahin zu verlagern, wo sich die Eltern regelmäßig aufhalten – aus den klassischen Familienbildungseinrichtungen exportiert und anderen Institutionen zugeführt. Es findet eine institutionelle Entgrenzung statt, die für die Familienbildung mit Chancen und Risiken verbunden ist.

Durch die Implementierung von Veranstaltungen in andere Bildungsinstitutionen können die Ansprache der Eltern verbessert, insgesamt mehr Familien erreicht und die Angebote auf den Bildungsalltag in den entsprechenden Institutionen (Kitas, Familienzentren oder Schulen) passgenauer abgestimmt werden. Gleichzeitig tritt die klassische Institution Familienbildung in den Hintergrund, weil die Kita oder das Familienzentrum als durchführende Institution zur Ansprechadresse der Eltern wird. So kann der Fall eintreten, dass die Institution Familienbildung gar nicht als Akteur wahrgenommen wird, was zu einer Schwächung ihres Profils führen kann.

Umso wichtiger ist eine bewusste Strategie der Kooperation, die zunächst auf kommunaler Ebene die verschiedenen familienunterstützenden Angebote und Dienste zu einem Netzwerk zusammenführt und ihre Leistungen so koordiniert, dass sie in ihrer Spezifik auch in der Öffentlichkeit sichtbar werden. Die dafür notwendige Mittlerfunktion sollte dem Jugendamt zukommen. So entstünde ein „Kommunales Netzwerk zur Stärkung der Familien". Dass sich eine solche Allianz auch auf Länder- und Bundesebene etablieren und miteinander verzahnen sollte, hat der „Wissenschaftliche Beirat für

Familienfragen" bereits 2005 in seinem Gutachten im Auftrag des Bundesministeriums für Familie, Senioren, Frauen und Jugend zum Thema „Familiale Erziehungskompetenzen" empfohlen. Ein Ergebnis ist die Gründung von „Lokalen Bündnissen für Familie".

Die institutionalisierte Familienbildung kann ihre Expertise auch noch in einem anderen Bereich zur Geltung bringen. So wäre es denkbar, zum Beispiel unter der Verantwortung von Landesarbeitsgemeinschaften der Familienbildung zentral Fortbildungen für alle Fachkräfte anzubieten, die Familienbildung in den verschiedensten Einrichtungen der Kommune leisten. Das wiederum macht eine entsprechende finanzielle Ausstattung erforderlich.

Der Profilbildung dienen auch sogenannte Innovationsprojekte der Familienbildung, wie sie aus Nordrhein-Westfalen bekannt sind, die modellhaft gesellschaftlich relevante Themen aufgreifen und in Projekten erproben. Die Projekterfahrungen werden dokumentiert und der Fachöffentlichkeit vorgestellt. Beispielhaft seien einige Themen genannt:

- Digitale Medien im Kontext Familie
- Zielgruppe Väter
- Interkulturelle Öffnung in der Familienbildung
- Übergänge in Kita, Schule und Beruf gestalten
- Kooperation mit Familienzentren und Grundschulen
- Familie – Bildung – Zukunft

Mit den Innovationsprojekten sollen das Potenzial und die fachliche Qualität in den Familienbildungsstätten weiterentwickelt werden, Kompetenzen der pädagogischen Fachkräfte gestärkt und neue Handlungsspielräume aufgezeigt werden[70]. In Zukunft gilt es, solche Projekte in die Fläche zu multiplizieren, um sie allen Einrichtungen für eine zukunftsfähige Familienbildung zugutekommen zu lassen, was nur mit einer entsprechenden finanziellen Förderung zu bewerkstelligen ist.

---

70 Nähere Informationen dazu auf: https://www.paritätische-akademie-nrw.de/themen/familienbildung-nrw/

Literatur

Ainsworth, Mary et al. (1978): Patterns of Attachment. A Psychological Study of the Strange Situation. Hillsdale. NJ: Erlbaum

Arnold, Rolf (1989): Lebensweltbezogene Erwachsenenbildung – Zu den Implikationen eines didaktischen Anspruchs. In: Zeitschrift für internationale erziehungs- und sozialwissenschaftliche Forschung. H. 1, S. 29–51

Auernheimer, Georg (2012): Einführung in die Interkulturelle Pädagogik. 7. Auflage. Darmstadt

Autorengruppe Bildungsberichterstattung (2014): Bildung in Deutschland 2014. Ein indikatorengestützter Bericht mit einer Analyse zur Bildung von Menschen mit Behinderungen. Bielefeld

Autorengruppe Bildungsberichterstattung (2016): Bildung in Deutschland 2016. Ein indikatorengestützter Bericht mit einer Analyse zu Bildung und Migration. Bielefeld

Autorengruppe Bildungsberichterstattung (2018): Bildung in Deutschland 2018. Ein indikatorengestützter Bericht mit einer Analyse zu Wirkungen und Erträgen von Bildung. Bielefeld

Autorengruppe Bildungsberichterstattung (2020): Bildung in Deutschland 2020. Ein indikatorengestützteer Bericht mit einer Analyse zu Bildung in einer digitalisierten Welt. Bielefeld. (https://www.bildungsbericht.de/static_pdfs/bildungsbericht-2020.pdf) Zugriff: 20.07.2020

Autorengruppe wb-personalmonitor (2016): Das Personal in der Weiterbildung. Arbeits- und Beschäftigungsbedingungen, Qualifikationen, Einstellungen zu Arbeit und Beruf. DOI: 103278/85/0015w, S. 11–25

Baader, Meike (2013): Diversity Education in den Erziehungswissenschaften – ‚Diversity' as a buzzword. In: Hauenschild, Katrin/Robak, Steffi/Sievers, Isabel (Hrsg.): Diversity Education. Frankfurt a.M., S. 38–59

Barwig, Klaus/Hinz-Rommel, Wolfgang (Hrsg.) (1995): Interkulturelle Öffnung sozialer Dienste. Freiburg

Barz, Heiner u.a. (2015): Große Vielfalt, weniger Chancen. Eine Studie über die Bildungserfahrungen und Bildungsziele von Menschen mit Migrationshintergrund in Deutschland. Essen, Düsseldorf

Bayrisches Landesjugendamt – Familienbildung, Familienberatung, Familienerholung (1998) (http://www.familienbildung.info/grundlagen_gesetze_16kjhg.htm) Zugriff: 10.01.2019

Bebel, August (1896): Die Frau und der Sozialismus. 1. Aufl. Stuttgart 1879, hier zitiert 26. Aufl. Stuttgart 1896

Beck, Ulrich (1998): Was ist Globalisierung? Irrtümer des Globalismus – Antworten auf Globalisierung. Frankfurt a.M.

Beck, Ulrich/Beck-Gernsheim, Elisabeth (1990): Das ganz normale Chaos der Liebe. Frankfurt a.M.

Becker, Birgit (2010): Bildungsaspirationen von Migranten. Determinanten und Umsetzung in Bildungsergebnisse. MZES Arbeitspapiere No. 137. Mannheim: Mannheimer Zentrum für Europäische Sozialforschung

Becker, Birgit/Gresch, Cornelia (2016): Bildungsaspirationen in Familien mit Migrationshintergrund. In: Diehl, Claudia/Hunkler, Christian/Kristen, Cornelia (Hrsg.): Ethnische Ungleichheiten im Bildungsverlauf. Mechanismen, Befunde, Debatten. Wiesbaden, S. 73–115

Beck- Gernsheim (1984): Vom Geburtenrückgang zur Neuen Mütterlichkeit? Über private und politische Interessen am Kind. Frankfurt a.M.

Beck-Gernsheim, Elisabeth (1998): Was kommt nach der Familie? Einblicke in neue Lebensformen. München

Beck-Gernsheim, Elisabeth (2008): „Störfall Kind“. Frauen in der Planungsfalle. In: APuZ 24–25/2008, S. 26–32

Bergold, Pia/Buschner, Andrea (2018): Regenbogenfamilien in Deutschland. Dossier der Bundeszentrale für politische Bildung. Bonn. (https://www.bpb.de/gesell schaft/gender/homosexualitaet/269064/regenbogenfamilien) Zugriff: 17.10.2020

Betz, Tanja (2006): ‚Gatekeeper‘-Familie. Zu ihrer allgemeinen und differenziellen Bildungsbedeutsamkeit. In: Diskurs Kindheits- und Jugendforschung 1 (2006) 2, S. 181–195 – URN: urn:nbn:de:0111-opus-9974 http://nbn-resolving.de/urn:nbn:de:0111-opus-9974

Blickenstorfer, Radmila (2009): Strategien der Zusammenarbeit. In: Fürstenau, Sara/Gomolla, Mechthild (Hrsg.) (2009): Migration und schulischer Wandel. Elternbeteiligung, Wiesbaden, S. 69–87

Boddy, Janet et al. (2009): International Perspectives on Parenting Support Non-English Language Sources, London. (https://core.ac.uk/download/pdf.) Zugriff: 23.10.2020

Bogumil, Jörg/Gehne, David, H. (2019): Weiterentwicklung des Weiterbildungsgesetzes in NRW. Wissenschaftliches Gutachten im Auftrag des Ministeriums für Kultur und Wissenschaft (MKW). (https://www.sowi.rub.de/mam/content/regi onalpolitik/weiterbildungsgutachtenendfassung.pdf) Zugriff: 17.10.2020

Bos, Wilfried u. a. (2010): IGLU 2006. Dokumentation der Erhebungsinstrumente. Münster; New York; München; Berlin, URN: urn:nbn:de:0111-pedocs-156706 http://nbn-resolving.de/urn:nbn:de:0111-pedocs-156706

Bos, Wilfried u. a. (Hrsg.) (2012): IGLU 2011. Lesekompetenzen von Grundschulkindern in Deutschland im internationalen Vergleich. Münster

Bourdieu, Pierre (1983): Ökonomisches Kapital, kulturelles Kapital, soziales Kapital. In: Kreckel, R. (Hrsg.): Soziale Ungleichheiten. Göttingen, S. 183–198

Bowlby, John (1969): Bindung. Eine Analyse der Mutter-Kind-Beziehung. München

Brazelton, T. Berry/Greenspan, Stanley I. (2002): Die sieben Grundbedürfnisse von Kindern. Was jedes Kind braucht, um gesund aufzuwachsen, gut zu lernen und glücklich zu sein. Weinheim und Basel

Bremer, Helmut/Kleemann-Göhring (2012): Familienbildung, Grundschule und Milieu. Eine Expertise im Rahmen des Projekts: Familienbildung während der Grundschulzeit. Sorgsame Elternschaft „fünf bis elf". Hrsg.: Die Landesarbeitsgemeinschaften der Familienbildung in NRW/Paritätische Akademie LV NRW e. V. Wuppertal

Bremer, Helmut u. a. (2015): Weiterbildung und Weiterbildungsberatung für „Bildungsferne". Ergebnisse, Erfahrungen und theoretische Einordnungen aus der wissenschaftlichen Begleitung von Praxisprojekten in NRW. Bielefeld

Brixius, Bernd/Koerner, Sabina/Piltmann, Birgit (2005): FuN – der Name ist Programm – Familien lernen mit Spaß. In: Tschöpe-Scheffler, Sigrid (Hrsg.): Konzepte der Elternbildung – eine kritische Übersicht. Opladen, S. 137–159

Bronfenbrenner, Urie (1981): Die Ökologie der menschlichen Entwicklung. Natürliche und geplante Experimente. Stuttgart

Brückner, Hannah/Mayer, Karl-Ulrich (2005): „De-Standardization Of The Life Course: What it meight mean? And If It Means Anything, Wether It Actually Took Place?" In: MacMillan, Ross (Ed.): The Structure Of The Life Course: Standardized? Individualized? Differentiated? Amsterdam, S. 27–53

Bullinger, Hermann/Nowak, Jürgen (1998): Soziale Netzwerkarbeit. Eine Einführung für soziale Berufe. Freiburg im Breisgau

Bundesarbeitsgemeinschaft Katholischer Familienbildungsstätten (Hrsg.) (1986): 30 Jahre Bundesarbeitsgemeinschaft Katholischer Familienbildungsstätten. Düsseldorf

Bundesinstitut für Bevölkerungsforschung (BiB) (2013): Familienleitbilder. Vorstellungen, Meinungen, Erwartungen. Wiesbaden. (https://www.bib.bund.de/Publikation/2013/pdf/Familienleitbilder-Vorstellungen-Meinungen-Erwartungen.pdf?__blob=publicationFile&v=1) Zugriff: 17.10.2020

Bundesinstitut für Bevölkerungsforschung (BiB) (Hrsg.) (2015): Familienleitbilder in Deutschland. Kulturelle Vorstellungen zu Partnerschaft, Elternschaft und Familienleben. Opladen, Berlin, Toronto, Wiesbaden

Bundesministerium für Bildung und Forschung (BMBF) (Hrsg.) (2018): Weiterbildungsverhalten in Deutschland. AES 2018. Trendbericht. Bonn

Bundesministerium für Bildung und Forschung (BMBF) (Hrsg.) (2018a): Weiterbildungsverhalten von Personen mit Migrationshintergrund. Ergebnisse der erweiterten Erhebung des Adult Education Survey (AES-Migra 2016). Berlin

Bundesministerium für Familie, Senioren, Frauen und Jugend (BMFSFJ) (Hrsg.) (1996): Familienbildung als Angebot der Jugendhilfe. Aufgaben und Perspektiven nach dem Kinder- und Jugendhilfegesetz (Sozialgesetzbuch VIII). Stuttgart, Berlin, Köln

Bundesministerium für Familie, Senioren, Frauen und Jugend (BMFSFJ) (2000): Familien ausländischer Herkunft in Deutschland. Leistungen- Belastungen- Herausforderungen. Sechster Familienbericht. Berlin

Bundesministerium für Familie, Senioren, Frauen und Jugend (BMFSFJ) (Hrsg.) (2008): Starke Leistung für jedes Alter. Erste Ergebnisse der Wirkungsforschung im Aktionsprogramm Mehrgenerationenhaus. Berlin (https://www.bmfsfj.de/blob/95376/61ea3ca1dfe62faf6d03fb768db20988/starke-leistung-fuer-jedes-alter-data.pdf) Zugriff: 17.10.2020

Bundesministerium für Familie, Senioren, Frauen und Jugend (BMFSFJ) (2010): Familien mit Migrationshintergrund. Analysen zur Lebenssituation, Erwerbsbeteiligung und Vereinbarkeit von Familie und Beruf. Berlin

Bundesministerium für Familie, Senioren, Frauen und Jugend (BMFSFJ) (o.J.): Facetten der Vaterschaft. Perspektiven einer innovativen Väterpolitik. Berlin (https://www.bmfsfj.de/blob/76350/71f7fd9dc8cafbe5ee2393cbe16b6e2c/facetten-vaterschaft-data.pdf) Zugriff: 17.10.2020

Bundesministerium für Familie, Senioren, Frauen und Jugend (BMFSFJ) (Hrsg.) (2012): Familienreport 2012. Leistungen, Wirkungen und Trends. Berlin

Bundesministerium für Familie, Senioren, Frauen und Jugend (BMFSFJ) (Hrsg.) (2012a): Zeit für Familie. Familienzeitpolitik als Chance einer nachhaltigen Familienpolitik. Achter Familienbericht. Stellungnahme der Bundesregierung zum Bericht der Sachverständigenkommission. Bericht der Sachverständigenkommission. Berlin (https://www.bmfsfj.de/blob/93196/b8a3571f0b33e9d4152d410c1a7db6ee/8--familienbericht-data.pdf) Zugriff 25.07.2020

Bundesministerium für Familie, Senioren, Frauen und Jugend (BMFSFJ) (2016): Väterreport 2016. Vater sein in Deutschland heute. Berlin

Bundesministerium für Familie, Senioren, Frauen und Jugend (BMFSFJ) (2016): Familie und frühe Bildung. Monitor Familienforschung. Beiträge aus Forschung, Statistik und Familienpolitik. Ausgabe 35. Berlin (https://www.bmfsfj.de/blob/112472/a7cf2c3f3acb9988534bcbe6cb2aa73f/monitor-familienforschung-ausgabe-35-data.pdf) Zugriff 17.10.2020

Bundesministerium für Familie, Senioren, Frauen und Jugend (BMFSFJ) (2017): Familienreport 2017. Leistungen, Wirkungen, Trends. Berlin. (https://www.bmfsfj.de/blob/119524/f51728a14e3c91c3d8ea657bb01bbab0/familienreport-2017-data.pdf) Zugriff 17.10.2020

Bundesministerium für Familie, Senioren, Frauen und Jugend (Hrsg.) (2017a): Gelebte Vielfalt: Familien mit Migrationshintergrund in Deutschland. Berlin

Bundesministerium für Familie, Senioren, Frauen und Jugend (Hrsg.) (2017b): Familienbildung und Familienförderung zum gelingenden Aufwachsen von Kindern als Aufgabe des Jugendamts. (https://www.bmfsfj.de/blob/116312/dfaa781be0aee4b262eeb6ba6dbb419e/familienbildung-und-familienfoerderung-zum-gelingenden-aufwachsen-von-kindern-als-aufgabe-des-jugendamts-data.pdf) Zugriff 25.03.2019

Büchner, Peter/Brake, Anna (2007): Die Familie als Bildungsort: Strategien der Weitergabe und Aneignung von Bildung und Kultur im Alltag von Mehrgenerationenfamilien. Forschungsbericht über ein abgeschlossenes DFG-Projekt. In: ZSE: Zeitschrift für Soziologie der Erziehung und Sozialisation 27 (2007) 2, S. 197–213; urn:nbn:de:0111-opus-56116

Cummins, James (1982): Die Schwellenniveau- und Interdependenz-Hypothese. Erklärungen zum Erfolg zweisprachiger Erziehung. In: Swift, James (Hrsg.): Bilinguale und multikulturelle Erziehung. Würzburg

Dahme, Heinz-Jürgen/Wohlfahrt, Norbert (Hrsg.) (2000): Netzwerkökonomie im Wohlfahrtsstaat. Wettbewerb und Kooperation im Sozial- und Gesundheitssektor. Berlin, S. 47–67

De Beauvoir, Simone (1951): Das andere Geschlecht. Sitte und Sexus der Frau. Reinbek bei Hamburg

Der Paritätische Gesamtverband (https://www.der-paritaetische.de/schwerpunkt/interkulturelle-oeffnung/) Zugriff 17.10.2020

Deutscher Bundestag (2018): Drucksache 19/4199 (https://dip21.bundestag.de/dip21/btd/19/041/1904199.pdf) Zugriff: 17.10.2020

Deutscher Verein für öffentliche und private Fürsorge e. V. (2009): Empfehlungen des Deutschen Vereins zur Familienbildung im ländlichen strukturschwachen Raum. Berlin. (https://www.deutscher-verein.de/de/uploads/empfehlungen-stellung nahmen/dv-07-09.pdf) Zugriff: 17.10.2020

Deutsches Jugendinstitut (DJI) (1995): Familienbildung als Angebot der Jugendhilfe. Nachrichtendienst des Deutschen Vereins. H. 6/1995

Deutsches Jugendinstitut (2020): DJI-Kinder- und Jugendmigrationsreport 2020. Datenanalyse zur Situation junger Menschen in Deutschland. Bielefeld

Diakonisches Werk Braunschweig und Stiftung Braunschweiger Kulturbesitz (Hrsg.) (2011): Wirksame Wege für Familien mit geringem Einkommen im Brauschweiger Land gestalten. Braunschweig

Dewe, Bernd/Otto, Hans-Uwe (2018): Profession. In: Otto, Hans-Uwe u.a. (Hrsg.) Handbuch Soziale Arbeit. Grundlagen der Sozialarbeit und Sozialpädagogik. 6. überarbeitete Aufl. München, S. 1191–1202

Diakonie Rheinland-Westfalen-Lippe (Hrsg.) (2013): „Umgang mit Vielfalt – Interkulturelle Öffnung“ in der Diakonie Rheinland-Westfalen-Lippe. Düsseldorf (https://www.diakonie-rwl.de/sites/default/files/publikationen/2013-10-16-um gangmitvielfalt-diskussionsbeitrag.pdf) Zugriff: 17.10.2020

Die Landesarbeitsgemeinschaften der Familienbildung in NRW (LAG NRW) (Hrsg.) (2011): Echt stark. Väter in der Familienbildung. Düsseldorf

Die Landesarbeitsgemeinschaften der Familienbildung in NRW (Hrsg.) (2014): Familienbildung während der Grundschulzeit. Sorgsame Elternschaft ‚fünf bis elf‘. Praxis für Familienbildung in Nordrhein-Westfalen. Wuppertal

Ditton, Hartmut/Krüsken, Jan/Schauenberg, Magdalena (2005): Bildungsungleichheit – Der Beitrag von Familie und Schule. Zeitschrift für Erziehungswissenschaft 8 (2), S. 285–304

Dornes, Martin (1997a): Der kompetente Säugling. Die präverbale Entwicklung des Menschen. Frankfurt am Main

Dornes, Martin (1997b): Die frühe Kindheit. Entwicklungspsychologie der ersten Lebensjahre. Frankfurt a.M.

Ecarius, Jutta/Köbel, Nils (2011): Familie. In: Otto, Hans-Uwe/Thiersch, Hans (Hrsg.): Handbuch Soziale Arbeit. Grundlagen der Sozialarbeit und Sozialpädagogik. 4. völlig neu bearb. Auflage. München Basel, S. 379–386

Ecarius, Jutta/Schierbaum, Anja (2018): Familie. In: Otto, Hans-Uwe u.a. (Hrsg.): Handbuch Soziale Arbeit. Grundlagen der Sozialarbeit und Sozialpädagogik. 6. überarb. Auflage. München, S. 374–382

Ehmig, Simone C./Reuter, Timo (2013): Vorlesen im Kinderalltag. Bedeutung des Vorlesens für die Entwicklung von Kindern und Jugendlichen und Vorlesepraxis in den Familien. Zusammenfassung und Einordnung zentraler Befunde der Vorlesestudien von Stiftung Lesen, DIE ZEIT und Deutsche Bahn 2007–2012. Mainz. (https://www.stiftunglesen.de/download.php?type=documentpdf&id=951) Zugriff: 17.10.2020

Eichhoff, Gottfried u.a. (1996): Familienbildung als Angebot der Jugendhilfe. Aufgaben und Perspektiven nach dem Kinder- und Jugendhilfegesetz (Sozialgesetzbuch VIII). Schriftenreihe des Bundesministeriums für Familie, Senioren, Frauen und Jugend. Bd. 120. Stuttgart

Elster-Düsing, Ingetraut (1967): Welche Fragen wirft die Frauenenquote für die Mütterbildung auf? In: Blätter des Pestalozzi-Fröbel-Verbandes, Sonderdruck aus Heft 4, Juli/August 1967

Emde, Robert N./Robinson, J. (1979): The first two months: Recent research in developmental psychobiology and the changing view of the newborn. In: J.D. Nosphitz (Ed.): Basic Handbook of Child Psychiatry, Vol. 1: Development. New York and London: Basic Books,. Pp 72–105

Erbes, Annegret (2015): Wertebildung in Familien – ein Praxisprojekt der Familienbildung wird virtuell. (https://www.sgbviii.de/files/SGB%20VIII/PDF/S168.pdf) Zugriff: 30.10.2020

Euteneuer, Matthias/Sabla, Kim-Patrick/Uhlendorff, Uwe (2018): Familienpolitik, Soziale Arbeit mit Familien und Familienbildung. In: Otto, Hans-Uwe u.a. (Hrsg.): Handbuch Soziale Arbeit. Grundlagen der Sozialarbeit und Sozialpädagogik. 6. überarb. Auflage. München, S. 390–402

Faas, Stefan/Landhäußer, Sandra/Treptow, Rainer (2011): Offene Angebote in der Eltern- und Familienbildung: Eine empirische Annäherung an ein bisher wenig beachtetes Feld. In: neue praxis 6/2011, S. 618–630

Faas, Stefan/Landhäußer, Sandra/Treptow, Rainer (2017): Familien- und Elternbildung stärken. Konzepte, Entwicklungen, Evaluation. Wiesbaden

Faulstich, Peter/Zeuner, Christine (1999): Erwachsenenbildung – eine handlungsorientierte Einführung. Weinheim

Fend, Helmut (2000): Entwicklungspsychologie des Jugendalters. Opladen

Fend, Helmut (2008): Neue Theorie der Schule. Einführung in das Verstehen von Bildungssystemen. 2. durchges. Auflage. Wiesbaden

Fischer, Jörg/Huth, Christoph (2013): Vernetzung im ländlichen Raum. Frühkindliche Bildung in der Kooperation zwischen Politik, Kindertagesstätten und Eltern.

In: Fischer, Jörg/Kosellek, Tobias (Hrsg.): Netzwerke und Soziale Arbeit. Theorien, Methoden, Anwendungen. Weinheim und Basel, S. 424–442

Fischer, Veronika/Krumpholz, Doris/Schmitz, Adelheid (2007): Zuwanderung – Eine Chance für die Familienbildung. Bestandsaufnahme und Empfehlungen zur Eltern- und Familienbildung in Nordrhein-Westfalen. Hrsg. vom Ministerium für Generationen, Familie, Frauen und Integration des Landes Nordrhein-Westfalen. Düsseldorf

Fischer, Veronika/Krumpholz, Doris/Schmitz, Adelheid/Patocs, Csilla (2007a): Stärkung der Selbsthilfepotenziale und Vernetzung zugewanderter Eltern. Eine Untersuchung des Elternnetzwerks NRW unter besonderer Berücksichtigung des Fortbildungsbedarfs. Düsseldorf (https://archiv.soz-kult.fh-duesseldorf.de/groups/material.fb6/forschung/ForschungsprojektElternnetzwerk/bericht_elternnetzwerk.pdf) Zugriff: 17.10.2020

Fischer, Veronika (2012): Im Blickpunkt: Migration. Eltern stärken – Teilhabe verbessern. Eine Expertise im Rahmen des Projekts: Familienbildung während der Grundschulzeit. Sorgsame Elternschaft ‚fünf bis elf'. Hrsg. von den Landesarbeitsgemeinschaften der Familienbildung in NRW. Wuppertal

Fischer, Veronika/Krumpholz, Doris/Schmitz, Adelheid (2011): Stärkung der Selbsthilfepotenziale und Vernetzung – das Elternnetzwerk NRW. In: Fischer, Veronika/Springer, Monika (Hrsg.) (2011): Handbuch Migration und Familie. Grundlagen für die Soziale Arbeit mit Familien, Schwalbach/Ts., S. 458–472

Fischer, Veronika u. a. (2018): Praxisleitfaden Interkulturelle Öffnung der Familienbildung. Hrsg. vom Ministerium für Kinder, Familie, Flüchtlinge und Integration des Landes Nordrhein-Westfalen, Düsseldorf

Fischer, Veronika (2011): Eltern- und Familienbildung. In: Fischer, Veronika/Springer, Monika (Hrsg.) (2011): Handbuch Migration und Familie. Grundlagen für die Soziale Arbeit mit Familien. Schwalbach/Ts., S. 419–433

Fischer, Veronika/Springer, Monika (2011): Handbuch Migration und Familie. Grundlagen für die Soziale Arbeit mit Familien. Schwalbach/Ts.

Fischer, Veronika (2014): Interkulturelle Öffnung der Familienbildung. In: Vanderheiden, Elisabeth/Mayer, Claude-Hélène (Hrsg.): Handbuch interkulturelle Öffnung. Grundlagen, Best Practice, Tools. Göttingen, S. 246–254 und 464–466

Fischer, Veronika (2016): Der Diversity-Diskurs und schulisch orientierte Soziale Arbeit. In: Fischer, Veronika/Genenger-Stricker, Marianne/Schmidt-Koddenberg, Angelika (Hrsg.) (2016): Soziale Arbeit und Schule. Diversität und Disparität als Herausforderung, Schwalbach/Ts.

Fischer, Veronika (2017): Diversität anerkennen – Weiterbildungsteilhabe erhöhen. Familienbildung im Migrationskontext. In: DIE. Zeitschrift für Erwachsenenbildung. 1/2017, S. 34–37

Fischer, Veronika (2019): Leitlinien einer diversitätsbewussten Familienbildung im Kontext von Migration. Zur wissenschaftlichen Auseinandersetzung mit migrationsbedingter Vielfalt in der Familienbildung. In: Geisen, Thomas u.a. (Hrsg.): Familienbildung in der Migrationsgesellschaft. Interdisziplinäre Praxisforschung. Münster/New York, S. 33–52

Fischer, Veronika (2020): Migrantische Diversität in der Eltern- und Familienbildung. Expertise im Rahmen des 9. Familienberichts (unveröffentlichtes Manuskript)

Friedrich, Lena/Siegert, Manuel (2009): Förderung des Bildungserfolgs von Migranten: Effekte familienorientierter Projekte. Abschlussbericht zum Projekt Bildungserfolge bei Kindern und Jugendlichen mit Migrationshintergrund durch Zusammenarbeit mit den Eltern. Working Paper 24 der Forschungsgruppe des Bundesamtes für Migration und Flüchtlinge. Nürnberg (https://www.bamf.de/SharedDocs/Anlagen/DE/Forschung/WorkingPapers/wp24-foerderung-bildungserfolge.pdf?__blob=publicationFile&v=11) Zugriff: 18.10.2020

Friedrich, Lena/Smolka, Adelheid (2012): Konzepte und Effekte familienbildender Angebote für Migranten zur Unterstützung frühkindlicher Förderung. Zeitschrift für Familienforschung, *24*(2), 178–198. (https://www.ssoar.info/ssoar/bitstream/handle/document/38467/ssoar-zff-2012-2-friedrich_et_alKonzepte_und_Effekte_familienbildender_Angebote.pdf?sequence=1&isAllowed=y&lnkname=ssoar-zff-2012-2-friedrich_et_al-Konzepte_und_Effekte_familienbildender_Angebote.pdf) Zugriff: 24.10.2020

Fthenakis, Wassilios E. (2002): Mehr als Geld? Zur (Neu-)Konzeptualisierung väterlichen Engagements. In: Fthenakis, Wassilios E./Textor, Martin, R. (Hrsg.): Mutterschaft, Vaterschaft. Weinheim und Basel, S. 90–119

Fuchs- Rechlin, Kirsten (2011): Familienbildung – (noch immer) ein ‚Stiefkind' der Kinder- und Jugendhilfestatistik. Datenanalysen der Dortmunder Arbeitsstelle Kinder- und Jugendhilfestatistik Bereich Familienbildung. (http://www.akjstat.tu-dortmund.de/fileadmin/Analysen/Familienbildung/Familienbildung.pdf) Zugriff: 17.10.2020

Gabriel, Thomas (2018): Resilienz. In: Otto, Hans-Uwe u.a. (Hg.): Handbuch Soziale Arbeit. 6. überarbeitete Auflage. München, S. 1318–1324

Gaitanides, Stefan (2011): Zugänge der Familienarbeit zu Migrantenfamilien. In: Fischer, Veronika/Springer, Monika (Hrsg.) (2011): Handbuch Migration und Familie. Grundlagen für die Soziale Arbeit mit Familien, Schwalbach/Ts., S. 323–333

Geis-Thöne, Wido (2020): Häusliches Umfeld in der Krise: Ein Teil der Kinder braucht mehr Unterstützung. Ergebnisse einer Auswertung des Sozio-oekonomischen Panels (SOEP). IW Report 15/2020. Köln. (https://www.iwkoeln.de/fileadmin/user_upload/Studien/Report/PDF/2020/IW-Report_2020_Haeusliche_Lebenswelten_Kinder.pdf) Zugriff: 17.10.2020

Gesemann, Frank/Schwarze, Kristin/Nentwig-Gesemann, Iris (2015): Ergebnisse der Evaluation des Landesprogramms „Berliner Familienzentren". Endbericht. Berlin. https://www.google.de/url?sa=t&rct=j&q=&esrc=s&source=web&cd=&ved=2ahUKEwiDqb-Vic3sAhWwsKQKHbEdDm8QFjAAegQIBhAC&url=https%3A%2F%2Fwww.berlin.de%2Fsen%2Fjugend%2Ffamilie-und-kinder%2Ffamilienfoerderung%2Fevaluation_landesprogramm_berliner_familienzentren.pdf&usg=AOvVaw0KF9A7G2-8a_iDGRUGQsLI. Zugriff: 24.10.2020

Gestrich, Andreas (2003): Neuzeit. In: Gestrich, Andreas/Krause, Jens-Uwe/Mitterauer, Michael (Hrsg.): Geschichte der Familie. Stuttgart, S. 364–652

Gieseke, Wiltrud (2018): Professionalität und Professionalisierung in der Erwachsenenbildung/Weiterbildung. In: Tippelt, Rudolf/Hippel, Aiga von (Hrsg.): Handbuch Erwachsenenbildung/Weiterbildung. Bd. 2. 6. überarb., aktualisierte Auflage. Wiesbaden, S. 1051–1069

Grossmann, Karin/Grossmann, Klaus E. (2014): Bindungen – das Gefüge psychischer Sicherheit. 6. Auflage. Stuttgart

Grünheid, Evelyn (2013). Ehescheidungen in Deutschland: Entwicklungen und Hintergründe. (BiB Working Paper, 1-2013). Wiesbaden: Bundesinstitut für Bevölkerungsforschung (BIB). (https://nbn-resolving.org/urn:nbn:de:bib-wp-2013-011) Zugriff 17.10.2020

Grunwald, Klaus/Thiersch, Hans (2011): Lebensweltorientierung. In: Otto, Hans-Uwe/Thiersch, Hans (Hg.): Handbuch Soziale Arbeit. Grundlagen der Sozialarbeit und Sozialpädagogik. 4. völlig neu bearbeitete Auflage. München/Basel, S. 854–863

Hallenberg, Bernd (2017): Unser Leben in Deutschland. Die neuen Migrantenmilieus. Erkenntnisse aus dem qualitativen Teil der vhw-Migrantenmilieustudie 2017/2018. Vhw werkStADT, Nr. 14/2017 (https://www.vhw.de/fileadmin/user_upload/08_publikationen/werkSTADT/PDF/vhw_werkSTADT_Migrantenmilieustudie_Nr_14_2017.pdf) Zugriff: 17.10.2020

Hamberger, M. (2006): Der Fall im Feld: Sozial- und ressourcenorientierte Arbeit in den Erziehungshilfen. In: Deutschendorf, R., Hamberger, M. Koch, J., Lenz, S.,

Peters, F. (Hrsg.): Werkstattbuch INTEGRA: Grundlagen, Anregungen und Arbeitsmaterialien für Integrierte, flexible und sozialräumlich, ausgerichtete Erziehungshilfen. Weinheim/München, S. 111–124

Hamburger, Franz (2009): Abschied von der Interkulturellen Pädagogik. Plädoyer für einen Wandel sozialpädagogischer Konzepte. Weinheim und München

Hartung, Susanne/Kluwe, Sabine/Sahrai, Diana (2010): Elternbildung und Elternpartizipation in Settings. Eine programmspezifische und vergleichende Analyse von Interventionsprogrammen in Kita, Schule und Kommune. Abschlussbericht der Bielefelder Evaluation von Elternedukationsprogrammen (BEEP). Bielefeld (https://www.instep-online.de/App_Data/upload/pdf/Abschlussbericht_BEEP.pdf) Zugriff 17.10.2020

Heidenreich, Martin (1999): Berufskonstruktion und Professionalisierung. Erträge der soziologischen Forschung. In: Apel, Hans-Jürgen u. a. (Hrsg.): Professionalisierung pädagogischer Berufe im historischen Prozeß. Bad Heilbrunn/Obb., S. 35–58 (http://www.sozialstruktur.uni-oldenburg.de/dokumente/beruflund green.pdf) Zugriff: 17.10.2020

Helsper, Werner/Tippelt, Rudolf (2011): Ende der Profession und Professionalisierung ohne Ende? Zwischenbilanz einer unabgeschlossenen Diskussion. In: Zeitschrift für Pädagogik. Beiheft 57, S. 268–288

Henry-Huthmacher, Christine/Hoffmann, Elisabeth (Hrsg.) (2010): Wie erreichen wir Eltern? Aus der Praxis für die Praxis. 2. überarbeitete und erweiterte Auflage. Sankt Augustin/Berlin

Herriger, Norbert (2010): Empowerment in der Sozialen Arbeit. Eine Einführung. 4. Auflage. Stuttgart

Hinte, Wolfgang (2002): Fälle, Felder und Budgets. Zur Reszeption sozialraumorientierter Ansätze in der Jugendhilfe. In: Merten, Roland (Hrsg.): Sozialraumorientierung. Zwischen fachlicher Innovation und rechtlicher Machbarkeit. Weinheim und München, S. 91–126

Hinz-Rommel, Wolfgang (1995): Empfehlungen zur interkulturellen Öffnung sozialer Dienste. In: Barwig, Klaus/Hinz-Rommel, Wolfgang (Hrsg.) (1995): Interkulturelle Öffnung sozialer Dienste. Freiburg, S. 129–147

Hoffmann, Bernward (2013): Medienkompetenz von Eltern im System Familie. In: Bundesministerium für Familie, Senioren, Frauen und Jugend (Hrsg.): Medienkompetenzförderung für Kinder und Jugendliche. Eine Bestandaufnahme. Berlin (https://www.gmk-net.de/wp-content/uploads/2018/07/medienkompetenz bericht_2013.pdf) Zugriff: 17.10.2020

Holz, G. (2011): Ansätze kommunaler Armutsprävention – Erkenntnisse aus der AWO-ISS-Studie „Kinderarmut". (http://www.jugendsozialarbeit.de/media/raw/VORTRAG_GERDA_HOLZ_ARMUTSPRAeVENTION.pdf) Zugriff: 17.10.2020

Honkanen-Schoberth, Paula (o.J.): Starke Kinder brauchen starke Eltern. Der Elternkurs des Deutschen Kinderschutzbundes. Freiburg im Breisgau

Honkanen-Schoberth, Paula/Jennes-Rosenthal, Lotte (2002): Starke Eltern – starke Kinder®. Mehr Freude mit Kindern. Berlin: DKSB-Eigenverlag (überarbeitete Auflage 2012)

Horn, Heike/Lux, Thomas/Christ, Johannes/Ambos, Ingrid (2019): Weiterbildungsstatistik im Verbund – Ergebnisse für das Berichtsjahr 2017. DOI: 10.3278/85/0023w

Hradil, Stefan (2014): Anmerkungen zum Armutsdiskurs. In: Frech, Siegfried/Groh-Samberg, Olaf (Hrsg.): Armut in Wohlstandsgesellschaften. Schwalbach, S. 19–34

Hunger, Uwe/Metzger, Stefan (2011): Kooperation mit Migrantenorganisationen. Studie im Auftrag des Bundesamts für Migration und Flüchtlinge, Münster. (https://digital.zlb.de/viewer/rest/image/15919180/2011-kooperationmigrantenorganisationen.pdf/full/max/0/2011-kooperationmigrantenorganisationen.pdf) Zugriff: 17.10.2020

Iller, Carola (2017): Prävention oder emanzipatorische Bildung? Familienbildung zwischen Erwachsenenbildung und Sozialer Arbeit. In: DIE. Zeitschrift für Erwachsenenbildung. 24. Jahrgang. H. I/2017, S. 24–27

Institut für Demoskopie Allensbach (2015): Weichenstellungen für die Aufgabenteilung in Familie und Beruf. Untersuchungsbericht zu einer repräsentativen Befragung von Elternpaaren im Auftrag des Bundesministeriums für Familie, Senioren, Frauen und Jugend. (https://www.ifd-allensbach.de/fileadmin/studien/Weichenstellungen.pdf) Zugriff 17.10.2020

Institut für Forschung und Ausbildung in Kommunikationstherapie (o.J.): KEK – Kommunikationstraining für's Eheglück. (https://www.institutkom.de/forschung/pdf/forschung-kek-studie.pdf) Zugriff: 17.10.2020

Jaeckel, Monika/Tüllmann, Greta (Hrsg.) (1988): Mütter im Zentrum – Mütterzentrum, Weinheim

Jaeckel, Monika (2002): Mütterzentren – Konzept. Die Entwicklung des Konzepts der Mütterzentren und Erfahrungen damit. DJI: München

Jugend- und Familienministerkonferenz (JFMK) (2016): Öffentliches Beschlussprotokoll. (https://jfmk.de/wp-content/uploads/2018/12/JFMK_2016_Protokoll.pdf) Zugriff: 17.10.2020

Juncke, David/Nicodemus, Johanna/Vogel, Yannick (Prognos AG)/Müller-Giebeler, Ute/Zufacher, Michaela (TH Köln) (2019): Vorstellung der Zwischenergebnisse der Bestandsaufnahme zur Familienbildung in NRW mit besonderem Blick auf die WBG-Reform. Düsseldorf (Vortrag mit Folien)

Jurczyk, Karin/Klinkhardt, Josefine (2014): Vater, Mutter, Kind? Acht Trends in Familien, die Politik heute kennen sollte. Gütersloh

Kadera, Stepanka/Minsel, Beate (2018): Familienbildung – Weiterbildung im familialen Kontext. In: Tippelt, Rudolf/von Hippel, Aiga (Hrsg.): Handbuch Erwachsenenbildung/Weiterbildung. Bd. 2. 6. überarb. und akt. Aufl. Wiesbaden, S. 1253–1267

Kalkowski, Peter (2010): Zur Klärung der Begriffe „Beruflichkeit und Professionalisierung" (http://www.sofi-goettingen.de/fileadmin/Publikationen/Kalkowski_Begriffsklaerungen_Beruf.pdf) Zugriff: 17.10.2020

Kalpaka, Annita/Mecheril, Paul (2010): „Interkulturell". Von spezifisch kulturalistischen Ansätzen zu allgemein reflexiven Perspektiven. In: Mecheril, Paul u.a.: Migrationspädagogik. Weinheim und Basel, S. 77–98

Kardorff, Ernst v. (1998): Koordination, Kooperation und Vernetzung. Anmerkungen zur Schnittstellenproblematik in der psychosozialen Versorgung. In: Röhrle, Bernd/Sommer, Gert/Nestmann, Frank (Hg.): Netzwerkintervention. Tübingen, S. 203–222

Kaufmann, Franz-Xaver (1988): Familie und Modernität. In: Kaufmann, Franz-Xaver (2019): Bevölkerung – Familie – Sozialstaat. Wiesbaden, S. 101–130

Kessl, Fabian/Reutlinger, Christian (2018): Sozialraum. In: Otto, Hans-Uwe u.a. (Hrsg.): Handbuch Soziale Arbeit. Grundlagen der Sozialarbeit und Sozialpädagogik. 6. überarbeitete Auflage. München, S. 1596–1604

Klein, Gerhard (2002): Frühförderung für Kinder mit psychosozialen Risiken. Stuttgart

Klieme, Eckhard u.a. (Hrsg.) (2010): PISA 2009. Bilanz nach einem Jahrzehnt. Münster URN: urn:nbn:de:0111-opus-35265 (http://nbn-resolving.de/urn:nbn:de:0111-opus-35265) Zugriff 17.10.2020

Koscheck, Stefan/Ohly, Hana (2016): Qualifikationen des Personals in der Erwachsenen- und Weiterbildung. In: Autorengruppe wb-personalmonitor (Hrsg.): Das Personal in der Weiterbildung. Arbeits- und Beschäftigungsbedingungen, Qualifikationen, Einstellungen zu Arbeit und Beruf. DOI: 103278/85/0015w, S. 107–130

Kraft, Susanne (2018): Berufsfeld Weiterbildung. In: Tippelt, Rudolf/von Hippel, Aiga (Hrsg.): Handbuch Erwachsenenbildung/Weiterbildung. Bd. 2. 6. überarb., aktualisierte Auflage. Wiesbaden, S. 1109–1128

Kronauer, Martin (2010): Inklusion – Exklusion. Eine historische und begriffliche Annäherung an die soziale Frage der Gegenwart. In: Ders. (Hrsg.): Inklusion und Weiterbildung. Reflexionen zur gesellschaftlichen Teilhabe in der Gegenwart, Bielefeld 2010, S. 24–58

Küpper, Beate/Zick, Andreas (2016): Zwischen Willkommen und Hass. Einstellung der deutschen Mehrheitsbevölkerung zu Geflüchteten. In: Demokratie gegen Menschenfeindlichkeit. Zeitschrift für Wissenschaft und Praxis. Gute Flüchtlinge, schlechte Flüchtlinge?! Schwalbach/Ts., 1, 1/2016, S. 13–32

Lamm, Bettina/Keller, Heidi (2012): Väter in verschiedenen Kulturen. In: Walter, Heinz/Eickhorst, Andreas (Hrsg.): Das Väter-Handbuch. Theorie, Forschung, Praxis. Gießen, S. 77–88

Landtag Nordrhein-Westfalen (Hrsg.) (1982): Bericht über die Situation der Weiterbildung in Nordrhein-Westfalen. Schreiben des Kultusministers vom 11.03.1982. (https://www.landtag.nrw.de/Dokumentenservice/portal/WWW/dokumentenarchiv/Dokument/MMD09-1500.pdf;jsessionid=8992344DA08443491293C5F4A6DD72AB.xworker) Zugriff 17.10.2020

Leiprecht, Rudolf (2011): Auf dem langen Weg zu einer diversitätsbewussten Sozialpädagogik. In: Leiprecht, Rudolf (2011): Diversitätsbewusste Soziale Arbeit. Schwalbach, S. 15–44

Lehrl, Simone/Ebert, Susanne/Roßbach, Hans-Günther/Weinert, Sabine (2012): Die Bedeutung der familiären Lernumwelt für Vorläufer schriftsprachlicher Kompetenzen. In: Zeitschrift für Familienforschung 24, H. 2, S. 115–133

Leyendecker, Birgit (2008): Frühkindliche Bildung von Kindern aus zugewanderten Familien. Die Bedeutung der Eltern. In: IMIS-Beiträge, Heft 34/2008, S. 91–102 (https://www.imis.uni-osnabrueck.de/fileadmin/4_Publikationen/PDFs/imis34.pdf) Zugriff: 17.10.2020

Leyendecker, Birgit (2011): Sozialisation und Erziehung – der Stellenwert der Familie. In: Fischer, Veronika/Springer, Monika (Hrsg.) (2011): Handbuch Migration und Familie. Grundlagen für die Soziale Arbeit mit Familien. Schwalbach/Ts., S. 240–249

Lösel, Friedrich/Bender, Doris (1999): Von generellen Schutzfaktoren zu differentiellen protektiven Prozessen: Ergebnisse und Probleme der Resilienzforschung. In: Opp, Günther u.a. (Hrsg.): Was Kinder stärkt. Erziehung zwischen Risiko und Resilienz. München, Basel, S. 37–58

Lösel, Friedrich u.a. (2006): Bestandsaufnahme und Evaluation von Angeboten im Elternbildungsbereich. Herausgegeben vom BMFSFJ. (https://aba-fachverband.

info/wp-content/uploads/Elternbildung_Abschlussbericht2006.pdf) Zugriff: 17.10.2020

Lösel, Friedrich/Ott-Röhn, Christine (2013): Evaluation des Projekts „Wertebildung in Familien“: Ergebnisse der Pilotphase. In: Deutsches Rotes Kreuz u. a. (Hrsg.): Werte und Wertebildung in Familien, Bildungsinstitutionen und Kooperationen. Beiträge aus Theorie und Praxis. Berlin, S. 62–77 (https://www.bmfsfj.de/blob/114088/3f1510ae813dbff3b1fb4d474095c125/werte-und-wertebildung-in-familien-bildungsinstitutionen-kooperationen-beitraege-aus-theorie-und-praxis-buch-data.pdf) Zugriff: 30.10.2020

Maihofer, Andrea/Böhnisch, Tomke/Wolf, Anne (2001): Wandel der Familie. Literaturstudie. Arbeitspapier 48. Hans Böckler Stiftung. (https://www.boeckler.de/pdf/p_arbp_048.pdf): Zugriff 17.10.2020

Mayr-Kleffel, Verena (1987): Entstehung, Anspruch und sozialpolitische Funktion von Selbsthilfe im Familienbildungsbereich. In: Arbeitsgemeinschaft von Einrichtungen für Familienbildung e. V. (Hrsg.): Selbsthilfe – Eine Herausforderung für Familienbildung (gedruckte Broschüre) Bonn o.J., S. 21–25

Mayer, Claude-Hélène/Vanderheiden, Elisabeth (2014): Grundlagentexte: Begriffe und Konzepte im Kontext interkultureller Öffnung. In: Dies. (Hrsg.): Handbuch interkulturelle Öffnung. Grundlagen, Best Practice, Tools. Göttingen, S. 27–65

Medienpädagogischer Forschungsverbund Südwest (mpfs) (Hrsg.) (2017): FIM-Studie 2016. Familie, Interaktion, Medien. Untersuchung zur Kommunikation und Mediennutzung in Familien. (https://www.mpfs.de/fileadmin/files/Studien/FIM/2016/FIM_2016_PDF_fuer_Website.pdf) Zugriff: 17.10.2020

Medienpädagogischer Forschungsverbund Südwest (mpfs) (Hrsg.) (2019): KIM-Studie 2018. Kindheit, Internet, Medien. Basisuntersuchung zum Medienumgang 6- bis 13-Jähriger. (https://www.mpfs.de/fileadmin/files/Studien/KIM/2018/KIM-Studie_2018_web.pdf) Zugriff: 17.10.2020

Medienpädagogischer Forschungsverbund Südwest (mpfs) (Hrsg.) (2020): JIM-Studie 2019. Jugend, Information, Medien. Basisuntersuchung zum Medienumgang 12–19-Jähriger. (https://www.mpfs.de/fileadmin/files/Studien/JIM/2019/JIM_2019.pdf) Zugriff: 20.07.2019

Meier-Gräwe, Ute (2013): Zusammenarbeit der Partner vor Ort. Vernetzungs- und Sozialraumorientierung. In: Kompetenzteam Wissenschaft des Bundesprogramms „Elternchance ist Kinderchance“ / Correll, L./Lepperhoff, J. (Hrsg.): Frühe Bildung in der Familie. Perspektiven der Familienbildung. Weinheim und Basel, S. 130–144

Melhuish, Edward (2013): Die frühkindliche Umgebung: langfristige Wirkungen frühkindlicher Bildung und Erziehung. In: Kompetenzteam Wissenschaft des Bundesprogramms „Elternchance ist Kinderchance“ / Correll, Lena/Lepperhoff, Julia (Hrsg.): Frühe Bildung in der Familie. Perspektiven der Familienbildung. Weinheim und Basel, S. 209–222

Mengel, Melanie (2007): Familienbildung mit benachteiligten Adressaten. Eine Betrachtung aus andragogischer Perspektive. Wiesbaden

Merkle, Tanja/Wippermann, Carsten (2008): Eltern unter Druck. Selbstverständnisse, Befindlichkeiten und Bedürfnisse von Eltern in verschiedenen Lebenswelten. Stuttgart

Merkle, Tanja (2011): Milieus von Familien mit Migrationshintergrund. In: Fischer, Veronika/Springer, Monika (Hrsg.): Handbuch Migration und Familie. Grundlagen für die Soziale Arbeit mit Familien. Schwalbach/Ts., S. 83–99

Merx, Andreas (2013): Von Integration zu Vielfalt. Kommunale Diversitätspolitik in der Praxis. (https://library.fes.de/pdf-files/bueros/stuttgart/10142.pdf) Zugriff 18.10.2020

Michalek, Ruth/Laros, Anna (2008): Multiplikatorenmodelle für die Arbeit mit Eltern mit Migrationshintergrund. Expertise für das Bundesamt für Migration und Flüchtlinge. Nürnberg

Statistisches Bundesamt: Mikrozensus 2018 (https://www.destatis.de/DE/Themen/Gesellschaft-Umwelt/Bevoelkerung/Haushalte-Familien/Tabellen/3-4-gleich geschlechtliche-lebensgemeinschaften.html.) Zugriff: 24.10.2020

Ministerium des Innern des Landes NRW (Hrsg.) (2020): Richtlinien über die Gewährung von Zuschüssen zur Sicherung des Zugangs von sozial benachteiligten Familien und Kindern zu Angeboten anerkannter Einrichtungen der Familienbildung. RdErl. des Ministeriums für Frauen, Jugend, Familie und Gesundheit (am 07.07.2005 MGFFI) (https://recht.nrw.de/lmi/owa/br_bes_text?anw_nr=1&gld_nr=2&ugl_nr=21630&bes_id=1557&val=1557&ver=7&sg=&aufgeh oben=N&menu=1) Zugriff 17.10.2020

Ministerium für Gesundheit, Soziales, Frauen und Familie (MGSFF) (Hrsg.) (2004): Zukunft der Familienbildung. Dokumentation eines Innovationsprojekts. Düsseldorf

Ministerium für Arbeit und Sozialordnung, Familie, Frauen und Senioren Baden-Württemberg (Hrsg.) (2012): Familien in Baden-Württemberg. Eltern- und Familienbildung. Akturelle Entwicklungen – Interkulturelle Ausrichtung. Report

2/2012. (https://www.statistik-bw.de/FaFo/Familien_in_BW/R20122.pdf) Zugriff: 17.10.2020

Minsel, Beate (2007): Eltern- und Familienbildung. In: Tippelt, Rudolf/von Hippel, Aiga (Hrsg.): Handbuch Erwachsenenbildung/Weiterbildung. 4., durchges. Auflage. Wiesbaden, S. 865–872

Mrozynski, Peter (1994): Kinder- und Jugendhilfegesetz (SGB VIII). Textausgabe mit Erläuterungen. 2. Auflage. München

Müller, Dagmar u.a. (2015): Evaluation des Bundesprogramms „Elternchance ist Kinderchance – Elternbegleitung der Bildungsverläufe der Kinder“. Abschlussbericht. München

Müller, Matthias/Bräutigam, Barbara/Lentz-Becker, Anja (2019): Familienbildung – wozu? Familienbildung im Spiegel diverser Familienwirklichkeiten. Opladen, Berlin, Toronto

Münder, Johannes (2018): Frankfurter Kommentar SGB VIII. Kinder und Jugendhilfe. Baden-Baden

Münz, Angelika/Heisig, Sandra (2011): Determinanten von erfolgreichen Übergängen in Ausbildung – erfolgreiche Elternarbeit an den Schulen. In: Migration und Soziale Arbeit. Weinheim und Basel, 33, 4/2011, S. 337–341

Nave-Herz, Rosemarie (1994): Familie heute. Wandel der Familienstrukturen und Folgen für die Erziehung. Darmstadt

Nave-Herz, Rosemarie (2018): Familiensoziologie. Historische Entwicklung, theoretische Ansätze, aktuelle Themen. In: Wonneberger, Astrid/Weidtmann, Katja/Stelzig-Willutzki, Sabina (Hrsg.): Familienwissenschaft. Grundlagen und Überblick. Wiesbaden, S. 119–147

Nestvogel, Renate (2008): Diversity Studies und Erziehungswissenschaften. In: GPJE (Hrsg.): Diversity Studies und politische Bildung. Schwalbach, S. 21–33

Nieder, Angelika (2018): Prager-Eltern-Kind-Programm – PEKiP®. In: Ministerium für Kinder, Familie, Flüchtlinge und Integration des Landes NRW (Hrsg.): Praxisleitfaden Interkulturelle Öffnung der Familienbildung. Düsseldorf

Neumann, Regina/Smolka, Adelheid (2016). Familienbildung. Aus Sicht bayrischer Mütter und Väter. Ergebnisse der dritten ifb-Elternbefragung zur Familienbildung. Ifb-Materialien 3/2016. Bamberg

Öztürk, Halit/Reiter, Sara (2017): Migration und Diversität in Einrichtungen der Weiterbildung. Eine empirische Bestandsaufnahme in NRW. Bielefeld

Parsons, Talcott/Bales, Robert, Freed (1955): Family socialization and interaction process. Glencoe

Parsons, Talcott (1975): Gesellschaften: Evolutionäre und komparative Perspektiven. Frankfurt a. M.

Peters, Hans (1957): Handbuch der kommunalen Wissenschaft und Praxis. 2. Band. Kommunale Verwaltung. Göttingen/Heidelberg

Pettigrew, Thomas/Tropp, Linda (2006): A meta-analytic test of intergroup contact theory. In: Journal of Personality and Social Psychology, 90, 5/2006, S. 751–783

Pettinger, Rudolf/Rollik, Heribert (2005): Familienbildung als Angebot der Jugendhilfe. Rechtliche Grundlagen – familiale Problemlagen – Innovationen. (http://www.familienbildung.info/Dokumente/BMFSFJ_Familienbildung_als_Angebot_der_KJHgesamt.pdf) Zugriff: 18.10.2020

Pettinger, Rudolf (2006): Hohe und wachsende gesellschaftliche Erwartungen bei weiter geringen Ressourcen: Das Dilemma der Familienbildung in Deutschland – Analyse und Perspektiven. In: RdJB/2/2006, S. 220–232 (https://www.nomos-elibrary.de/10.5771/0034-1312-2006-2-220/hohe-und-wachsende-gesellschaftliche-erwartungen-bei-weiter-geringen-ressourcen-das-dilemma-der-familienbildung-in-deutschland-analyse-und-perspektiven-jahrgang-54-2006-heft-2?page=1) Zugriff: 29.06.2020

Pettinger, Rudolf/Rollik, Heribert (2008): Familienbildung als Angebot der Jugendhilfe. Rechtliche Grundlagen – familiale Problemlagen – Innovationen. 2. neu bearb. und erweiterte Auflage. Hrsg. von der Bundesarbeitsgemeinschaft Familienbildung und Beratung. Elmshorn

Peuckert, Rüdiger (1999): Familienformen im sozialen Wandel. 3. Auflage. Opladen

Peuckert, Rüdiger (2019): Familienformen im sozialen Wandel. 9. Auflage. Wiesbaden

Pfahl, Svenja u. a. (2017): Partnerschaftliche Arbeitszeiten aus Kinder- und Elternsicht. Abschlussbericht. (https://www.sowitra.de/wp-content/uploads/2017/08/Partner-Arbeitszeiten_aus_Kindersicht_SowiTra_2017.pdf) Zugriff: 21.07.2020

Pfaller-Rott, Monika (2010): Migrationsspezifische Elternarbeit beim Transitionsprozess vom Elementar- zum Primarbereich. Eine explorative Studie an ausgewählten Kindertagesstätten und Grundschulen mit hohem Migrationsanteil. Berlin

Pfahl, Svenja u. a. (2014): Nachhaltige Effekte der Elterngeldnutzung durch Väter. Gleichstellungspolitische Auswirkungen der Inanspruchnahme von Elterngeldmonaten durch erwerbstätige Väter auf betrieblicher und partnerschaftlicher Ebene. Berlin. (https://docplayer.org/22952578-Nachhaltige-effekte-der-elterngeldnutzung-durch-vaeter.html) Zugriff: 25.10.2020

Pfeil, Elisabeth (1966): Die Frau in Beruf, Familie und Haushalt. In: Familie und Gesellschaft. Tübingen, S. 141–176

Pietsch, Stefanie/Ziesemer, Sonja/Fröhlich-Gildhoff, Klaus (2010). Zusammenarbeit mit Eltern in Kindertageseinrichtungen – Internationale Perspektiven. Ein Überblick: Studien und Forschungsergebnisse. München

Pöllauer, Wolfgang (2014): Professionalisierung versus Professionalität in der Bildungsberatung. Einige Anmerkungen mit Bezug zur Professionalisierungsdiskussion in der Soziologie. In: Bundesministerium für Bildung und Frauen/Österreichisches Institut für Berufsbildungsforschung (Hrsg.): Professionalität in der Bildungsberatung. Anforderungen und Entwicklungsfelder im Rahmen der Initiative „Bildungsberatung Österreich", S. 9–20 (https://erwachsenenbildung.at/downloads/service/materialien-eb_2014_1_bildungsberatung.pdf) Zugriff: 17.10.2020

Possinger, Johanna (2018): Vaterschaft. In Gender Glossar/Gender Glossary (7 Absätze). (http://gender-glossar.de) Zugriff: 17.10.2020

Prengel, Annedore (1993): Pädagogik der Vielfalt. Verschiedenheit und Gleichberechtigung in interkultureller, feministischer und integrativer Pädagogik. Opladen

Reichling, Norbert (2015): Weiterbildungsgesetz in NRW. 40 Jahre – 15 Thesen. (https://hu-bildungswerk.de/wp-content/uploads/40-jahre-WbG-AB-2-2015-1.pdf) Zugriff 17.10.2020

Rolka, Milena (2015): Mütterschulen im „Dritten Reich". (https://www.dhm.de/lemo/kapitel/ns-regime/alltagsleben/muetterschulen) Zugriff: 17.10.2020

Rosenbladt, Bernhard von/Thebis, Frauke (2004): Berufliche und soziale Lage von Lehrenden in der Weiterbildung. Bericht zur Pilotstudie. Bonn, Berlin. (https://www.phil-fak.uni-duesseldorf.de/fileadmin/Redaktion/Institute/Sozialwissenschaften/BF/Lehre/SoSe2008/KK/berufliche_und_soziale_lage_von_lehrenden_in_der_weiterbildung.pdf) Zugriff: 25.10.2020

Rummel, Beate/Naves, Annegret (2005): Interkulturelle Sprachförderung und Elternbildung im Elementarbereich. Zwischenevaluation des Programms in den ersten zehn Kindertageseinrichtungen. Essen

Rupp, Marina (Hrsg.) (2009): Die Lebenssituation von Kindern in gleichgeschlechtlichen Lebenspartnerschaften. Köln. (https://www.bmjv.de/SharedDocs/Archiv/Downloads/Forschungsbericht_Die_Lebenssituation_von_Kindern_in_gleichgeschlechtlichen_Lebenspartnerschaften.pdf?__blob=publicationFile&v=3) Zugriff: 17.10.2020

Rupp, Marina/Mengel, Melanie/Smolka, Adelheid (2010): Handbuch zur Familienbildung im Rahmen der Kinder- und Jugendhilfe in Bayern. (ifb-Materialien, 7-2010). Bamberg: Staatsinstitut für Familienforschung an der Universität Bamberg (ifb). (https://nbn-resolving.org/urn:nbn:de:0168-ssoar-377408) Zugriff: 17.10.2020

Sacher, Werner (2012): Elternarbeit mit Migranten. In: Matzner, Michael (Hrsg.) (2012): Handbuch Migration und Bildung. Weinheim, S. 301–314

Sachverständigenrat deutscher Stiftungen für Integration und Migration (SVR) (Hrsg.) (2014a): Migrantenorganisationen in der kooperativen Elternarbeit: Potenziale, Strukturbedingungen, Entwicklungsmöglichkeiten. Berlin. (https://www.stiftung-mercator.de/media/downloads/3_Publikationen/SVR_Migrantenorganisationen_in_der_kooperativen_Elternarbeit_2014.pdf.) Zugriff: 25.10.2020

Sachverständigenrat deutscher Stiftungen für Integration und Migration (SVR Forschungsbereich) (Hrsg.) (2014b): Eltern als Bildungspartner: Wie Beteiligung an Grundschulen gelingen kann. Berlin (https://www.stiftung-mercator.de/media/downloads/3_Publikationen/SVR_Eltern_als_Bildungspartner_2014.pdf) Zugriff: 17.10.2020

Sann, Alexandra/Thrum, Kathrin (2005): Opstapje – Schritt für Schritt. Ein präventives Spiel- und Lernprogramm für Kleinkinder aus sozial benachteiligten Familien und ihre Eltern. Deutsches Jugendinstitut e. V. München

Schäfer, Eberhard (2007): Familienbildung muss vätergerecht werden. In: Zeitschrift Archiv frühe Kindheit. Ausgabe 3/07 (http://liga-kind.de/fk-307-schaefer/) Zugriff: 17.10.2020

Schäffter, Ortfried (1981): Zielgruppenorientierung in der Erwachsenenbildung. Aspekte einer erwachsenenpädagogischen Planungs- und Handlungskategorie. Braunschweig

Schier, Michaela/Jurczyk, Karin (2008). „Familie als Herstellungsleistung" in Zeiten der Entgrenzung. Sozialwissenschaftlicher Fachinformationsdienst soFid, Familienforschung 2008/1, S. 9–18. (https://www.ssoar.info/ssoar/bitstream/handle/document/20176/ssoar-sofid-2008-familienforschung_20081-schier_et_al-familie_als_herstellungsleistung_in_zeiten.pdf?sequence=1) Zugriff: 25.10.2020

Schiersmann, Christiane/Thiel, Heinz-Ulrich/Völker, Monika (Hrsg.) (1984): Bildungsarbeit mit Zielgruppen. Bad Heilbronn/Obb

Schiersmann, Christiane (1993): Frauenbildung. Konzepte, Erfahrungen, Perspektiven. Weinheim/München

Schiersmann, Christiane u. a. (1998): Innovationen in der Familienbildung. Ergebnisse einer bundesweiten Institutionenanalyse. Opladen

Schiersmann, Christiane/Thiel, Heinz-Ulrich (1999): Innovationen in der Familienbildung. Ergebnisse einer bundesweiten Institutionenanalyse. In: Zeitschrift für Erziehungswissenschaft 2/1999, 1, S. 99–113

Schilling, Gabi (2009): Interkulturelle Arbeit als Querschnittsaufgabe der Familienzentren. Kurzexpertise auf Basis der Zertifizierungsergebnisse bis 2008 und den Ergebnissen aus der wissenschaftlichen Begleitung. Köln (https://www.paedquis-familienzentrum.de/sites/default/files/expertise_interkulturelle_arbeit.pdf) Zugriff: 17.10.2020

Schorb, Bernd/Wagner, Ulrike (2013): Medienkompetenz – Befähigung zur souveränen Lebensführung in einer mediatisierten Gesellschaft. In: Bundesministerium für Familie, Senioren, Frauen und Jugend (Hrsg.): Medienkompetenzförderung für Kinder und Jugendliche. Eine Bestandaufnahme. Berlin (https://www.gmk-net.de/wp-content/uploads/2018/07/medienkompetenzbericht_2013.pdf) Zugriff: 17.10.2020

Schölmerich, Axel u. a. (2013). Endbericht des Moduls Wohlergehen von Kindern. Ruhr Universität Bochum. (http://www.fampsy.rub.de/mam/content/studie-wohlergehen.pdf) Zugriff 17.10.2020

Schröer, Hubertus (2009): Interkulturelle Öffnung und Diversity Management. In: Migration und Soziale Arbeit 2009, H. 3/4, S. 203–211

Schymroch, Hildegard (1989): Von der Mütterschule zur Familienbildungsstätte. Entstehung und Entwicklung in Deutschland. Freiburg im Breisgau

Schymroch, Hildegard (2003): Familienbegleitung – Lebenshilfe – Geschlechterverhältnisse. Familienbildung als Lernraum für sich verändernde Familien. In: Ciupke, Paul u. a. (Hrsg.): Erwachsenenbildung und politische Kultur in Nordrhein-Westfalen. Themen – Institutionen – Entwicklungen seit 1945. Essen

Siebert, Horst (1985): Paradigmen der Erwachsenenbildung. In: Zeitschrift für Pädagogik 31 (1985) 5, S. 577–596 – URN: urn:nbn:de:0111-pedocs-143601 (http://nbn-resolving.de/urn:nbn:de:0111-pedocs-143601) Zugriff: 17.10.2020

Siebert, Horst (1996): Didaktisches Handeln in der Erwachsenenbildung. Didaktik aus konstruktivistischer Sicht. Neuwied

Siebert, Horst (2000): Didaktisches Handeln in der Erwachsenenbildung. Didaktik aus konstruktivistischer Sicht. Neuwied

Skutnabb-Kangas, Tove (1981): Bilingualism or Not. The Education of Minorities, Multilingual Matters. Cleveland

Solgau, Heike/Berger, Peter, A./Powell, Justin (2009): Soziale Ungleichheit – Kein Schnee von gestern! Eine Einführung. In: Dies. (Hrsg.): Soziale Ungleichheit. Klassische Texte zur Sozialstrukturanalyse. Frankfurt/New York, S. 11–45

Springer, Monika (2011): Elterntrainings und Familienbildung. In: Fischer, Veronika/Springer, Monika (Hrsg.): Handbuch Migration und Familie. Grundlagen für die Soziale Arbeit mit Familien. Schwalbach/Ts., S. 473–501

Stapelfeld, Hans (2000): Familienbildung – Frauenbildung oder Genderarbeit? In: forumEB 3/2000, S. 28–32

Statistisches Bundesamt (2006): Bevölkerung und Erwerbstätigkeit. Haushalte und Familien. Ergebnisse des Mikrozensus 2005. Fachserie 1, Reihe 3. Wiesbaden

Statistisches Bundesamt (Destatis)/Wissenschaftszentrum Berlin für Sozialforschung (WZB) (2018): Datenreport 2018. Ein Sozialbericht für die Bundesrepublik Deutschland. Bonn

Statistisches Bundesamt (2018): Auszug aus dem Datenreport 2018. (https://www.destatis.de/DE/Service/Statistik-Campus/Datenreport/Downloads/datenreport-2018-kap-2.pdf?__blob=publicationFile) (Zugriff: 17.10.2020)

Statistisches Bundesamt (2019): Bevölkerung und Erwerbstätigkeit. Haushalte und Familien. Ergebnisse des Mikrozensus 2018. Fachserie 1, Reihe 3. Wiesbaden

Statistisches Bundesamt (2020): Statistiken der Kinder- und Jugendhilfe. Einrichtungen und tätige Personen (ohne Tageseinrichtungen für Kinder) 2018. (https://www.destatis.de/DE/Themen/Gesellschaft-Umwelt/Soziales/Kinderhilfe-Jugendhilfe/Publikationen/Downloads-Kinder-und-Jugendhilfe/sonstige-einrichtungen-5225403189004.pdf?__blob=publicationFile) Zugriff: 17.10.2020

Stephan, Ulrike (2016): Ehe- und Partnerschaft stärken als eine Aufgabe von Familienbildung. (http://www.sgbviii.de/files/SGB%20VIII/PDF/S193.pdf) Zugriff: 17.10.2020

Stern, Daniel M. (1977): Mutter und Kind. Die erste Beziehung. Stuttgart 1979

Sylva, Kathy et. al. (2004): The Effective Provision of Pre-School (EPPE) Project: Findings from pre-school period to end of stage 1. (https://pdfs.semanticscholar.org/8cbf/090cf2641a0c2fcf73b3c0a0417a1ada0e58.pdf) Zugriff: 17.10.2020

Textor, Martin, R. (1997): Familienbildung: Situation, Träger, Perspektiven. Nachrichtendienst des Deutschen Vereins für öffentliche und private Fürsorge, 77, S. 142–146

Textor, Martin, R. (2001): Familienbildung als Aufgabe der Jugendhilfe. (http://www.ipzf.de/Familienbildung_Jugendhilfe.pdf) Zugriff: 17.10.2020

Textor, Martin (2002): Mutterwerdung – Mutterschaft. In: Fthenakis, Wassilios E./Textor, Martin (Hrsg.): Mutterschaft, Vaterschaft. Weinheim, Basel, S. 32–54

Textor, Martin, R. (2007): Familienbildung. In: Ecarius, Jutta (Hrsg.): Handbuch Familie. Wiesbaden, S. 366–386

Thiersch, Hans (2002): Positionsbestimmungen der Sozialen Arbeit. Gesellschaftspolitik, Theorie und Ausbildung. Weinheim

Tietze, Wolfgang/Rossbach, Hans-Günther/Grenner, Katja (2005): Kinder von 4–8 Jahren. Zur Qualität der Erziehung und Bildung in Kindergarten, Grundschule und Familie. Weinheim und Basel

Tölke, Angelika (2012): Erwerbsarrangements. Wie Paare und Familien ihre Erwerbstätigkeit arrangieren. In: Rauschenbach, Thomas/Bien, Walter (Hrsg.) Aufwachsen in Deutschland. AID:A – Der neue DJI-Survey. Weinheim, S. 201–214

Tschöpe-Scheffler, Sigrid (Hrsg.) (2005): Konzepte der Elternbildung – eine kritische Übersicht. Opladen

Tschöpe-Scheffler, Sigrid/Wirtz, Wolfgang (2008): Familienbildung – institutionelle Entwicklungslinien und Herausforderungen. In: Diller, Angelika/Heitkötter, Martina/Rauschenbach, Thomas (Hrsg.): Familie im Zentrum. Kinderfördernde und elternunterstützende Einrichtungen – aktuelle Entwicklungslinien und Herausforderungen. München, S. 157–177

Tschöpe-Scheffler, Sigrid (2009): Familie und Erziehung in der Sozialen Arbeit. Schwalbach

Tunç, Michael (2018): Von der Arbeit mit Vätern zur Väterarbeit. In: Ministerium für Kinder, Familie, Flüchtlinge und Integration des Landes NRW (Hrsg.): Praxisleitfaden Interkulturelle Öffnung der Familienbildung. Düsseldorf, S. 97–101

Vaskovics, Laszlo A./Schwab, Dieter (Hrsg) (2011): Pluralisierung von Elternschaft und Kindschaft. Leverkusen

Volkshochschulverband Baden-Württemberg (VHS)/Ev. Landesarbeitsgemeinschaft der Famililien-Bildungsstätten in Württemberg (LEF) (2017): Väter in der Familienbildung. (https://vaeterbildung.files.wordpress.com/2017/09/vaeter-fam bildung-broschuere2017_online.pdf) Zugriff: 17.10.2020

Von Hippel, Aiga/Tippelt, Rudolf/Gebrande, Johanna (2018): Adressaten-, Teilnehmer- und Zielgruppenforschung in der Erwachsenenbildung. Bd. 2. 6., überarb. und aktualisierte Auflage. Wiesbaden, S. 1131–114

Wagner, Ulrike/Gebel, Christa/Lampert, Claudia (Hrsg.) (2013): Zwischen Anspruch und Alltagsbewältigung: Medienerziehung in der Familie. Düsseldorf

Walper, Sabine/Stemmler, Mark (2013): Eltern als Bildungsvermittler für ihre Kinder stärken. Das Bundesprogramm „Elternchance ist Kinderchance“ und seine Evaluation. In: Kompetenzteam Wissenschaft des Bundesprogramms „Elternchance ist Kinderchance", Corell, Lena/Lepperhoff, Julia (Hrsg.): Frühe Bildung in der Familie. Weinheim und Basel, S. 21–43

Weber-Kellermann, Ingeborg (1974): Die deutsche Familie. Versuch einer Sozialgeschichte. Frankfurt a. M.

Wiesner, Reinhard (2006): SGB VIII Kinder- und Jugendhilfe Kommentar. 3. Auflage. München

Wildgruber, Andreas/Griebel, Wilfried (2016): Erfolgreicher Übergang vom Elementar- in den Primarbereich. Empirische und curriculare Analysen. Weiterbildungsinitiative Frühpädagogische Fachkräfte, WiFF Expertisen. Band 44. München

Winker, Gabriele/Degele, Nina (2010): Intersektionalität. Zur Analyse sozialer Ungleichheiten. 2. Auflage. Bielefeld

Wippermann, Carsten/Flaig, Berthold Bodo (2009): Lebenswelten von Migrantinnen und Migranten. In: APuZ 5/2009, S. 3–11

WSF Wirtschafts- und Sozialforschung (2005): Erhebung zur beruflichen und sozialen Lage von Lehrenden in Weiterbildungseinrichtungen. Schlussbericht. Kerpen. (https://www.phil-fak.uni-duesseldorf.de/fileadmin/Redaktion/Institute/Sozialwissenschaften/BF/Lehre/Materialien/Weiterbildung/berufliche_und_soziale_lage_von_lehrenden_in_weiterbildungseinrichtungen.pdf) Zugriff: 17.10.2020

Wissenschaftlicher Beirat für Familienfragen (2005): Familiale Erziehungskompetenzen. Beziehungsklima und Erziehungsleistungen in der Familie als Problem und Aufgabe. Gutachten für das Bundesministerium für Familie, Senioren, Frauen und Jugend. Weinheim und München

Zieske, Andreas (2017): Qualitätsentwicklung in der Familienbildung. In: Textor, Martin R. (Hrsg.): SGB VIII Online Handbuch. (https://www.sgbviii.de/files/SGB%20VIII/PDF/S195.pdf) Zugriff: 17.10.2020